진정성이라는
거짓말

진정성이라는
거짓말

진정한
나를 찾다가
길을 잃고
헤매는 이유

앤드류 포터
지음

노시내
옮김

마티

권태보다는 차라리 야만이 낫다.
— 테오필 고티에

돈이 진실이다.
— 5Ø센트

그러나 이제 상류사회로 올라가
다양함을 향한 여정 속에서 자유사상의
몇 가지 사소한 것들을 익힌 다음
친구들 틈에서도 외로운 섬이 되어
폭동의 위험을 겪지 않고도
그는 긴 거짓에 대한 보상을 하리라 여겼다.
그리고, 따스한 어린 시절에 아늑하게 젖어 흥얼거리며
진실과의 짧은 휴전에 동의한다.
— 바이런 경

들어가며
진정성이라는 용어†

† 진정성이라는 용어(The Jargon of Authenticity)는 아도르노가 하이데거가 말하는 '본래성' 또는 '진정성'(Eigentlichkeit)을 비판하기 위해 1964년 펴낸 *Jargon der Eigentlichkeit*의 영문판 제목이기도 하다.

2008년 여름, 당시 28세였던 프랑스 브르타뉴 출신 엔지니어 플로랑 르마송과 아내 클로에, 세 살배기 아들 콜랭은 인생 최고의 여행을 떠날 참이었다. 르마송 부부는 사직서를 내고, 그때까지 모아둔 저금을 털어 구입한 중고 요트 '타닛'을 타고 항해할 예정이었다. 최종 목적지는 탄자니아 해안의 잔지바르 제도였다. 24시간 쉼 없이 항해할 수 있도록 그들은 또 다른 커플과 팀을 이뤘다. '타닛' 항해팀이 이집트를 떠나 인도양으로 접어들었을 때 프랑스군 호위함 한 척이 되돌아갈 것을 강력히 권고했다. 해적이 득실대는 세계 최악의 무법천지 해역을 통과해야 했기 때문이다.

겁 없는 모험가들은 항해를 계속하다 2009년 4월 4일 소말리아 해적에게 붙잡혔다. 해적은 구출대가 찾아내지 못하도록 인질 5명을 육지 깊숙이 끌고 가 몸값을 요구했다. 몸값 협상이 결렬되자 프랑스 특공대는 구출작전을 벌여 4인을 구해냈다. 르마송 씨는 총격전 중에 사망했다. 요트 선실에 몸을 숨기려다 잘못해서 특공대의 총탄에 맞은 것으로 추정된다.

위험 경고를 여러 차례 받았음에도 계속 항해를 고집했던 이유는 뭘까? 르마송 부부의 블로그에는 이렇게 적혀 있었다. "실제로 지난 몇 달간 위험이 커졌다. 그러나 바다는 넓다. (…) 해적 따위가 우리의 꿈을 꺾게 내버려둘 수 없다."[1] 그들은 현대사회의 타락상, 특히 정부의 경직된 관료주의, 천박한 대중매체, 무의미한 소비주의, 환경파괴로부터 아들 콜랭을 보호하는 것이 꿈이라고 주변 사람들에게 입버릇처럼 말해왔다. 플로랑은 어느 프랑스 신문에 이렇게 말했다. "우리는 아들이 정부가 짜준 교과과정에 맞춰 교육받기를 원하지 않습니다. 본질적인 것에 집중하는 삶을 위해 텔레비전을 비롯해 불필요한 요소는 전부 없애버렸습니다."

환멸을 느낀 젊은이가 근대적 삶의 철창 너머로 인생의 의미를 찾는 스토리는 헨리 데이비드 소로가 월든 호수에 갔던 시대에도 벌써 진부했다. 단순소박한 삶을 추구하려다 목숨을 잃은 사람은 플로랑 르마송 이전에도 수없이 많았다. 그러나 르마송의 사례는 그런 여행에 어린 자식을 데리고 가는 터무니없는 결정을 내렸다는 점 말고도 뭔가 특별히 안타깝고 무의미한 측면이 있었다. 문명에는 결점도 있지만, 안전, 보안, 법치주의라는 확실한 장점이 존재한다. 그냥 자연을 찾아가는 것과, 해적이 선원을 인질로 잡고 몸값으로 수백만 달러를 요구하는 기사가 신문에 가득한데도 굳이 해적이 들끓는 해역으로 향하는 것은 완전히 다른 얘기다. 완전히 잘못된 이념에 사로잡힌 사람이 아니고서야 가족을 데리고 아덴 만을 가로지르는 행위가 더 '본질적인'(essential) 형태의 삶, 즉 현대 프랑스에서 높은 월급을 받는 전문가의 삶보다 더 이성적이고 도덕적인 대안이라고 여길 수 없다.

그럼에도 르마송 부부가 추구했던 무모한 모험이 대단히 별나다고도 할 수 없다. 그들이 욕망한 삶의 '본질적인' 핵심은 달리 말하면 '진정성'(authenticity)[†]이다. 진정성 찾기는 우리 시대에 무엇보다 중요한 영적 목표로 부상했다. 이 목표는 환경, 시장경제, 개인 정체성, 소비문화, 예술 표현, 삶의 의미 같은 가장 논란 많은 쟁점들이 교차하는 지점에서 발생한다는 점에서 많은 애로점을 안고 있다.

가장 널리 받아들여지는 견해는, 싸구려 대량생산 소비 제품으로는 진정성 있는 개인 정체성을 구축할 수 없으며 지구를 아끼고 최소한의 발자취만 남기는 것이 진정한 삶의 본질적 부분이라는 생각이다. 개인적 성취에 관해서도 근대세계에서는 의미 있는 창조적 삶이 불가능하다고 여기는 이가 많다. 그래서 근대성의 외부에서, 혹은 근대성의 반대편에서 더 진정성 있는 삶의 방식을 찾는다. 계몽에 대한 반동으로 낭만주의가 일어났던 옛 시절의 상황과 여러 면에서 유사하다.

그러나 요즘 진정성 찾기는 또 하나의 마케팅 전략으로

[†]   authenticity는 맥락에 따라 진정성, 진위성, 진품성, 온전성, 정통성, 고유성 등으로 번역했다.

이용되는 일이 너무 흔하다. 그걸 지켜보는 우리는 다들 새 트렌드를 이용해 돈 벌 궁리만 하는군, 하며 또 냉소한다. 그러다 보면 우리도 결국 르마송 부부가 내렸던 것과 똑같은 결론에 도달한다. 사회는 썩었다, 경제가 사람을 소외시킨다, 체제를 완전히 뒤엎거나 아니면 포기해야 한다.

혼란스럽지만 잘 보면, 우리가 구매하는 상품과 우리의 정체성 간의 관계, 그리고 소비문화, 예술적 비전, 진정한 자아가 맺는 광범위한 관계 속에는 잘못된 논리와 신념이 잔뜩 깃들어 있다. 흔히 거론되는 뻔한 대비(진정한 욕구와 가짜 욕구의 대비, 심오하고 진정한 자아와 상표로 구축된 천박한 정체성의 대비)는 영 조악하기만 하다.

우리에겐 새로운 접근법이 필요하다. 진정하고 의미 있고 생태친화적인 삶을 살고 싶다는 욕망을 진지하게 받아들이면서도 시장경제 같은 근대의 많은 측면들이 해롭지 않고 오히려 풍성하고 활기찬 가치의 원천으로서 포기될 수 없다는 점을 인정하는 접근법 말이다.

우리는 가짜인 것, 포장된 것, 인공적인 것들이 넘쳐나는 세상에 살고 있다. 어디로 눈을 돌려도 터무니없는 광고나 거짓말을 일삼는 정치인을 피할 길이 없다. 우리 중 일부는 틀로 찍어낸 듯한 교외 주거지에 살고, 또 일부는 테마파크와 거의 구별이 안 되는 고급 도시주택가에 산다. 영양가라곤 없는 패스트푸드를 먹고, 짜인 각본대로 흘러가는 '리얼리티' TV쇼를 보고, 패키지 여행상품으로 휴가를 즐긴 후

패키지된 기억을 갖고 돌아온다. 또한 우리는 끊임없이 현실을 도피하기 위해 인터넷 세상으로 떠나고 페이스북 '친구'와 메시지를 주고받는 데 엄청난 시간을 소비하거나, 「세컨드 라이프」「월드 오브 워크래프트」 같은 게임 속 가상공간을 헤매고 다니며 한 번도 본 적 없고 만나도 못 알아볼 사람들의 아바타와 소통한다.

그러나 주변을 살펴보면, 여기에 대한 반발이 커지면서 꾸밈없고 자연스럽고 진국인 것, 즉 '진정성'에 대한 욕구가 현대사회에서 가장 강력한 한 줄기의 운동을 형성하는 조짐이 보인다. 일상에서 경험하는 고립, 소외, 천박함에 대한 반동으로 그 반대의 것을 요구하고 있는 것이다.

여론조사 및 트렌드 분석 전문가 존 조그비는 2008년에 펴낸 『우리의 미래상』(*The Way We'll Be*)에서 본인이 운영하는 여론조사회사 조그비 인터내셔널이 수년에 걸쳐 실시한 설문조사 결과를 발표했다. 가정생활, 직업 만족도, 소비 선호도, 정치 성향 등 다양한 측면에서 미국인의 태도와 소망을 조사한 결과 장기간 이어져온 '아메리칸 드림'이 흔들리고 있었다. 조그비 인터내셔널은 2005년 실시한 소비자 지출 행태에 관한 설문조사 당시, "욕심, 과소비, 명품과 유명 브랜드에 대한 집착, 수입보다 많은 지출, 미래에 대비한 저축 실패 등, 요컨대 허상을 뒤쫓는"[2] 미국 소비자들의 전형적인 결점을 두루 재확인하게 되리라 예상했었다.

그런데 알고 봤더니 미국인들의 마음속에는 "광고업자

나 정치인이 진짜라고 우기는 허상에서 벗어나 삶의 진실을 되찾고 싶은 욕구"가 소용돌이치고 있었다. 미국인들은 미국 정계와 재계의 마케팅 전략, 언론플레이, 뻔뻔한 거짓말에 지친 상태였다. 버나드 메이도프가 벌인 500억 달러 규모의 다단계 '폰지 사기'나 버나드 에버스(월드컴), 케네스 레이(엔론), 콘래드 블랙(홀린저) 같은 기업인을 감옥으로 보낸 스캔들에 질려 있었다. "is"의 의미를 갖고 횡설수설하던 (그러다 탄핵소추까지 당한) 빌 클린턴이 백악관을 뜨기 바쁘게,[†] 아무 생각 없는 조지 W. 부시가 후임으로 들어와 4년 넘게 이어질 이라크 반군의 공격을 예상치 못한 채 "임무는 완수됐다"고 선언하고 뉴올리언스를 파괴한 허리케인 카트리나에 잘못 대처한 무능력한 연방재난관리청장 마이클 브라운을 "아주 잘하고 있다"며 칭찬하는 모습에 미국인들은 정치문화에 대한 신뢰를 잃을 수밖에 없었다.

조그비가 발견한 것은 바로 진정성에 대한 욕구였다.

하지만 진정성을 선호한다고 말하는 것과, 진정성이 무엇을 의미하는지 아는 것은 완전히 다른 얘기다. 조그비 인터내셔널은 앞의 설문과 별개로 2007년 광범위한 설문조사를 실시한 바 있다. 사람들이 거론하는 '진정성'이 어떤 의

[†] 클린턴이 모니카 르윈스키와의
    불륜관계를 부인했던("there is nothing
    going on between us") 일에 관해
    연방대배심에서 추궁당하자, 답변한
    그 시점에는 더 이상 불륜관계에 있지
    않았으므로 현재시제(is)로 그렇게 답한
    것은 거짓말이 될 수 없다고 변명한 일.

미인지 가늠하기 위한 조사였다. '진정성 있는' 인간으로 만드는 요소가 무엇인지 묻는 질문에 응답자의 3분의 1 이상이 '인격'이라고 답했고, 38퍼센트는 '기타'라고 답했다. '진정성'을 가장 잘 정의하는 단어를 고르라고 하자 61퍼센트가 '진실한 것'(genuine), 19퍼센트가 '실재인 것'(real)을 골랐다.

그러나 그것들은 단순히 동의어일 뿐 진정성의 특질을 명쾌하게 밝히지 못한다. 게다가 진정성을 진실성이나 실재성과 동격에 놓는 것은 일을 더 혼란스럽게 만든다. 어떤 의미에서는 만사가 진실이고 실재이기 때문이다. 어차피 존재하는 모든 것은 진짜로 존재하며, 실재하는 것이 아니면 존재할 수 없다. 조그비는 아쉬운 대로 다음과 같이 결론 내린다. "종합해보건대 우리 미국인들은 '진정성'의 정확한 실체는 모르는 듯하나 '진정성 없는 것'이 무엇인지는 대강 알고 있으며, '진정성'이 뭐든 간에 그것을 우리가 원하고 있음을 인지하고 있다."

이로부터 두 가지가 도출된다. 첫째, 진정성은 그게 아닌 것이 무어냐를 짚어내 그 반대로 이해하는 것이 최적인 용어다. 둘째, 진정성이 뭐든 간에 사람들은 그것을 확실하게 원한다. 즉, 어떤 것을 '진정성 있다'고 묘사하면 그것은 언제나 좋은 것을 뜻한다. 진정성은—공동체, 가정, 자연, 유기농처럼—모성과 관련된 용어, 찬동의 용어로 항상 긍정적인 의미로만 사용되며 수사적으로 비장의 카드 역할을 하는

15

경향이 있다. 특정 사회정책을 밀어붙이고 싶은 정치인은 그 정책이 공동체를 번영시킨다든지 가정에 이롭다고 말하면 절대 손해 볼 일이 없다. 기업이 신상품을 팔고 싶다면, 경쟁 기업의 대량생산 제품과는 달리 천연 제품, 유기농 제품이라고 홍보하는 게 확실한 방법이다.

이 모든 것의 결론은 꽤 단순하다. 진정성을 논할 때 그 의미를 제대로 파악하려면 문제의 용어가 사용되는 맥락을 이해해야 하며 그것과 대조되는 것이 무엇인지 알아야 한다. 진정한 것? 물론 좋다. 그러나 무엇과 대조해서 진정하다는 것인가?

§

2003년에 출간된 영국 언론인 데이비드 보일의 『진정성: 상표, 짝퉁, 거짓말, 그리고 참된 삶에 대한 욕망』(*Authenticity: Brands, Fakes, Spin and the Lust for Real Life*) 제1장의 제목은 "인공적인 세상에서 살아가는 것"이다. 이 챕터는 교과서처럼 군더더기 없는 이야기로 시작된다. 저자는 다른 사람들과 함께 언덕에 앉아 개기일식을 보려고 기다린다. 달이 기운 없이 느릿느릿 태양 앞을 지나가는 동안 보일은 어떻게 세상이 정지하는 것처럼 느껴지는지 언급한다. "양들이 몸을 낮추고, 저 멀리 황야 너머 작은 마을의 가로등이 자동으로 켜졌다. 거의 영적 회의가 일어나는 순간이었다."[3]

'회의'라. 그럴 수도 있겠다. 하지만 그건 지극히 실재적인 경험이었다. 그 실재성을 흠집 내는 유일한 요소가 있었다면, 기술적으로 여과되지 않은 생생한 경험이 두렵다는 듯 굳이 그 자리에까지 이동식 TV를 가져와 BBC로 일식 보도를 시청하던 한 남자였다. 사람들은 그에게 TV를 끄라고 호통을 쳤다.

그 호통을 충분히 이해할 수 있다. 요즘은 결혼식, 장례식, 록콘서트, 오페라 공연장 할 것 없이 어딜 가나 휴대폰으로 트윗을 날리거나 통화를 하거나 아니면 유튜브에 올릴 목적으로 아예 이벤트 전체를 녹화하는 사람들 때문에 짜증스럽다. 사람들은 지금 실존하는 공간만 빼고 어디든 다른 데에 있고 싶어 하는 듯하다. 마치 현장보다는 테크놀로지에 의해 여과된 모습을 선호하는 것만 같다.

데이비드 보일은 실재가 아닌 가상, 진짜가 아닌 여과된 것을 선호하는 현상을 가리켜 현대문화의 비진정성을 드러내는 징후라고 진단한다. 그는 이렇게 말한다. "홍보전문가, 광고업자, 가상의 재화와 용역이 이 세상을 지배한다. 우리는 참되지 않은 조잡한 것들에 둘러싸여 있고, 그것들을 억지로 떠안기려고 작정한 글로벌경제의 지배를 받는다."[4] 그러나 가짜로 가득한 세상에 살고 있음을 깨달은 사람들이 여기에 반발해 '꾸며지고 매개되고 홍보되는' 세상을 대체할 대안을 요구하기 시작했다고 보일은 주장한다. 휘몰아치는 혁명은 하나의 단어를 둘러싸고 구체화된다. 바로 '진정성'

이다.

이것은 존 조그비가 여론조사에서 발견한 반발과 동일하지만, 조그비의 응답자들이 자신들이 원하는 바를 정확히 묘사하는 데 어려움을 겪은 반면, 보일은 좀 더 구체적인 것을 우리에게 제시한다. 그는 자기 저서 제1장 끝부분에서 진정성의 10대 요소를 다룬다. 그 진정성(혹은 실재성. 그는 두 용어를 동일하게 취급한다) 개념 속에는 윤리적인 것, 자연스러운 것, 솔직한 것, 단순한 것, 꾸밈없는 것, 지속가능한 것, 아름다운 것, 뿌리 깊은 것, 인간적인 것 등의 의미가 담겨 있다.

각 요소를 설명하는 예시를 보면(이를테면 '윤리성'은 윤리적 투자나 윤리적 기업 행태를, '자연성'은 기술, 산업, 화학, 대량생산의 마수가 닿지 않은 것을, '솔직성'은 홍보되거나 브랜드화되지 않은 것을 의미한다) 진정성은 대중매체, 마케팅, 패스트푸드, 정당정치, 인터넷, 흔히 '세계화'로 표현되는 경제 통합과 자유시장경제 같은 대중사회의 여러 측면을 거부하는 것이 특징이다.

이것은 익숙한 비판이다. 지난 몇 해 동안 출간된 여러 책이 비슷한 접근법을 취한다. 나오미 클라인의 『슈퍼 브랜드의 불편한 진실』(*No Logo*), 토드 기틀린의 『무한 미디어』(*Media Unlimited*), 벤저민 바버의 『소비되다』(*Consumed*)를 비롯해 수많은 책들이 아예 하나의 새로운 장르를 확립했다. 이 책들은 1960년대 이래 첨단기술, 관료주의,

소비문화가 사회에 미치는 부정적 영향을 비판해온 '대중사회 비평'을 좀 더 정교하게 다듬고 업데이트한 것들이다.

보일의 주장은 기존의 다양한 비평운동들을 소위 '진정성'이라는 하나의 범주로 모았다는 점에서 흥미롭다. 그는 순응, 소비주의, 자본주의에 대한 기존의 익숙한 비평 방식을 넘어서는 방향으로 자신의 어젠다를 밀어붙인다. 선진국의 제도적 구조와 문화규범을 비판하던 20세기 중반의 대중사회 비평과는 달리, 진정성에 대한 욕망은 250년 이상 진행된 서구의 발전 과정 전반을 아우르는 근대성 그 자체를 문제 삼는다.

근대성에 대한 반작용으로 진정성이 부상하는 현상에 관한 중대한 문헌으로는 문학비평가 라이오넬 트릴링이 1972년에 발표한 『성실성과 진정성』(*Sincerity and Authenticity*)을 꼽을 수 있다. 그는 진정성이라는 용어가 미술사와 박물관학에서 유래한다고 설명한다. 이 분야에서 진정성을 따지는 것은 작품의 역사와 기원을 묻는 것이다. 즉, 겉으로 보이는 모습처럼 정말 명나라 자기인지, 정말 로스코의 그림인지 진위 여부를 가늠하는 것이다. 진품으로 확인되면, 그 작품이 감탄과 숭배를 받을 만한 자격이 있다거나 지불한 값에 해당하는 가치를 지니고 있다고 본다. 유사한 예로, 우리가 고대 종교 유물로 보이는 물건의 진정성을 묻는 것은, 그게 실제로 고대의 신성한 의식에서 사용된 물건인지 아니면 오로지 관광객에게 팔려는 목적으로 생산된 상품인지의 여부를 알고 싶은 것이다.

　'그렇게 보임'과 '정말로 그러함' 사이의 구별, 즉 외양과 실재의 구분은 수세기 동안 철학자들의 화두였다. 철학자들은 이 문제를 인식론적 구분이라고 부른다. 진정성 여부는 어떤 진실에 대한 우리 지식에 의존하기 때문이다. 진짜 명나라 도자기처럼 보이는 물건이 있다. 정말 그런가? 확실해 보인다. 그러나 매우 교묘한 모조품일 가능성도 있다. 어느 쪽이든 하나의 진실이 존재한다.

　트릴링의 중요한 공로는 사물의 외관과 실재를 구분하는 일이 결국에는 지극히 도덕적인 성격을 갖게 된다고 지적한 것이다. 『햄릿』에서 레어티스가 파리로 떠날 준비를 하는 장면에 이것이 잘 묘사되어 있다. 폴로니어스는 아들 레어티스를 쫓아다니며 지루한 잔소리를 늘어놓는다. 짜증을 내려던 레어티스는 아버지의 이 말을 듣고 입을 다문다.

　　무엇보다 너 자신에게 진실하라.
　　그러면 마치 낮에 이어 밤이 오듯
　　너는 어느 누구에게도 거짓될 수 없다.

　폴로니어스는 상당히 어릿광대 같은 인물이어서 셰익스피어 연구자들은 이 부분도 그저 편협하고 이기적인 충고쯤으로 대수롭지 않게 여기곤 한다. 그러나 트릴링은 그렇게 치부하기에는 저 구절이 너무나 명료하고 우아하다고 주장하면서, 폴로니어스가 저 순간 스스로에게 충실한 것이야말로 도덕의 필수요건임을 깨달으며 "자기 초월의 순간을 경험"한 것이라고 말한다.[5] "너 자신에게 진실하라"는 구절이 우리의 도덕적 상상력을 강력히 지배하는 표현으로 우리 언어 속에 정착한 사실은 트릴링의 해석에 더욱 힘을 실어준다.

진정성의 도덕적 측면은 현대의 관점에서 볼 때 우리의 소망, 꿈, 직업, 가정생활 등 삶의 모든 요소가 우리의 진정한 목표와 잠재력을 반영해줄 것이라는 기대와 연관된다. 그것은 자기 실현, 자기 발견을 최우선에 놓는 지극히 개인적인 이상이다.

진정성은 우리의 세계관에 전면적으로 스며들었고, 우리의 도덕 언어는 '속으로는' 번뇌하면서 '겉으로는' 태연한 척 가면 쓴 사람을 묘사할 때처럼 외양과 실상의 구분이라는 기본 테마의 변주로 가득하다. 우리는 진정성 없는 삶을 영위하는 사람을 만나면 '가볍다', '얄팍하다'고 말하고, 좀더 진정성 있는 사람을 보면 '속이 깊다', '진중하다'고 말한다. 인간관계에서도 진정성은 성실 관념과 긴밀히 결부되어, (겉으로 내비치는) 명시적 공언과 (속에 품은) 진짜 감정이 일치하기를 요구한다. 이렇게 내면과 외면의 일관성을 너무나 중요하게 생각한 나머지 거짓, 불성실, 위선을 우리 시대의 가장 심각한 도덕 위반으로 여긴다.

2005~06년 겨울에 주목할 만한 일이 몇 가지 있었

다. TV 방송 「콜베어 르포」의 진행자 스티븐 콜베어가 정치인들의 기만적 행태를 조롱하려고 만든 신조어 '진실감'(truthiness)[†]이 인기 유행어로 부상하고 미국방언협회는 이 용어를 2005년 최고의 단어로 선정했다. 한편 철학자 해리 프랭크퍼트의 소책자 『개소리에 관하여』(On Bull-shit)가 세계적인 베스트셀러로 부상했다. 이미 20년 전쯤 학술지에 발표됐던 논문임을 감안할 때 의외의 현상이었다. 그러나 도입 부분("우리 문화의 가장 두드러진 특징 하나는 헛소리가 심하다는 점이다"[6])에서부터 벌써 이 책의 메시지는 연이은 기업 스캔들에 열 받고 이라크에서 대량살상무기를 찾아내는 데 실패한 미국과 영국 정부에 완전히 속은 대중들에게 확실히 공감을 일으키는 부분이 많았다.

"진정성이 우리 시대 도덕 언어의 일부가 됐다는 사실은 우리가 처한 상태의 특수성, 즉 실재성과 개인의 실존에 대한 불안감을 시사한다"[7]고 트릴링은 주장한다. 여기서 그는 진정성 담론 전반에 성서적 분위기가 스며 있다고 강조한다. 이런 식이다. 태초에 인간은 화합으로 충만한 진정성 본연의 상태에 살았다. 그러다 어느 순간 엄청난 불화가 발생해 우리는 자연과 사회, 심지어 우리 자신으로부터 유리되었다. 이후 우리는 타락 상태에서 살았고, 따라서 우리가 추구해야 할 중요한 정신적 목표는 본래의 진정한 조화 상태로 회귀하는 길을 찾는 것이다.

[†] 사실이나 논리가 아닌 직감에 의해 진실이라고 느껴지는 것. 혹은 진실이었으면 좋겠다는 바람.

이런 유리 상태의 원인은 다름 아닌 근대의 탄생이다. 세속주의, 자유주의, 시장경제의 등장이 특징인 근대는 의미 있는 인간적 실존과 관련된 그 무엇인가를 상실하게 만든 주범이다. 옛날에는 종교, 특히 유일신 종교가 선, 진실, 가치의 객관적이고 영구적인 기준으로 작동했고, 바로 그 기준에 부합하는 삶이 의미 있는 삶이라는 생각으로 사회(실은 문명 전체)를 구축했다.

종교, 귀족제, 공동체, 국가주의 같은 가치의 전통적 원천들이 과학기술, 자본주의, 자유민주주의의 용매에 전부 녹아버린 세상에서 의미를 찾으려는 것이 바로 진정성 찾기다. 조화의 환상이 깨졌을 뿐 아니라 옛날보다 평등해지고 범세계적·개인주의적이 된 이 세계에 좀 더 수용되기 쉬운 개념을 찾아 신을 대체하려는 것이다. 이는 복잡하고 어려운 탐색이다. 그러다 보니 사람들은 다양한 길로 접어든다. 자기 안의 창의력과 감성을 숭배하고, 전근대에 대한 페티시즘과 이국 문화의 전근대성을 찬양한다. 남들이 안 하는 방식으로 소비하는가 하면, 지역 공동체와 지역 경제 조직를 꾸리는 데 전력을 다한다. 그리고 무엇보다 서구식 소비와 향락의 천박성에 대한 적대감이 극심하다.

§

분리와 거리, 화합의 상실, 일체성과 조화라는 성서적 분위기를 풍기는 진정성의 언어는 우리 도덕관념의 확고한 일부여서 우리는 그게 본질적으로 종교적 사고방식이라는 점조차 거의 인식하지 못한다. 우리가 자연으로부터의 소외나 노동, 교외생활, 기술이 초래하는 인간소외 현상을 자연스레 논하는 것도 '우리는 타락했다'는 관념의 출처인 성경의 언어와 관련 있다.

진정성 추구는 상실된 화합을 복구하려는 시도다. 과거에 종교의식, 기도, 성찬식에서 얻었던 것을, 요즘은 「오프라의 북클럽」† 같은 방송이 제공하는 심리 분석, 자기계발, 감성, 감정, 향수, 여피 소비주의가 적당히 뒤섞인 지극히 현대적인 형태의 영성(spirituality)으로 충당한다. 또는 쇠고기, 닭고기, 채소, 면직물, 초콜릿, 화장지, 드라이클리닝 할 것 없이 뭐든 '유기농'에 집착하는 것 역시 진정성 추구의 한 방편이 됐다. 그와 유사하게 지역 농민, 지역 책방, 지역 에너지 같은 지역 경제에 대한 관심 증가도, 낭비적이고 혼란스러운 대량생산 소비주의보다 소규모 공동체의 전일성(holism)이 훨씬 소중하고 보람된 것이라는 근본 태도를 보여준다. 여기에는 시장경제에 대한 거의 본능적인 혐오가 존재한다. 사고파는 행위는 본질적으로 인간소외를 일으킨다는 신념 때문이다.

어떤 형태든지 간에 진정성 찾기는 우리 시대의 가장 시급한 과제로 자리매김했으며, 의미 있는 삶과 자기 실현에

---

† 　미국 인기 TV 토크쇼 프로그램 「오프라
　　윈프리 쇼」의 책 소개 코너.

대한 개인적 욕구뿐 아니라 지속 가능하고 평등하고 환경친화적인 진보 경제·진보 정치에 대한 요청을 충족시켜주고 있다.

　　내가 이 책에서 주장하는 바의 핵심은 진정성은 그런 것이 아니라는 거다. 지난 250년간 근대인을 사로잡았던 진정성 문제는 허구다. 그것이 약속한 바는 이제껏 구현된 적 없고, 앞으로도 그러지 못할 것이다. 우리의 노력이 부족했거나 방식이 잘못돼서가 아니다. 자꾸 거짓된 것들을 조달하는 자본가나 정치가, 혹은 다른 어떤 자들의 방해 탓도 아니다. 우리가 옛날엔 진정한 삶―진정한 공동체 속에 살면서 진정한 음악을 듣고 진정한 음식을 먹고 진정한 문화에 참여하는 삶을 살다가 지금은 그 진정성을 잃었다는 식의 동화 같은 전제 자체를 나는 부인한다.

　　진정성 같은 건 존재하지 않는다는 것이 이 책의 대주제다. 적어도 삶의 의미 찾기에 필요한 대대적인 방편으로서의 진정성은 존재하지 않는다. 진정성은 세상을 논하는 하나의 방식이며, 우리가 타인·세계·사물과 맺는 관계에 대해 판단하고 주장하고 선호를 표현하는 방식이다. 그러나 그런 판단, 주장, 선호는 어떤 실체적 속성을 가려내지 않는다. 공항 보안요원이 들이대는 금속탐지기처럼 진정성 여부를 가려내는 탐지기는 있을 수 없다.

　　라이오넬 트릴링은 1975년에 사망했으니 휴대폰, 아이패드, 유튜브, 블로그, 「세컨드 라이프」 게임 등은 구경조차 못했고, 24시간 뉴스채널, 5억 달러씩 소모되는 대통령선거전, 광고물로 뒤덮인 건조 환경도 목격하지 못했다. 현재가 과거보다 뭔가 특별하다고 믿는 것은 우리 문화에 내재된 몰역사적 자기도취증 때문이다. 변화의 속도가 너무 빨라서 수십 년 전에 비해 세상은 질적으로 달라졌으며 조부모 세대는 우리가 직면해야 하는 소외의 압박이 얼마나 큰지 이해하지 못한다고 생각한다. 어떤 의미에서는 맞는 얘기다. 그러나 진정성 추구가 현시점에 특별히 시급하고 타당해 보여도 그 유래를 더듬어보면 최초로 진정성 투쟁의 전선이 그어졌던 18세기 후반 이래 별로 달라지지 않았다. 그 점을 드러내는 것도 이 책의 목표다.

또한 나는 문제가 처음부터 잘못된 방식으로 진술됐고 진정성 추구는 기껏해야 한 세기 동안 무지개를 뒤쫓는 일에 불과했다고 생각한다. 더 우려되는 점은 진정성의 이상을 추구하는 우리의 방식이 오늘날 오히려 '비진정성'을 초래하는 강력한 원인이 됐다는 사실이다. 다시 말해 진정성을 찾으려는 현대인의 고투는 문제의 해결책이기는커녕 문제를 일으키는 원인이다.

우리는 진정한 나, 진정한 삶, 진정한 경험의 의미와 관련해 일종의 이데올로기에 사로잡혀 있다. 그 핵심에는 자기실현과 자기 발견을 소중하게 여기는 개인주의가 자리한다. 물론 가치 있는 생각이다. 문제는 거기에 반사회적·비순응적·경쟁적 속성이 내재한다는 점이다. '너만의 어떤 것을 하라'고 권하는 히피 버전의 진정성 추구는 남들은 하지 않는 행동, 튀는 행동을 하라는 뜻이다. 이것은 순응적이고 천편일률적인 대중의 삶에서 벗어나야 한다는 경쟁을 유발한다. 잘 살펴보면, 로프트에서 살기, 생태관광, 슬로푸드 운동 같은 소위 '진정성 있는' 생활양식들에서도 위장된 형태의 지위 획득 행위가 발견된다. 그리고 이는 타자에게 분개의 감정을 일으킨다.

진정성 숭배의 더 심각한 결과는 미국 도심의 흑인 거주 지역에서 관찰된다. 거리 은어인 '진실하기'(keeping it real)는 표면적으로는 자신, 가족, 공동체에 충실하라는 뜻이지만, 현실적으로는 학업을 끝까지 마치고, 취업을 하고, 범죄자가 되지 않고, 자기 아이를 책임 있게 돌보라는 충고를 일체 거부하는 핑계로 사용된다. '진실하기'는 기껏해야 운동화나 옷, 장신구에 엄청난 돈을 쓰는 과시용 소비를, 최악의 경우에는 무지한 상태에 머물러 있거나 갱단에 들어가는 행위를 정당화하는 역할을 한다.

한편 공공 영역에서 진정성에 대한 욕구는 비방광고와 인신공격으로 점철된 품위 없는 정치문화에 기여했다. 그리고 반자유주의적이고 전근대적인 정치조직체를 향한 잘못된 노스탤지어가 반동의 움직임을 초래해, 애초에 좋은 의도를 지녔던 진보주의자들이 독재자, 파시스트, 이슬람 원리주의자들과 의제를 공유하게 만들었다.

경쟁과 이기주의, 속이 텅 빈 개인주의가 만연하고 진실한 인간관계와 참된 공동체가 사라진 천박한 소비주의 사회에 대한 우려는 정당하다. 그러나 이것은 불편한 모순을 야기한다. 천박성과 거짓됨을 자인하는 사람도 없고, 인공적인 대량생산품이 최고라고 주장하는 사람도 없고, 다들 그렇게 진정성을 갈망한다는데 어째서 세상은 날마다 점점 더 진정성을 잃어가는 것처럼 보일까? 진정성에 대한 우리의 잘못된 욕구가 문제를 도리어 악화시키고 있다. 우리는 근대와 화해하고, 지위 추구, 향수병, 반동정치 없는 의미 있는 삶을 허락하는 개인주의를 찾아 전진해야 한다.

그러나 일단 우리가 어떻게 지금에 도달했는지 이해할 필요가 있다. 이야기는 근대의 탄생으로부터 시작된다.

1장
근대성이라는 질병

비쩍 마르고 신뢰성 없는 그리스 젊은이 카이레폰이 역사에 남을 유명한 여정에 나선다. 그는 아테네에서 약 200킬로미터 떨어진 델포이의 아폴론 신전까지 걸어가, 신탁을 하는 사제에게 자기 친구 소크라테스보다 더 지혜로운 자가 존재하는지 물었다. 카이레폰이 들은 대답은 "없다"였다. 그래서 아테네로 돌아와 소크라테스에게 그 신탁을 전했다. 이를 전해 들은 소크라테스는 다소 미심쩍어했다. 자신은 별로 아는 게 없는데, 대다수 아테네 시민들은 세상만사를 다 잘 아는 것처럼 보였기 때문이다. 그러나 도시 이곳저곳을 거닐며 아테네 사람들에게 (진실, 미, 경건, 정의와 같은) 몇 가지 주제에 관해 질문을 던져보고는 결국 그들이 자기만큼이나 무지하면서도 무지를 인식하지 못하고 있다고 결론 내렸다. 정말로 소크라테스는 가장 지혜로운 아테네인이었다. 자신이 무지하다는 사실을 아는 유일한 사람이라는 점이 바로 그의 지혜였다.

소크라테스는 신탁에 실은 약간의 힌트가 있었음을 알

아챘어야 했다. 아폴로 신전 현관 윗부분에는 금색으로 그노티 세아우톤(gnothi seauton), 즉 '너 자신을 알라'는 금언이 새겨져 있었다.

그리하여 소크라테스는 '너 자신을 알라'를 지성의 근본 원칙으로 삼아 항상 이를 바탕으로 아테네 공론장에서 사람들과 장시간 토론했으며, 남는 시간에는 잘생긴 청년들과 어울렸다. 그러나 아테네인들이 그의 열성적인 논쟁을 반겼다고 말하기는 어렵다. 기원전 399년 소크라테스는 거짓된 신을 믿고 청년들을 타락시키고 "약한 논증을 강한 논증으로 만든다"(논쟁에서 궤변으로 속임수를 쓴다)는 혐의로 고발당해 재판을 받는다. 이 재판에서 배심원들은 세 가지 죄목 모두에 유죄 평결을 내렸고, 고발인들은 사형을 주장했다. 사형 이외의 형벌을 요구할 기회가 피고에게 주어지자, 소크라테스는 오히려 평생 공짜 점심으로 자신에게 보상하라며 배심원들을 자극했다. 그리고 추방형이든 감금형이든 자신은 어쨌건 철학문제에 관해 입을 다물 수 없다고 밝혔다. 그는 철학은 인간이 할 수 있는 최고의 것이며 철학적 탐구가 결여된 삶은 살 가치가 없다고 덧붙였다.[1]

소크라테스는 침묵 대신 죽음을 택했고, 이후 그는 지적 독립성, 비판적 탐구, 자기 이해의 이상을 저버리길 거부하다 희생당한 고결한 존재, 마치 예수 같은 존재로 묘사되었다. 많은 이들이 '너 자신을 알라'는 그의 언명을 서구 지적 전통의 도덕적 핵심으로 여기며, 그 근대적 버전인 '너 자신에게 진실하라'는 금언에는 진정성을 위한 완전한 헌신이야말로 도덕적 이상이라는 생각을 담았다.

카이레폰이 아폴로 신전에서 소크라테스의 특별한 비밀에 관한 신탁을 듣는 장면은, 남을 돕기에 앞서 먼저 자신을 신뢰하는 과정을 거쳐야 하는 영웅 이야기를 다룬 수많은 영화와 소설의 상투적인 모티프가 됐다. 영화 「매트릭스」에서 모피어스가 네오를 오라클에게 데려가는 장면은 전형적이라고 할 수 있다. 모피어스는 네오가 컴퓨터가 생성한 가상세계에서 노예로 전락한 인류를 구할 운명을 타고난 '구원자'라고 믿는다. 네오는 자신이 과연 인류의 구세주가 될 능력이 있는지 회의한다. 그래서 모피어스는 그를 오라클과 만나게 한다. 수수께끼 같은 말을 하며 쿠키를 굽는 인자한 흑인 여성인 오라클의 충고가 기계 파괴 임무에 임해야 하는 네오에게 자신감을 주기를 바랐던 것이다. 그러나 오라클은 네오의 눈을 똑바로 쳐다보며 그는 구원자가 아니라고 말한다. 자리를 뜨는 네오에게 그녀는 쿠키를 건네며 "이제 믿음을 가져요"라는 묘한 말을 건넨다. 네오가 나갈 때 우리는 부엌 출입구 위에 걸린 라틴어 명판을 본다. 테메트 노스케(temet nosce). '너 자신을 알라.'

네오는 (물론) 구원자였다. 오라클이 바로 그렇다고 답하지 못한 것은 네오가 스스로를 믿지 못했기 때문이다. 그는 기계의 발전, 지구의 초토화, 인류의 노예화라는 모피어스와 그의 팀의 설명을 통째로 받아들여야 했다. 트리니티는 네

33

오에게 모피어스나 오라클의 믿음은 상관없고, 중요한 것은 네오 자신의 믿음이라고 말해준다. 교훈은 명확하다. 네오는 인류를 구원하기에 앞서 먼저 자기 자신을 믿어야 한다. 자기 파악과 자기 발견이 사회 기여의 전제조건이라는 생각은 진정성의 윤리에 깊이 발 담그고 있는 철저히 근대적인 교훈이다.

워쇼스키 남매는 소크라테스와 네오 (그리고 간접적으로 예수) 사이의 유사성을 확실하게 인식하고 있었다. 그러나 트릴링은 『성실성과 진정성』에서 소크라테스가 살던 시대와 오프라 윈프리가 사는 현대에 연속성이 존재한다는 생각은 시대착오적이며 진정성이라는 이상은 비교적 최근에 등장했다고 설명한다. 트릴링에 따르면, '내면의 진정한 자기'와 '외면의 거짓된 자기'의 구별 같은 진정성 논의의 필수 요소는 서구에서 18세기 말엽에 등장했다. 따라서 얼핏 비슷해 보여도 소크라테스의 '너 자신을 알라'는 금언과, 자기 발견과 자기 이해 그 자체를 목적으로 하는 철저히 근대적인 목표 사이에는 진정한 연속성이 존재하지 않는다. 거기에는 근대와 전근대를 가르는 깊은 간극이 있을 뿐이다.

근대란 무엇을 뜻하는가? 이것은 중요하고도 어려운 질문이며, 이제까지 수많은 중요하고도 어려운 책들의 주제로 다루어졌다. 한 가지 문제점은, 우리가 근대 기술이나 근대적 사랑 같은 화제를 논할 때 흔히 근대(modern)를 현대(contemporary)와 동의어로 쓴다는 점이다. 게다가 근대를 역사상 특정 시기를 가리키는 말로 사용할 때조차도 구체적인 맥락에 따라 달라진다. 예를 들어, 역사가들은 중세가 끝나고 르네상스가 시작되는 시점 이후의 유럽사 전체를 가리켜 '근대'라고 지칭하고는 한다. 그러나 '근대 건축'이라 하면 보통 20세기 초에 부상한 매우 기능적이고 비장식적인 건축 양식을 가리킨다.

여기서 나는 근대성을 특정한 역사적 시대보다는 하나의 세계관을 지칭하는 용어로 사용하고자 한다. 근대적이라는 것은 특정한 관점과 태도를 지닌 문화의 일부가 되는 것이다. 역사가들에게는 그런 세계관이 언제 어디서 왜 발생했느냐를 이해하는 것이 중요한 과제이겠지만, 근대성 관념이 특정 장소나 시간에 얽매이지 않는다는 사실도 중요하다. 마셜 버먼은 1982년 저서 『현대성의 경험』(*All That Is Solid Melts Into Air*)에서, 근대성은 "전 세계 모든 남녀가 공유하는 경험, 즉 공간과 시간, 자기와 타자, 삶의 가능성과 위험 같은 극히 중요한 경험을 겪는 방식"이라고 묘사한다.[2] 근대성은 무엇보다도 존재 양식이며, 세계와 그 안에 있는 우리의 자리에 관해 우리가 취하는 입장이다.

근대적 세계관은 세상에 대한 환멸, 자유주의적 개인주의의 발달, 시장경제과 자본주의의 등장이라는 세 가지 주요 특징과 함께 부상했다. 1500~1800년 사이에 이 세 가지 현상은 과학기술을 비롯해 예술, 종교, 정치, 개인 정체성에 이르기까지 모든 면에서 사람들의 태도에 의미심장한 변화를 일으켰다. 이것은 종합적으로 진보 사상의 출현을 초래했으나, 앞으로 살펴보겠지만 '상황이 반드시 좋아지는' 것만을 의미하지는 않았다. 무엇보다 진보는 끊임없는 변화를 의미했다. 이를 불쾌해 하면서 진보가 인간소외를 일으킨다고 여기는 사람도 많았다.

일단은 '세상에 대한 환멸'이라는 주제부터 살펴보자.

§

1960년대 초 뉴욕 매디슨 가 광고업계를 배경으로 펼쳐지는 미국 TV 드라마 「매드맨」 첫 시즌에서, 머리에 포마드를 바르고 회색 양복을 차려 입은 광고회사 중역 돈 드레이퍼는 어쩌다 자유분방한 원조 히피 매지와 사귄다. 그녀를 따라 그리니치빌리지의 예술공연클럽과 파티장에 간 드레이퍼는 마케팅과 자본주의의 도덕적 책임을 따지는 매지의 반체제 성향 친구들과 설전을 벌인다. (전형적인 대화다: "그러고도 밤에 잠이 옵니까?" "돈더미 위에서 자죠.")

어느 날 밤 그들은 술을 마시고 마리화나를 피우다가 다시 논쟁을 한다. 마리화나에 취한 히피가 텔레비전 광고는 인간을 부자유하게 만든다고 말하자, 드레이퍼는 그에게 취업해서 뭔가를 성취하라고 대꾸한다. 그 순간 매지의 비트족 남자친구가 고전적인 반문화적 피해망상이 서린 언급을 광고맨에게 던진다. "당신은 거짓을 제조하죠. 욕구를 창출한다고

요. 저들은 넘어갈지 몰라도 우리는 안 넘어가요." 지겨워진 드레이퍼는 자리에서 일어나 모자를 눌러쓰고 찬물을 끼얹는 말을 날린다. "이런 소리해서 미안한데, 대단한 거짓말이나 시스템 따위는 존재하지 않습니다. 세상은… 무관심할 뿐이에요." 매우 낙담한 답변이 들린다. "씨… 꼭 그 말을 해야 직성이 풀리나?"

드레이퍼가 그 자리에 남아 논쟁을 계속했다면 "그게 진실이니까"라고 대답했을 것이다. 이 대화는 힙스터와 보수주의자 사이에 벌어지는 전형적인 입씨름이다. 지난 반세기에 걸쳐 대학기숙사와 카페에서 끊임없이 벌어졌던 종류의 논쟁이다. 그러나 무관심한 세상에 관한 드레이퍼의 마지막 대사는 근대적 삶의 조건의 핵심을 찌르는, 한층 깊은 존재론적 자각을 거론한다.

옛날 옛적에 인류는 세계를 '우주'로서 경험했다. 우주 (cosmos)는 그리스어에서 유래한 단어로 '질서'나 '질서 있는 배치'를 가리킨다. 이 세계의 질서는 세 가지 층위에서 작동했다. 첫째, 창조된 만물은 그 자체로 하나의 거대한 우주였고 그 중심에는 지구가 있었다. 지구의 주변을 달과 태양과 눈에 보이는 행성들이 정해진 궤도를 따라 돌고 있으며 그보다 더 멀리에는 붙박이 별들이 있었다. 둘째, 지구상의 생명은 일종의 매혹적인 정원과도 같아서 그 속에서 각 생명체나 구성 요소가 각자의 적절한 자리를 지켰다. 셋째, 인간사회는 질서정연하여 사람들은 (혈통, 태어난 순서, 성별, 피부색 등

스스로 선택할 수 없는 속성에 따라) 미리 정해진 카스트, 계급, 사회 역할에 자연스럽게 배치됐다.

무엇이 됐든 그것은 가치와 목적이 있는 세상이었다. 각 구성원은 전체 속에서 자신의 위치를 알고 유기적인 조화 속에서 적절한 기능을 수행함으로써 정체성을 획득했다. 고대 그리스인과 중세 사상가들은 이러한 기본 질서를 돌과 무기물에서 식물, 동물, 인간, 천사, 신에 이르기까지 엄격하고 완벽한 위계질서를 뜻하는 '존재의 위대한 사슬'이라는 관념으로 묘사했다. 이런 지구 중심, 인간 중심의 우주 속에서 인류는 지극히 마음이 편했다. 큰 인형 안에 작은 인형들이 겹겹이 들어 있는 러시아 인형과도 같았다. 지구는 피조물 중에 가장 중요한 부분이었고, 인간은 지구상에서 가장 중요한 존재였다. 그리고 인간사회도 기능적 위계체계를 갖춘 하나의 '우주'로서, 각 개인의 정체성은 오로지 그 구조 내에서 주어진 자신의 지위―노예, 농민, 평민, 상인, 귀족 등―에 의해서만 결정됐다.

이것은 (적어도 플라톤의 기록을 통해 드러난 바에 따르면) 소크라테스의 세계관이기도 했다.[3] 소크라테스에게 자기 발견이란 거대한 체계 내에서 자신이 어디에 속하는지 이해하는 것을 의미했다. 이 해석을 따른다면 '너 자신을 알라'는 예언적 금언은 '너의 자리를 알라'로 바꿔 표현하는 편이 더 나을지 모른다. 옛날사람들에게 야심, 감정, 욕망이 없었다는 뜻이 아니라 그것들이 세상에서 자기 자리를 발견하는 데 그리 중요하지 않았다는 의미다.

　요즘 영화나 소설을 보면 중세 구두수선공의 아들이 귀족의 딸에게 반해 그녀의 마음을 얻는 데 성공하거나 조지 왕조 시대의 부엌 하녀가 위선적인 상류계급 여성들에게 싫증난 왕자의 구애를 받는 낭만적인 이야기로 가득하다. 그런 행동은 생각조차 할 수 없었던 시대에 우리의 생각과 가치관을 투영한 결과일 뿐이다. 제인 오스틴의 작품들이 중요한 이유도, 세계가 좀 더 근대적인 감성으로 전환하는 순간을 담아냈기 때문이다. 오스틴의 작품들은 구시대의 사회질서가 부여하는 역할에 압박감을 느끼며 개인주의에 눈뜨는 등장인물들을 다룬다.

　이제까지 세상에 존재한 거의 모든 사회는 어떤 식으로든 세계를 '매혹적'인 곳으로 바라보았다. 고대 그리스나 로마시대의 다신교, 사회적 역할을 엄격히 규정하는 중국의 유교, 유대교·기독교·이슬람교 같은 유일신 종교도 다 마찬가지다. 이것들의 공통된 특징인 이른바 '포괄적 교리'는 지구상 생명체, 세계의 작동 방식, 인간사회가 일정한 방식으로 구축된 이유 등을 통일된 형이상학적 체계 안에서 설명하고 정당화한다.

　이를테면 가톨릭교를 보자. 가톨릭교는 세계(하느님이 7일 만에 창조함)와 지구생명체(하느님이 흙을 빚어 아담을 만들고 아담의 갈비뼈로 하와를 만듦)의 기원을 설명하는 것으로 시작되는 강력한 포괄적 교리를 갖췄다. 게다가 도덕률

(십계명)과 그에 대한 정당성(신의 명령), 그리고 위반할 경우의 벌칙(불지옥에 떨어짐)까지 제공한다. 무엇보다 성서는 신부가 매개하는 성찬예식을 통한 영혼의 구원과 삶의 의미를 설명한다. 과학, 정치, 도덕, 영적 구원. 가톨릭교회는 존재론적·정치적·사회적·과학적 욕구를 종합적으로 충족시켜주는 원스톱 쇼핑몰이다.

포괄적 종교의 임무는 지구상과 인간사회에서 일어나는 모든 현상을 이해 가능한 것으로 만드는 일이다. 모든 현상에는 결국 이유가 있으며, 그 이유는 신의 의지 혹은 신의 명령이라는 관점에서 해석된다. 이것은 철학자들이 '목적론적 설명'—궁극의 목적이나 목표를 염두에 둔 설명—이라고 부르는 것의 한 버전이다. 우주 속에 구조적으로 탑재된 궁극의 목적·목표·역할에 기대는 일이 불합리하고 무의미한 것으로 드러날 때 세상에 대한 환멸이 찾아온다.

기독교의 힘을 꺾은 강자는 과학이었다. 코페르니쿠스의 태양중심설에서 다윈의 자연선택에 이르기까지 일련의 과학적 발견은 사물의 총체적 구성 속에 위치한 '자기 자리'에 대한 인류의 생각을 결정적으로 뒤흔들어 놓았다. 그러나 과학이 종교가 주장하는 내용의 신빙성을 깼다고 해서 과학과 종교가 서로 적대할 필요는 없다. 적지 않은 수의 과학자들에게 과학연구란 신의 마음을 이해하는 하나의 방법일 뿐이다. 르네상스 시대의 박식가 프랜시스 베이컨 경은 이렇게 말했다. "약간의 과학은 인간을 신으로부터 멀어지게 하지만,

풍성한 과학은 인간을 다시 신에게 돌아오게 한다."

따라서 과학 발견만으로는 우리를 매혹의 정원에서 쫓아내기에 충분치 않다. 그리고 지난 수세기 동안, 특히 가톨릭교회는 과학연구로 발견된 사실에 맞추어 하느님 계시의 진실을 설명하는 데 매우 능숙한 모습을 보였다. 가톨릭교회의 한 가지 표준 방침은 어느 특정한 과학 사실에 신앙의 진정성을 결부시키지 않고 세상이 어떻든 간에 신의 의지가 그러했기 때문이라고 주장하는 것이다. 또 다른 방침은 인간 영혼의 신성한 기원은 실증 연구의 영역이 될 수 없노라고 선언하고 보호하는 것이다. 이 두 가지 방침은 1996년 교황 요한 바오로 2세가 진화를 "가설 그 이상의 것"으로 인정하면서 채택됐다. 교황은 자연선택에 의한 진화를 주장한 다윈이 맞을지도 모른다며 이렇게 말했다. "그러나 형이상학적 지식, 자기 인식과 자기 성찰, 도덕적 양심과 자유, 미적·종교적 경험은 철학적인 분석과 성찰의 영역에 속하는 것인 반면, 신학은 그것들의 궁극적인 의미를 창조주의 계획에 따라 드러냅니다."[4]

이것이 바로 진화생물학자 스티븐 제이 굴드가 말한 NOMA(non-overlapping magisteria), 즉 종교와 과학의 영역은 중첩되지 않는다는 원칙이다. NOMA는 해석상의 '연방주의'로, 인간 경험의 범위를 해석의 유형 ― 과학적·종교적·미적·형이상학적 등등 ― 에 따라 엄격하게 범주를 나눠 영역마다 그 해석이 독립된 권한을 지닌다는 의미다. 우리가

NOMA 전략을 수용한다면, 아무리 충격적인 과학적 발견이 줄줄이 이어져도 종교에 대한 환멸이 반드시 뒤따를 필요가 없다. 교황의 연설에서도 분명히 드러나듯, 사람들이 "하나님의 뜻이 그러하다"는 설명을 어떤 사건의 원인으로 받아들이고 서로 경쟁하지 않는 복수의 설명 방식을 인정하기만 한다면 종교는 완전히 퇴출될 필요가 없다. 종교에 대한 환멸은 오로지 과학적 연구방법만이 타당한 설명 방식이라고 인정될 때 찾아온다.

여러분의 고교 시절이 나와 비슷하다면 '과학적 방법'이라는 소리에 알코올램프, 시험관, 개수대가 구비된 과학실이 떠오를 것이다. 그 시절 우리는 과학적 연구조사의 핵심인 문제 제기, 가설 설정, 실험 방법 설계, 자료 해석, 결론 도출의 엄격한 형식을 배웠다. (문제 제기: 모든 종류의 빵에 자라는 곰팡이는 다 같은 종류인가? 가설: 그럴 것이다. 실험 방법: 가져온 점심 도시락을 사물함에 한 달간 넣어둔다.) 그러나 과학적 사고방식은 그보다 더 추상적이고 실험이나 자료의 수집 및 분석과는 별 상관이 없다. 과학적 사고방식의 핵심요소는 두 가지다. 첫째는 일반법칙과 일반원리 추구에 매진하는 것이고, 둘째는 과학의 진보란 개방적이며 궁극적으로 비결정적이라는 점을 인식하는 것이다.

§

신들이 지구상을 누비며 이 땅을 지배한다고 믿었던 옛 시절에는 자연현상에 대한 해설이 완전히 TV 시리즈였다. 어젯밤 천둥번개는 왜 그리 심했을까? 헤라가 또 바람을 피운 제우스에게 그릇을 던지자 제우스가 벼락으로 대응했기 때문이다. 왜 선박들이 침몰했을까? 선장이 항해에 앞서 포세이돈에게 황소 한 마리를 제물로 바치는 일을 깜빡 잊자 노한 포세이돈이 삼지창으로 폭풍을 일으켰기 때문이다.

이런 애교스러운 이야기들이 실은 아무것도 설명하고 있지 않다는 점을 인식하는 데는 그리 대단한 통찰력이 필요하지 않다. 예측 불가능한 세상에 조금이나마 질서를 부여하려고 임기응변식으로 지어낸 이야기일 뿐이다. 아쉽게도 미래를 예견하는 데 전혀 도움이 안 된다. 제우스는 또 바람을 피울까? 그걸 누가 알겠는가. 포세이돈에게 희생물을 바치면 정말 배가 안전할까? 제멋대로 화를 내는 포세이돈의 성격으로 미루어 아마도 아닐 것이다. 제물을 바치고도 침몰한 배들도 많았다. 따라서 과거를 이해하고 미래를 합리적으로 예견하고 싶다면 좀 더 나은 방법이 필요하다.

세상을 초자연적 연속극으로 이해하는 수준에서 처음 벗어난 사람으로 보통 기원전 620~546년경에 살았던 그리스 철학자 탈레스를 든다. 탈레스는 사물의 본질에 흥미를 갖고 세상을 구성하는 것들이 어떻게 그렇게 엄청난 다양성을 지닐 수 있는지에 관심을 보였으며, 만물의 근원은 물이라고 주장했다. 탈레스가 왜 그렇게 믿었는지 정확한 기록은 없고, 아리스토텔레스가 남긴 글을 통해 간접적으로 알 수 있을 뿐이다. 아리스토텔레스에 따르면, 탈레스는 생명을 낳고 보존하는 물의 역할을 관찰하다 그런 발상을 했을 것이다. "모든 피조물을 보살피는 것은 습기이며, 온기도 습기에서 발생하고 유지된다. 그리고 그로부터 만물이 형성된다는 것이 제1원칙이다."[5] '모든 것은 물'이라는 만물의 법칙 자체는 대단치 않지만, '이성에 근거한 일반이론'이라는 개념 혁신을 일으켰다는 점에서 탈레스에게 '최초의 진정한 철학자' 타이틀이 주어진 것은 온당하다.

탈레스는 바람둥이 제우스나 제물을 못 받아 성난 포세이돈 이야기가 그들의 행동을 납득시키지는 못한다는 점을 인식했다. 이해되는 듯한 착각만 일으키는 허위 해설이었다. 현상을 제대로 이해하려면 특정 사건이 어떤 식으로 특정 결과를 초래하는지 보여주는 일정한 공식이 필요하며, 그것은 과거의 사건을 설명하는 동시에 미래의 사건을 예측할 수 있어야 한다. 그러려면 사건을 이해하기 위한 어떤 일반원리가 필요하다.

일단 '이성에 근거한 일반이론' 개념을 수용하면 우리는 막강한 인지 도구로 무장하게 된다. 세계는 예측 가능한 일반 법칙에 따라 작동한다는 관념이 우리에게 논리·과학·기술을 주고, 도덕윤리 영역에서는 공정성과 평등 원리를 부여하기 때문이다. 따라서 탈레스는 물이 만물의 근원이라는 주장을 통해 기존의 자의적이고 기이한 막장 드라마식 사건 풀이에서 벗어나는 운명적인 첫걸음을 내디딘 동시에, 현상의 이해와 미래의 예측을 돕는 일반원리로 세상을 설명하는 첫 시도를 해냈다.

그렇지만 세상에 대한 환멸은 아직까지 일어나지 않는다. 합리적이고 질서정연하고 일반이론·일반원칙으로 설명되는 세계도 아직 '우주'일 수 있다. 탈레스가 연속극을 벗어나는 법은 제시했지만, 신의 의지, 계획, 의도라는 궁극의 논리에 기댈 여지는 여전히 남아 있었다. 목적론을 과학의 영역에서 완전히 몰아낼 방법은, 과학이란 근본적으로 절대 결말에 도달할 수 없는 점진적인 노력이라는 사실을 깨닫는 것뿐이었다.

가차 없이 전진하는 과학의 속성을 온전히 인식할 때만이 세상에 대한 환멸이 일어난다는 것을 보여준 사람은 바로 19세기 말에 활동한 독일 사회학자 막스 베버다. 그는 과학의 발견은 그 속성상 더 나은 발견으로 개선되고 대체될 운명이라고 주장했다. 우리는 최종적 진실에 도달했다고 절대로 말할 수 없다. 더 폭넓고 더 깊이 있는 법칙에 근거한 설명이 나올 가능성이 언제나 열려 있기 때문이다. 베버에게 과학에 대한 매진은,

헤아릴 수 없는 신비한 힘이 작용하지 않고 모든 것을 계

산으로 파악할 수 있음을 의미한다. 그건 세상에 대한 환멸이 일어난다는 뜻이다. 신비한 힘의 존재를 믿었던 야만인처럼 혼령을 조종하거나 그들에게 애원하는 마법에 의지할 필요가 없다. 기술과 계산이 그 일을 대행한다.[6]

진부한 표현이긴 하지만 신비주의에 대한 베버의 단호한 거부는 세상을 보는 관점의 진정한 '패러다임 전환'이며 온전한 근대를 향한 거대한 도약이다. 이것이 초래한 가장 중요한 결과는 세상이 더는 '우주'가 아니라는 깨달음이다. 이제 세상은 돈 드레이퍼의 도덕적 무관심의 공간이다. 그저 에너지와 운동하는 물질로 이루어진, 인간사와 인간 고뇌에 무심한 곳일 뿐이다. 세계가 더 이상 의미나 가치의 원천이 아니게 된 점은 철학적으로 중요한 문제다. 세계에 대한 어떠한 서술도 당위에 대한 유효한 결론을 주지 못하게 됐다. 이를테면 어떤 집단이 현재 노예라 해서 노예제도가 자연스럽고 정당하다 주장할 수 없다.

사실과 당위의 차이, 그리고 전자로부터 후자를 도출하는 논리의 부당성에 데이비드 흄이 주목한 사실은 유명하다. 그는 '흄의 단두대'† 로 알려진 논의를 통해 부적절한 추론을 경계하라고 철학자들을 조심시킨다.

게다가 환멸은 우리 자신에 대한 이해를 바꾸어놓았다. 환멸은 우리가 행복의 극대화를 궁극적 목표로 삼는 공리주

---

† 　사실과 당위를 단두대의 날카로운 날로
　　자른 듯 가차 없이 갈라놓았다는 의미.

의 철학을 선호하게 만들었고, 기술을 이용한 자연의 도구화와 착취를 권장했다. 하지만 환멸이 불러온 가장 결정적인 효과는 개인과 집단이 계급과 위계질서 내에서 제자리를 지키도록 강제한 옛 체제를 해체했다는 점이다. 체제가 붕괴되어 제자리를 지킬 필요가 없어졌으니 어떤 의미에서는 해방이었다. 스스로 자기만의 길을 찾을 자유가 주어진 것이다.

이리하여 세상에 대한 환멸은 근대의 두 번째 주요 특징인 정치적으로 유의미한 단위로서의 개인의 등장으로 이어진다.

§

조화로운 세상에 대한 환상이 깨지면서 기존 사회관계가 '우주'의 구조에 의해 정해진 것이 아니라 인간이 만든 것, 즉 우발적 사건, 권력관계, 노골적 불의와 차별의 산물임이 인정됐다. 이런 깨달음은 오랜 세월 확립된 사회조직 형태를 파괴했다. 타이밍도 좋았다. 사람들이 전통적 위계질서의 관습적이고 자의적인 기원을 인식하기 시작하던 18세기 말엽, 유럽 일부 지역에서 시작된 산업혁명과 이촌향도 현상으로 사람들은 좁은 공간에 밀집해 생활하게 되었다.

계급 간의 거리와 지리적 거리의 이중적 축소는 정치 권위를 철저히 재고하도록 부추겼다. 사람들은 처음으로 '누가 지배해야 하는가? 무엇을 근거로? 권력 행사의 대상은 누구이며 그 범위와 한계는 무엇인가?'를 질문하기 시작했다. 집단, 계급, 민족 같은 집합체가 상대적으로 약해지고 정치적 핵심단위로서 개인이 등장하면서 이런 의문들이 피어났다.

근대의 탄생에 관한 문헌을 보면 정치적 개인주의가 16세기에 일어난 종교적 개인주의의 귀결이라는 주장이 반복된다. 여기서 결정적인 사건은 테니슨이 "성직자가 지배하던 시대가 끝나고 개인의 자유라는 새 시대의 출현을 알리는 징조"라고 선언하며 시작된 종교개혁이다. 교회의 권위가 개인의 신앙을 매개하는 구교와 달리, 신교는 각 개인의 성경 해석에도 권위를 부여했다. 신교도가 신과 맺는 관계는 타인이 매개하지 않는 개인적인 것이며, 독실한 신앙은 선행이나 죄의 고백보다는 의지의 순수함에서 나온다. 마르틴 루터의 말처럼 "인간은 행위가 아니라 오로지 믿음으로만 구원받을 수 있다". 신교는 성직자라는 별도 계급의 필요성을 부정함으로써 종교를 개인과 하나님 사이의 사적인 문제로 바꿔놓았다. 그리고 믿음을 통한 구원을 강조함으로써 자기 양심의 점검을 중시하는 내면 지향적 태도를 불러왔다.

종교개혁은 실제로 정치적 개인주의의 등장을 위한 중요한 한 걸음이었으며, 특히 도덕적 이상으로서의 진정성을 등장시킨 근대의 한 조류에 밑거름이 됐다. 한편, 종교개혁이 낳은 종교적 개인주의는 중앙집권국가의 등장이라는 중요한 발전이 있었기에 인해 작동할 수 있었다. 근대국가의 부상과 개인의 등장의 긴밀한 관계는 충분히 인식되지 않을 때가 있다.[7] 그 둘은 사실상 동전의 양면이다. 중앙집권국가가 권력을 강화하기 시작하던 16세기 정치의 중심에 개인이 놓인 것은 결코 우연이 아니다.

국가란 너무나 뚜렷한 근대적 제도여서 오늘날 우리는 세계를 나누는 다른 방식을 잘 상상하지 못한다. 심지어 다른 통치 형식을 채택한 아프가니스탄이나 수단 같은 나라를 '실패한 국가'(failed state)라고 부른다. 그러나 언제나 그렇지는 않았다. 한 지역을 다스리는 방법은 여러 가지이고 국가 제도는 그중 하나일 뿐이다. 중세가 끝날 무렵 등장한 국가는 기존의 친족, 부족, 봉건적 유대, 종교, 혹은 신성로마제국 식의 느슨한 연방체제를 기초로 하는 몇몇 다른 통치 형태와 경쟁했다. 이런 국가 개념과 함께 등장한 것이 보통 정치학 개론서에서 "영토에 행사하는 독점적 권력" 또는 특정한 지리적 영역에 행사하는 "최고의 입법·행정·사법권"으로 정의되는 주권 개념이다. 여기서 핵심 개념은 '최고'와 '영토'다. 이 두 가지를 합쳐놓은 것이 우리가 아는 '주권국가'라는 통치 형태다. 주권자인 군주는 각 지역 부족, 군벌, 귀족, 토호, 교회 등과 공동으로, 또는 그들을 통해 간접적으로 통치하지 않고 모든 개별적인 사회구성원에 대해 무제한적이고 직접적인 권한을 행사했다.

이것이 정치적 개인주의와 무슨 관계가 있단 말인가? 농노, 여성, 유대인이 영주, 남편, 성직자에게 억압을 당하는 거나 멀리서 국왕이 내리는 명령에 억압을 당하는 거나 어차피 마찬가지 아닌가? 중간에 걸쳐 있는 자들을 걷어내면 더 효율적인 독재가 가능하지 어째서 개인 자유의 원칙에 결정적으로 기여한다는 건지 납득하기 어렵다. 그럼에도 바로 그것이 근대국가 등장의 정확한 원인이었다. 옥스퍼드 대학 정치학자 래리 시든톱의 말처럼 근대국가는 '법 앞에 평등'이라는 약속이 내포된 트로이의 목마인 것이다.

> 국가라는 개념 자체가 주권자, 즉 최고의 입법권력에 누구나 평등하게 예속된다는 의미를 수반한다. 국가를 논할 때는 거기 소속된 백성들의 동등한 지위를 상정하게 된다. (…) 일단 주권행위체나 주권국가가 생기면 전통적 관례는 주권자가 허가하지 않는 한 법률의 지위를 상실한다.[8]

이리하여 국가의 등장은 이미 시작된 환멸의 과정을 정치적으로 촉진했다. 환멸이 전통 사회신분제도를 고정된 것으로 정당화하던 형이상학적 기초를 깨뜨렸다면, 국가는 수세기에 걸쳐 덧칠한 페인트처럼 겹겹이 쌓인 다층적 정치권력을 뚫고 군주와 개별 백성 사이에 중개자 없는 직접적인 관계를 확립했다. 다른 통치 형태와는 대조적으로 국가는 단연코 개인들의 집합체였다. 상인, 아내, 남작, 성직자 같은 사회적 역할은 부차적일 뿐 이제 누구나 일차적으로는 '개인'으로 인식됐다.

이와 같은 일차적/부차적 사회 역할의 구분은 주권국가 내에서만 가능하다. 이해를 돕기 위해 고대 이집트의 노예, 중세 농노, 18세기 인도의 불가촉천민, 19세기 프랑스인을 한 자리에 모아놓았다고 상상해보자. 이제 여러분은 그들에게 '당신은 어떤 지위에 있습니까?'라는 간단한 질문을 통해 각자 자기 정체성을 지탱하는 근본 기반을 설명해달라고 부탁한다. 앞의 세 사람은 각각 자신이 노예, 농노, 불가촉천민이라고 답할 것이다. 그들의 정체성은 오로지 물려받은 사회적 역할에 기초한다. 반면에 19세기 프랑스인은 자기가 신하, 지주, 남편이라는 몇 가지 부차적인 사회적 역할을 수행하고 있기는 하지만, 무엇보다도 자신은 자유로운 시민이고 다른 모든 프랑스인과 공식적으로 동등한 개인이며 프랑스 공화국이 이를 보장한다고 대답할 것이다.

　　이와 관련하여 두 번째로 주목할 점은 법과 관습의 구분이다. 태어나면서부터—고대 이집트 노예나 유교사회의 아내처럼—주어진 사회적 역할을 수행하고 그 역할에 따라 남에게 복종할 의무가 있는 사회에서는 모든 사회규범이 동등한 지위를 갖는다. 예컨대 유교는 속세의 법령과 종교 규범을 구분하지 않으며 둘의 비중을 같게 본다. 천상의 왕국과 지상의 왕국을 통치하는 원칙이 근본적으로 다르지 않기 때문이다. 마찬가지로 신권국가에서는 종교법과 세속법에 큰 차이가 없으며 봉건체제에서는 봉건영주의 뜻이 곧 실질적인 법령이다.

그러나 주권국가에서는 주권자의 명시적이고 의무적인 명령인 '법률'과 정당한 법적 근거 없이 사회적 압력으로 집행되는 '관습' 사이에 구별이 생긴다. 물론 어떤 체제는 두 가지가 혼합된 속성을 보이며, 인도 같은 국가는 불법화되고도 지속적으로 영향력을 발휘하는 카스트제도 때문에 불완전한 주권국가로 남아 있다. 그러나 바로 그게 요점이다. 개인주의와 국가가 긴밀한 관계를 맺고 있다는 말은, 국가가 형성되면 사람들이 종교 규범이나 신분적 특권을 고집하며 국가의 정당성에 도전하기를 그만둔다는 뜻이 아니라, 국가의 자기 이해가 그런 시도 자체를 위법한 것으로 만든다는 뜻이다. 아프가니스탄 같은 곳에서 우리가 흔히 '국가 건설'이라 부르는 활동의 태반은 지역 군벌들이나 종교 지도자들의 힘을 카불에 있는 중앙정부의 권력에 예속시키고자 하는 시도와 관련이 있다.

일차적/부차적 사회 역할의 구별과, 법률/관습의 구별은 주권국가라는 전형적인 근대제도의 산물이다. 그리고 일단 이것이 확립된 후에는 더욱 발전된 형식으로 진화하여 법률의 영역인 공적 영역과 개인의 양심, 신앙, 선택, 목적 추구의 영역인 사적 영역이라는 자유주의적 개념 구분이 가능해진다. 하지만 이를 위해서는 '제한적 국가'라는 개념을 통해 주권은 무제한이라는 관념을 수정할 필요가 생긴다.

코미디 영화 「몬티 파이튼의 성배」(Monty Python and the Holy Grail)에서 아서 왕이 진흙땅을 파고 있는 농노들에게 다가가 길을 묻는 장면은 봉건체제와 근대국가 구성원의 사회적 역할이 어떻게 다른지를 무척 잘 보여준다. 아서 왕이 자신을 "영국인들의 왕"이라고 소개하자 농노들은 믿기 어렵다는 표정을 짓는다. 그가 끈질기게 길을 묻자 농노는 그가 자기들을 정중하게 대하지 않는다고 항의한다. 아서 왕이 이래 봬도 자기는 왕이라고 맞받아치자 곧 통치의 정당성과 국가권력의 범위에 관해 논쟁이 벌어진다. 최고행정권은 "대중으로부터 위임받는 것이지 당찮은 호수의 의식에서 나오는 게 아니"라며 호수의 요정에게 엑스칼리버 검을 받아 왕으로 임명됐다는 이야기를 비꼬는 농노의 주장으로 언쟁은 마무리된다.

따분한 인간들이 툭하면 그 대사를 (발음까지 흉내 내가며) 인용해대는 바람에 조금 진부해지기는 했지만, 어쨌든 이 장면이 그리도 인상적이었던 것은 무엇보다 중세 농노가 왕 앞에서 정부의 책임성에 관해 근대적인 개념을 읊어대는 인지부조화 상황 때문이다. 국민이 선출하지 않은 지배자에게 정당성이 없다는 개념은 근대인에게는 자명할지 모르나, 앞의 장면은 인류 역사 전체를 비추어볼 때 그런 개념이 얼마나 예외에 속하는지 상기시켜준다.

기독교 문화권을 포함한 거의 모든 전근대사회는 철학자들이 '완전주의(perfectionist) 가치체계'라고 부르는 것을 기반으로 구축되었다. 인간적 완전성(human perfection), 즉 무엇이 인간을 융성하게 하고 좋은 삶을 위해서는 무엇이 중요한가에 대한 공유된 개념을 바탕으로 조직한 공동체가 바로 사회라고 인식됐다. 기성 권력의 주요 역할은 인간의 도덕적·영적 완전성을 촉진하는 일이었다. 이를 위해 정치권력을 이용해 도덕적 권위를 행사하고, 어떤 믿음과 행위가 도덕적인지 혹은 죄악인지를 선포해 전자를 옹호하고 후자를 규탄했다. 그리고 제재를 시행하기 위해 국가의 강압적인 장치를 총동원했다.

　　국가를 향한 완전주의적 태도는 '하나의 신앙, 하나의 법률, 하나의 왕'이라는 프랑스 전통 격언에서 잘 드러난다. 끔찍했던 16세기 프랑스 종교전쟁이 끝나고서야 유럽인들은 대륙의 종교 분열이 결코 사라지지 않을 현상이라는 사실을 받아들이기 시작했다. 서구 개인주의의 특징으로 간주되는 일련의 미덕은 종교적 관용에서 시작되었으며, 경제적 피폐와 도덕적 피로감에 지친 유럽은 완전주의만 못해도 그나마 나은 대안으로—선택했다기보다는—어쩔 수 없이 이를 받아들였다.

　　개인의 권리에 대한 자유주의적 신념도 비슷한 과정을 통해, 즉 점차 막강해지는 중앙집권적 국가권력이 국민에게 야기하는 참상이 널리 공유되면서 부상했다. 전쟁은 물론 늘 있었다. 왕실은 봄이면 전쟁을 개시해 적당한 전장에서 소규모 접전을 몇 번 벌이다가 가을이 되면 휴전하는 짓을 반복했지만 백성들은 그닥 당사자가 아니었다. 그런데 어느 날 국가가 눈을 돌려 자기 국민에게 강제력과 폭압을 행사하자, 사람들은 국민의 도덕적 완전성은 국가가 상관할 바가 아니며 뭔가 단호한 방식으로 국가권력을 제한해야겠다는 생각을 하게 된다.

이와 같은 사고의 전환은 17세기 철학자 토머스 홉스와 존 로크 사이에 있었던 사상의 변천에서 잘 드러난다. 홉스는 영연방 시민들이 '만인에 대한 만인의 투쟁'으로 묘사되는 자연상태의 끔찍한 야만성보다는 절대군주를 선호할 것으로 확신했다. 그러나 로크는 명예혁명 이후 저술한 문헌에서 홉스의 논리를 비웃었다. 로크는 국가권력을 나누어, 시민이 분립된 권력을 서로 견제시키는 방식으로 항소할 권리를 가져야 한다고 주장했다. 이것이 입헌주의 혹은 제한국가 개념의 시작이다. 국가 통치는 법률에 따라 이루어지고, 모든 국민은 법 앞에 평등하며, 타당한 법률의 범위는 명시적으로 보장되는 개인의 권리와 자유에 의해 제한된다는 것이 입헌주의의 핵심 원리다. 입헌국가는 개인의 자율성 존중과 이성, 선택, 책임의 자유로운 행사를 최우선에 두는 국가다.

개인의 자율성 존중은 자연적 위계질서와 주어진 사회적 역할을 거부하면서 생겨난 결과다. 국민이 소속 국가 내에서 공식적인 평등권을 보유하고 더 이상 서로에 대해 자연적이고 강제적인 의무를 지지 않을 때, 무엇을 숭배하고 어떤 일을 즐기며 누구를 어떻게 사랑하느냐와 같은 수많은 결정은 개인적인 선택의 문제가 된다. 훗날 캐나다 총리에 오르는 피에르 엘리어트 트뤼도는 아직 젊은 법무장관 시절이던 1967년, "국민의 침실에 국가가 끼어들 자리는 없다"는 말과 함께 성인 간에 합의된 동성애 행위를 비범죄화하는 법안을 제출했다. 이런 종류의 자유는 개인의 결정이 실질적으로 얼마나 존중되고 보호되느냐에 의존한다. 국가가 선택의 자유가 있다는 말만 하고 국민이 그 선택 때문에 박해받도록 내버려둔다면 그런 자유는 껍질뿐인 자유다.

자유를 탄탄히 보장하려면 반드시 공적·사적 영역의 엄격한 법적 구분이 뒤따라야 하는 것도 바로 그 때문이다. 그 선이 정확히 어디에 그어지느냐는 국가마다 차이가 날 테지만, 적어도 자유사회라면 개인의 양심 보장과 사적 목표의 추구를 보호할 최소한의 여지를 반드시 확보해두어야 한다. 이로써 개인적 권리의 문제가 의제로 떠오르고, 이에 대해 철학자 로널드 드워킨은 "권리란 공동체 전체의 목표를 천명하는 정치적 결정의 이런저런 근거들을 능가하는 으뜸패로 이해하면 가장 적합하다"고 주장했다.[9] 권리란 공동선을 앞세운 국가의 결정에 대항해 개인의 사적 행동 영역을 보존할 수 있는 비장의 카드인 것이다. 로크는 모든 인간은 생존권, 자유권, 재산권을 보유한다는 선언과 함께 그 궁극적인 결과로써 국가, 도덕, 좋은 삶 간의 적절한 관계를 바닥부터 재고하게 될 것이라고 간결하게 요약했다.

홉스에서 로크로 이어지는 사상의 발전에서 모습을 드러내는 개인적 자유체계의 주요 요소 하나는 경제적 개인주의, 즉 시장경제다. 비평가들 용어로는 자본주의다. 국제 시장경제의 등장은 근대의 발전 단계에서 세 번째에 해당하며, 이 단계는 가장 심한 변화와 함께 가장 많은 논쟁과 사회 분열을 촉발한다.

§

18세기 말과 자본주의라는 말을 연결시켜 생각하면 디킨스의 작품 세계처럼, 불결한 도시, 연기를 토하는 공장, 다 떨어진 옷을 걸친 중노동에 지친 6세 아동을 구타하는 실크 모자를 쓴 악독 지주 등이 먼저 떠오른다. 완전히 틀린 것은 아니지만, 자칫 자본주의가 새 경제적 개인주의를 유도한 강력한 사상이었음은 잊은 채 물질권력만 강조하는 오류를 범하게 된다. 특히 물질적 관계(와 계급투쟁)에만 초점을 두다 보면 개인의 자유, 사적 영역의 등장 그리고 생산 및 소비 윤리에 대해 근본적으로 새로운 접근법을 낳은 계약의 중요성이 가려진다.

로크의 자유주의가 경제적 측면에 가져온 가장 중요한 결과는 사익을 추구하는 개인들이 공공선에 기여할 수 있다는 발상이다. 이 '도덕의 민영화'로 인해 욕심, 욕망, 야심, 허영처럼 겉으로 보기에 죄악인 것도 사회에 유익한 결과를 낳는 한 도덕적으로 칭송받을 만한 것으로 간주됐다. 네덜란드 출신으로 영국에서 활동한 의사 버나드 데 만데빌은 '사적 죄악, 공적 이익'이라는 부제가 달린 저서 『벌들의 우화』(*The Fable of the Bees: Private vices, Public benefits*)에서 사치, 자만, 허영은 상업을 일으킨다는 점에서 유익하다고 주장했다. 만데빌은 각자 이익을 추구하다 보면 의도하지 않아도 사회에 긍정적인 결과가 초래된다는 애덤 스미스의 『국부론』(*Wealth of Nations*)에 나오는 악명 높은 '보이지 않는 손' 비유에 영향을 주었다. 스미스는 개인이 각자 자기 이익을 추구하면 "보이지 않는 손에 이끌려 의도하지 않았던 목적의 성취를 촉진"하게 되며, 그 목적이란 바로 공공의 이익이라고 주장했다. "우리가 저녁식사를 할 수 있는 것은 푸줏간 주인이나 제빵사의 선의 때문이 아니라 그들이 자기 이익을 추구했기 때문"이라는 게 스미스의 말이다.[10]

이것은 공공질서의 중요성과 개인의 선의, 공공정신을 미덕으로 보는 그리스도교나 대중의 일반적 도덕감정에 위배된다. 그러나 동기보다 결과가 도덕적으로 더 중요하다는 발상은 로크의 경제적 개인주의로부터 그리 어렵지 않게 도출된다. 사회 전체에 이롭다면 사람들의 행동 방식이 무슨 상관이겠는가. 사익 추구로 사회에 긍정적인 결과를 낼 수 있다면 무슨 불만이 있을 수 있겠는가. 이 새로운 도덕을 잘 지탱하는 논리가 공리주의였다. 철학자 겸 사회개혁가 제러미 벤담은 이를 '최대 다수의 최대 행복'으로 요약한다.

공리주의식 행복 추구―쾌락주의―가 도덕적으로 용인되는 목표로서 궁극의 타당성을 획득하는 계기는, 여가와 소비가 귀족계급의 전유물이길 멈춘 18세기 후반에 시작된 1차 소비자 대혁명이다.[11] 소비주의는 중간계급에 스며들었고 용인됐다. 물건을 구매하는 행위, 심지어 상품이 주는 정신적 위안을 믿는 일이 미덕으로 간주됐다. 1770~80년대에 소비가 극적으로 촉진된 요인이 정확히 무엇이었는지는 사회학 문헌에서 상당한 논쟁거리로 다뤄지고 있으나, 대중에게 생긴 패션 감각이 하나의 중요한 변화였다는 점에는 누구나 동의한다. 물론 이전에도 적절한 형태, 옷감, 색상의 관념이 시대에 따라 변하면서 일종의 유행이 존재하기는 했다. 하지만 그것은 대개 귀족계급 내에서 이루어진 사회적 모방의 결과였을 뿐, 변화는 수십 년에 걸쳐 천천히 일어났다. 반면에 1770년대에 일어난 '패션 열풍'은 급변하는 대중의 취향이라는 지극히 근대적인 성격을 보였다. 이를테면 1776년 런던에서 유행하던 색상은 '헤이즐넛'이었다. 그 이듬해에는 누구나 일제히 비둘기색 옷을 입었다.[12]

§

소비자혁명이 있으려면 생산에서도 혁명이 일어나야 했다.

소비와 생산은 동일한 경제 행위의 양면이기 때문이다. 한 사람의 소비는 곧 다른 사람의 생산이다. 따라서 수요 측면에서 일어나는 중요한 변화는 반드시 그에 상응하는 공급 측면의 변화가 함께 따라주어야 한다. 그리고 실제로 그것이 이루어졌다. 산업혁명이라는 격변이 일어난 것이다. 산업혁명의 정확한 시기를 두고 역사가들 사이에 논란이 있지만 대체로 1760년대 영국 섬유산업 분야에서 일어난 몇 가지 기계혁신과 함께 시작되었다고 본다. 이 혁신은 프랑스, 네덜란드, 서유럽 전역, 대서양 건너 캐나다와 미국으로 빠르게 확산되었고, 제련, 광업, 교통 등 다른 산업 분야에도 거의 동시다발적으로 이익을 가져왔다.

산업혁명은 경제의 거의 모든 면에 영향을 미쳤지만 핵심을 두 가지로 추리면, 첫째, 인간이 수행하던 숙련기술노동을 기계가 대신하고, 둘째, 인간이나 동물이 행하던 비숙련노동이 증기력 같은 무생물 노동력으로 대체됐다는 점을 들 수 있다. 인간과 동물을 대체한 기계는 점점 더 정교해졌고, 기계를 움직이는 에너지원은 쉴 새 없이 공급되었다. 이리하여 가내공업은 망하고 동력, 기계 설비, 비숙련노동자를 하나의 경영감독 아래 두고 운영하는 '공장'이 탄생한다.

경제사학자 데이비드 란데스가 『국가의 부와 빈곤』(*The Wealth and Poverty of Nations*)에서 지적한 대로 18세기 산업 발전이 혁명적인 이유는 강력한 전염성이었다. 란데스는 이렇게 적고 있다. "혁신은 전염된다. 주어진 기술에 내재된 원리들은 수많은 형태를 띨 수 있고 수많은 사용자를 찾아낼 수 있기 때문이다. 보링(boring) 작업으로 대포를 제작할 수 있다면 증기 엔진의 실린더 보링도 가능하다. 실린더를 이용해 직물을 날염할 수 있다면 같은 방법으로 벽지도 찍어낼 수 있다."[13]

인쇄, 직물 생산, 공구 가공 등 수많은 산업 과정에 같은 발상이 응용됐다. 한 분야에서 발견된 기술이 타 분야의 기술과 결합하고 강화되어 혁신의 무궁한 확산을 촉진했다. 하나의 혁신이 다른 혁신의 발판이 되어주는 가운데 소득은 높아지고 상품 가격은 낮아져 경제는 성장과 발전의 선순환에 들어섰다. 수세기에 걸친 상대적 침체기가 끝나고 사람들은 역사상 처음으로 미래는 과거와 다르리라는, 즉 '진보'할 것이라는 사실에 적응해야 했다. 근대인이 된 것이다.

산업혁명과 관련하여 두 가지 오래된 의문은 왜 하필 영국이었느냐 하는 것과 왜 그 시기였느냐 하는 것이다. 굉장히 어려운 질문이다. 왜 어느 나라는 부유하고 어느 나라는 가난한지 같이 광범위한 질문에 답할 수 없는 것과 비슷하다. 인종이나 기후와 관련이 있나? 문화나 환경이 문제일까? 종교나 정치는? 여러분의 취향이나 지적 성향에 따라 답을 골라볼 수 있다. 어쨌든 산업혁명의 발생 장소와 시기가 결코 우연이 아니었던 것만은 확실하다.

만일 여러분이 '성장과 혁신'에 최적화된 사회를 설계하고 싶다면 반드시 포함시켜야 할 요소들이 있다. 우선 박해나 검열당할 걱정 없이 종래의 사고방식을 비판할 권리를 보유한 자유롭게 사고하는 지적인 사람들의 사회라면 좋을 것이다. 그런 사상의 자유에는 실증주의의 미덕을 인정하고, 연구 관찰의 결과를 수용하고, 열린 태도로 조사를 수행하겠다는 의지가 포함된다. 또한 여러분의 이상적 사회는 연구와 발명의 산물을 상업적 용도로 활용할 수 있도록 재산권과 계약의 자유를 존중하는 법률체계를 갖추어야 한다. 소비에 대한 사회적·법적 금기도 적어서 대중소비사회의 형태로 신상품 시장이 융성할 수 있어야 한다. 자유, 과학, 개인주의, 소비주의는 어느 사회에서나 난제이며, 오늘날 이 문제를 제대로 이해하고 해결하는 나라는 드물다. 그러나 근대의 '초안'으로서 후기 계몽주의 시대의 영국이 그 모습에 가까웠다.

§

동력, 기술, 인적 자원의 배치라 하면 흔히 피라미드나 대성당 같은 경이로운 건축물, 또는 맨해튼 계획이나 스페이스 프로그램 같은 거창한 공공사업을 연상하기 쉽다. 즉, 우리는 공공사업을 쿠빌라이 칸의 제너두처럼 대지배자의 칙령이나 대국의 야심에 의해 건설된 국격 넘치는 아방궁쯤으로 여긴다. 그러나 산업혁명은 중산층 가정의 철저하게 사적인 소비욕구에 의해 촉진됐다. 경제 개발과 소비를 통해 개인의 행복과 자기 만족을 추구하는 과정에서 영국 소비자와 상인 들은 세계 어디에도 전례가 없는 강력한 효과를 일으켰다.

이것을 가장 잘 이해한 사람이 카를 마르크스였다. 『공산당 선언』(*The Communist Manifesto*)은 중세의 '나태함'과 대조되는 왕성한 동력을 내면에서 끌어내 활성화시킨 근대국가의 정복자 부르주아 계급을 상세하고 진지하게 묘사한다. 부르주아 계급은 기술의 잠재력을 사적 경쟁의 힘과 엮어 세계를 재구축했다.

> 부르주아 계급은 100년도 채 못 되는 계급 지배 기간에 과거의 모든 세대를 다 합친 것보다도 더 큰 거대한 생산력을 만들어냈다. 자연의 힘 정복, 기계 생산, 공업과 농업에의 화학의 응용, 기선 항해, 철도, 전신, 세계 각지의 개간, 하천 항로의 개척, 땅에서 솟은 듯한 엄청난 인구―그와 같은 생산력이 사회적 노동의 태내에 잠자고 있었다는 것을 과거의 어느 세기가 예상할 수 있었으랴.[14]

마르크스조차도 이것이 전적으로 부정적인 사건만은 아니었음을 인정한다. 부르주아 계급은 일단 우위를 점하면 "모든 봉건적·가부장적·목가적 관계를 파괴했다". 혈통과 피부색에 따라 종속관계가 정해지던 구시대의 자의적 관계를 무시해버렸다. 부르주아 계급은 좋은 삶에 대한 새 비전, 그리고 인간이 무언가 할 수 있거나 될 수 있는 새로운 가능성을 위한 사회적·정치적 공간을 열었다.

알고 보니 자본주의는 모든 것을 녹이는 용해제였다. 서로 다른 사회를 분리하던 문화 장벽도, 같은 사회구성원들 간의 유대관계도 해체해버렸다. 가족관계나 봉건적·종교적 유대, 기사도나 명예 같은 행동 수칙 대신 냉혹한 금전적 이해관계만 남고, 나머지는 "이기적 타산이라는 얼음물에" 익사해버렸다. 그러는 동안 각 지역만의 독특한 것들이 국제시장의 가차 없는 소비주의와 세계화 앞에 무릎을 꿇는다. 온 지구를 뒤져 자원과 인력을 샅샅이 찾아내는 다국적 산업자본 앞에서 국내 산업은 맥을 못 추고, 각국의 문학과 과학, 문화유산은 균일화된 상품으로 변질된다. 마르크스의 자본주의 분석과 비교했을 때, 20세기 말 세계화 비판자들의 비평은 거의 달라지지 않았다.

자본주의는 공적·사적 영역에서 쉼 없이 발생하는 격동과 변화를 견뎌내는 인간의 거의 무제한적인 능력을 착취한다. 자본주의 사회는 인간이 안주하지 않고 혁신과 업그레이드를 위해 부단히 움직이도록 엄청난 압력을 행사한다. 어디로든 기꺼이 이동하고, 무엇이든 기꺼이 해내야 하며, "스스로 능동적으로 변화하지 못하는 사람은 시장의 지배자들이 강요하는 극적인 변화의 수동적 희생자가 된다."[15] 중산층의 삶은 제자리에라도 간신히 머무르려면 열나게 달려야 하는 『거울 나라의 앨리스』(*Through the looking Glass*) 속 붉은 여왕의 세상을 닮아간다.

이렇듯 근대성은 과학 발전이 초래한 세계에 대한 환멸, 정치적 개인주의와 자유의 부상, 기술 주도의 창조적 파괴를 부르는 자본주의가 서로 뒤얽힌 산물이다. 이것은 우리에게 신종 사회를 만들어주었고 불가피하게 신종 인간을 양산했다. 자유가 곧 진보이고 진보는 곧 끊임없는 경쟁, 이동, 쇄신, 변화를 의미하는 환경 속에서 신인류는 번창하는 법을 익혔다. 마르크스는 정신이 혼미할 정도로 어지러운 근대의 세계관을 다음과 같은 구절로 완벽하게 포착해냈는데, 근대성을 묘사하는 문헌 가운데 가장 간결하고도 여러 가지를 환기시키는 빼어난 문장이라 하겠다.

끊임없는 생산혁명, 모든 사회조건의 연속된 동요, 영구한 불확실성과 불안은 부르주아의 시대와 이전 시대를 구분 짓는 특징이다. 모든 고정된 관계는 숭앙받던 옛 편견이나 견해와 함께 일소되고, 새로 형성된 모든 것은 굳어지기도 전에 벌써 한물간다. 견고한 것은 모두 흔적 없이 사라지고, 신성한 것은 전부 세속화되며, 인간은 마침내 자기 삶의 실제 조건과 인간관계를 냉정히 직시해야 할 처지에 놓인다.[16]

그러나 사람들은 근대의 열매(모든 물품, 모든 자유)를 맛보는 법을 배우기가 무섭게 씁쓸한 부분을 불평하기 시작했다. 이익을 재면서도 불가피한 손해를 따졌다.

손해는 확실했다. 우선 개인은 구체제 붕괴, 기존 위계질서의 파괴, 구태의 타파로 인해 태생적으로 부여받던 사회적 신분을 잃었다. 인류는 사물의 대질서 속에서 자신의 위치를 상실했다. 세계는 더 이상 질서정연한 우주가 아니라 혼란스러운 세상, 그저 물질이 운동하는 차갑고 무심한 공간이었다.

이와 같은 의미 상실을 받아들이지 못하는 사람도 있고, 고유한 가치의 원천인 자연의 몰락을 우려하는 사람도 있다. 자유가 참 좋기는 한데 그만한 대가를 치를 만한 가치가 있나? 자유 때문에 결과적으로 시야가 좁아지고 관심사가 얄팍해지고 자기중심적이 된다면? '좋은 삶의 민영화' 덕택에 등장한 소비문화는 경제에는 좋을지 몰라도 우리 영혼에도 바람직할까? 많은 사람이 이런 질문에 '아니오'라고 답한다. 이들이 보기에, 근대에는 삶의 영웅적 측면을 높이 평가하는 자세가 결여되어 있다. 알렉시스 드 토크빌이 말한 "하찮고 천박한 향락" 때문에 더 고매한 삶의 목적이 희생당한 것이다. 듣기에 근사한 '경제적 개인주의' 원칙도 자유방임 자본주의의 냉정한 현실과 함께 곧 본색을 드러냈다. 애덤 스미스가 예찬한 노동분업은 공장에서 상당한 효율성 개선을 거둘지 모르겠으나 노동의 즐거움을 앗아갔다. 분업으로 인해 노동은 더욱 경직되고 기계적이고 지루해졌으며, 가내수공업이 공장생산으로 바뀌는 과정에서 노동자들은 자기 노동으로 생산한 제품에 자신의 정체성을 투영하기를 멈췄다. 노동에서 어떤 의미를 구하기보다는 노동과 돈을 맞바꾸는 소위 임

금의 노예가 됐다.

　　근대의 승리는 다른 관점에서 보면 패배였고, 이익이라 칭해지는 것은 손해였다. 근대의 문제점은 위계질서와 특권을 무너뜨린 데 있지 않고, 모든 사회관계를 해체시키고 모든 후광에서 신비를 앗아갔다는 데 있다. 고정된 사회관계라는 구시대의 불의는 지위에 연연하고 남과의 비교에 집착하는 소비주의로 대체됐고, 한때 본질적 의미와 가치가 자리하던 곳에는 이제 시장 교환이라는 허무주의만 남았다. 비판자들은 근대의 이런 모든 문제점과 반대론을 아울러 간편히 '소외'(alienation)라는 용어로 표현한다.

§

주변을 잘 보면 소외현상이 넘쳐난다. 남편은 아내로부터, 학생은 스승으로부터, 유권자는 정치가로부터, 환자는 의사로부터 소외된다. 누구나 대중매체, 특히 광고가 소외현상을 일으킨다고 생각한다. 신앙심 깊은 사람은 너무 많은 것을 허용하는 세속주의 사회가 소외를 일으킨다고 여기고, 소외가 테러리즘을 유발한다고 믿는 사람도 있다. 도심 거주자에게는 교외가 소외적이고, 교외 거주자는 대도시 속 익명의 삶이 소외적이라고 느낀다. 노동의 세계도 소외의 주요 원천이다. 직장인의 애환을 다룬 만화 『딜버트』나 미국드라마 「오피스」의 성공도 그런 대중 정서를 반영한다. 근대사회에서 우리 모

두는 자연으로부터 그리고 서로에게서 소외된 상태다. 그건
어쩌면 우리 모두가 궁극적으로 자기로부터 소외되어서일지
모른다.

근대는 소외 개념으로 거의 대부분이 설명된다. 단어 하
나에 상당한 짐을 지우는 셈이다. 막연한 의미로 사용되는 경
우가 잦은 용어라는 점에서 더욱 그렇다. 많은 사람에게 소외
는 일종의 피해의식이다. 그래서 소외는 권태, 무기력, 비애,
역겨움, 목적 없음 등 삶의 이런저런 측면을 묘사하는 부정적
인 표현과 동의어로 쓰인다.

'alien'이라는 표현은 생경하거나 이질적이거나 '타자성'
을 띤다는 뜻이다. 외계생명체(alien life form)나 불법체류
자(illegal alien)에 이 단어가 쓰이는 것도 같은 맥락이다.
뭔가를 소외시킨다(alienate)는 것은 이질적인 것으로 취급
해 분리해낸다는 뜻이며, 친구 혹은 가족 관계가 끊어지거나
자기 직업으로부터 이탈된 사람은 그래서 소외감을 느낀다.
교역과 상업도 소외의 한 형태다. 부동산 소유권이 갑에서 을
에게 넘어갈 때 '양도된다'는 의미로도 이 단어가 쓰인다. 추
상적인 관념도 양도될 수 있다. 이를테면 사회계약론자들은
시민이 일정한 자연권을 국가에 양도(이전)하는 행위를 논
한다. 그렇다면 엄격한 의미에서 소외는 개인, 집단, 물체의
분리나 결속의 단절을 뜻한다. 그러나 단어는 원뜻보다 실제
용례가 더 중요하다는 점에서 사전의 유용성은 거기까지다.

사회비평가들은 소외를 논할 때 심리현상으로서의 소외

와 사회현상으로서의 소외 사이를 자유로이 오가는 경향이 있다. 그 둘은 물론 연관은 있지만 논리적으로는 동떨어진 현상이다. 심리적 소외는 직장, 결혼생활, 생활환경 등에 대한 태도, 감정, 느낌에 관한 것이며 불만, 분개, 비애, 우울 등의 증상이 전형적이다.

이에 반해 사회적 소외는 우리가 불행하냐 억울하냐 하는 문제보다는 우리가 발붙인 사회·정치·경제의 구조 및 제도와 관련된다. 사회적 소외는 사람들의 행동과 그들이 처한 환경이 요구하는 규범이 서로 불일치하는 데서 비롯된다. 이런 현상은 다양한 방식으로 나타난다. 예컨대 도심의 높은 범죄율은 교회 주차장에서 스케이트보드를 타려는 청소년들을 경찰이 쫓아버리는 데서 기인할 수 있다. 그러면 청소년들은 도심환경이 자신들을 소외시킨다고 여길 수 있다. 또 다른 예로, 한 대기업의 높은 결근율은 자유롭고 창의적인 사고에 적대적인 천편일률적인 칸막이 사무실에 사원들을 구겨 넣는 소외적인 기업문화의 결과일 수 있다.

어떤 종류의 소외든 꼭 염두에 두어야 할 것이 있다. 내가 소외감을 느꼈다고 해서 반드시 무슨 조치를 취해야 할 문제 상황은 아니라는 점이다. 심리적·사회적 소외는 둘 다 일정 상황에 대한 묘사일 뿐이다. 전자는 개인의 상황을 묘사하고, 후자는 개인·집단·제도 간의 관계를 설명한다.

다시 노동의 세계를 생각해보자. 파티션으로 가득한 현대적 사무실(캐나다 소설가 더글러스 코플런드†는 이를 가

<hr />

†   소설 『X세대』(1991)로 전 세계에 'X세대'라는 용어를 대중화한 장본인.

리켜 "송아지를 살찌우는 축사"라고 불렀다)을 채운 고만고만한 일벌 같은 모습의 사원들이 부글부글 끓어오르는 분을 간신히 삭이며 일하는 모습은 현대 소외현상의 은유로 되풀이해 사용된다. 관료조직의 익명성과 노동의 기계적 속성은 우리를 행복하게 만드는 요소와 전면 배치되는 양 보인다. 그런 환경에서 소외감을 느끼지 않는다면 약물에 의존하든지, 제정신이 아니든지, 아니면 멍청한 게 분명하다고 우리는 생각한다. 하지만 그래서 뭐 어떻다는 건가? 노동이 만족감과 성취감을 준다는 보장은 아무 데도 없다. 그러니까 일을 일이라 부르는 것이고, 고되니까 고용주가 당신에게 일한 대가를 지급하는 것이다.

이런 논리는 사실에서 당위를 끌어내는 일을 금지하는 흄의 단두대 논리다. 하지만 이것을 소외현상에 적용하면 이상해진다. 어떤 제도의 소외성을 언급할 때 그에 대한 도덕적 반감이 함께 표현되지 않는 경우란 없으며, 누군가 소외되고 있다고 말할 때는 해결책이 필요하다는 의미가 분명히 담겨 있다. 그래서 소외현상에 대한 고찰이 흄의 단두대를 우회해 사실과 당위의 간격을 메울 방법을 제공한다고 생각하는 사람들도 있다.

이게 어떻게 작동하는지는 질병에 대해 생각해보면 된다. 의사의 진단은 질병에 대한 단순한 상태 묘사라고 볼 수 있다. 암에 걸렸다면 그것은 어느 신체조직에 제어되지 않는 세포 분열이 일어나고 있다는 것을 뜻한다. 말라리아에 걸렸다면 어떤 원생 기생충이 적혈구 세포 내에서 증식하고 있다는 얘기다. 하지만 우리는 그 이상을 말하고 싶어 한다. 질병은 단순히 신체의 상태만 묘사하지 않는다. 건강하냐 아프냐의 차이는 머리가 갈색이냐 금발이냐 혹은 지금 서 있냐 누워 있냐의 차이와는 별개다. 우리는 때로는 서 있고 싶고, 때로는 눕고 싶지만 그 선호는 그 시점에 우리의 욕구와 목적이 무엇이냐에 의존한다. 서거나 눕는 것에 본질적으로 잘못된 점은 없다. 반면에 아프다는 것은(질병은 어원상 dis-ease, 즉 편안하지 않다는 뜻이다) 그 자체로 뭔가가 잘못됐다, 몸이 지금 정상이나 자연스러운 상태가 아니며 원래대로 되돌려놓아야 한다는 의미를 담는다.

소외이론은 소외를 질병처럼 보고 사실과 당위의 간극을 메우려고 시도한다. 소외이론은 상태를 묘사할 뿐 아니라 그 상태를 비정상적이고 부자연스러운 것으로 간주한다. 그 속에는 암묵적인 당위적 판단과 회복되어야 할 자연스럽고 소외 없는 상태에 대한 선호가 담겨 있다. 이를 위해 소외이론은 신체의 건강에 비유되는 어떤 것을 필요로 한다. 의학에서 무엇이 정상적이고 자연스러운 건강인지를 설명하듯, 소외이론은 무엇이 정상적인 인간의 삶을 구성하는지 설명하고자 한다. 그래서 특정 지역과 문화, 특정 시점의 개인의 욕구에 따라 바뀌지 않는 인간 속성 및 자기 성취 이론이 필요하다. 인류 번성에 관한 자연스럽고 근본적인 설명이 필요한 것이다. 우리 근대인들이 느끼는 소외감이 정말로 일종의 질

71

병이라면, 불화에 종지부를 찍고 잃어버린 일치와 조화를 되찾는 것이 무얼 의미하는지에 대한 설명이 필요하다. 소외이론이 쓸모 있으려면 거기에 상응하는 진정성 이론이 필요하다는 얘기다.

이것은 낭만주의가 남긴 짐이다. 낭만주의는 근대세계가 야기한 소외를 초월하고 완화하고 인생에서 옳고 가치 있는 것들을 복구하고자 했다. 그 핵심 인물이 철학자 장 자크 루소다.

2장
순진한 원시주의로의 회귀

장 자크 루소에게 인생의 시작
은 여의치 않았다. 아니, 어쩌면 어머니가 출산 중에 숨을 거
둠으로써 루소의 아버지를 절망에 빠뜨리고 아들은 어려운
삶의 스타트를 끊게 만들었다고 말하는 편이 더 정확할지 모
르겠다. 그러나 루소는 왕성한 독서와 함께 그럭저럭 행복한
어린 시절을 보냈고 아버지의 영향으로 제네바가 고대로마
만큼이나 근사한 도시라고 믿으며 자랐다. 열 살 때 아버지가
투옥의 위험을 피해 (민병 대장에게 칼을 겨누었다는 혐의
였다) 제네바를 떠나게 되는 바람에, 어린 루소는 인근 도시
보세이로 보내져 개신교 목사 장 자크 랑베르시에와 그의 여
동생과 함께 살았다. 루소는 랑베르시에 남매와 2년간 행복
한—머리빗과 관련된 불쾌한 사건을 예외로 하면—시간을
보냈다. 그 이후로는 모든 것이 내리막길이었다고 그는 회상
한다.

어느 날 아침 어린 루소가 부엌 옆방에 앉아 숙제하고 있
을 때 하녀가 들어와 랑베르시에 양의 젖은 머리빗 몇 개를

말리려고 난로 위에 올려놓고 나갔다. 하녀가 돌아와 보니 그 중 한 머리빗의 빗살이 전부 부러져 있었다. 부엌에 다른 사람은 없었으므로 자연히 루소가 의심받았다. 루소의 이야기를 들어보자.

그들은 나를 심문했고 나는 빗을 건드린 적이 없다고 부인했다. 랑베르시에 목사와 랑베르시에 양 둘이 함께 나를 야단치고 압박하고 협박했지만 나는 굳건히 내 결백을 주장했다. 거짓말을 했다고 의심을 받은 적이 생전 처음이었다. 그들은 내 말은 믿지 않은 채 확신에 차 나의 항의를 완전히 무시했다. 그들은 이 문제를 심각하게 받아들였다. 장난질, 거짓말, 자백을 거부하는 고집, 이 모든 것에 마땅히 벌을 내려야 한다고 여기는 듯했다.[1]

이 치사한 사건은 루소에게 강한 인상을 남겼다. 그는 여기서 두 가지 교훈을 얻었다. 첫째, 외견과 실제의 차이가 어떻게 불의의 씨앗이 될 수 있는지를 깨달았다. 외견상 자기가 빗을 망가뜨린 것처럼 보였지만, 남매는 실제의 세계, 즉 루소의 마음속 진실을 꿰뚫어볼 투시력이 없었다. "나는 고집을 꺾지 않았으며, 내가 저지르지도 않은 죄에 내려질 형벌의 가공할 잔인성을 느꼈다."

더 중요한 점은, 망가진 머리빗의 수수께끼가 루소에게 기만의 중요성을 가르쳐주었다는 사실이다. 어차피 보이는 것만 중요한데 무엇 때문에 다른 것에 신경을 쓴단 말인가? 구조적으로 오해당할 위험에 늘 처해 있다면 개방성과 투명성을 높이려고 노력할 필요가 있는가? 이전에는 추상적이기만 하던 외견과 실재의 간극은, 사건 이후 아직 어리지만 똑똑하던 루소에게 깊은 고독과 고립감의 원천으로 작용했다. 루소는 이렇게 결론 내린다. 완전히 겉으로만 사람을 재단하는 세상에서는 그저 가면을 쓰는 것이 합리적인 행동이라고.

§

외견이 기만적일 수 있다는 것을 깨달은 최초의 철학자는 물론 장 자크 루소가 아니다. 플라톤의 『국가』에 나오는 유명한 동굴의 비유에서는 사슬에 묶인 죄수들이 고개를 못 돌리고 벽만 보고 있다. 죄수들 뒤에는 모닥불이 타오르고 이 모닥불과 죄수들 사이에서 일군의 사람들이 꽃병이나 토끼 같은 물체를 들고 왔다 갔다 하며 죄수들이 보고 있는 동굴 벽면에 그림자를 드리운다. 죄수들은 그림자를 실물로 착각하고 뒤에서 벌어지는 인형극의 실체를 보지 못한다.

　플라톤은 이 우화를 통해 세계의 속성과 그 안에 놓인 사물들에 대한 우리의 지식을 설명한다. 죄수들이 보고 있는 꽃병과 토끼가 실물의 그림자에 불과하듯, 이 세계에서 우리가 주목하고 명명하는 대상들은 그런 '형상'(forms)이 깃든 고차원적 실재의 그림자일 뿐이다. 플라톤이 볼 때 형상들의 공간인 그 고차원적 실재는 머릿속에서 관념적으로만 이해되는 무엇이다.

형이상학의 문제였던 외양과 실재의 구분은 17세기 르네 데카르트에 의해 '안다는 것'의 전면적 위기로 번졌다. 그의 관찰력은 대단했다. 데카르트는 우리의 감각 기능이 종종 실망스럽다는 것을 알아챘다. 복도에서 무슨 소리가 들리는 것 같아 나가 보면 아무도 없거나, 거리에서 친구인 줄 알고 쫓아갔는데 알고 보니 모르는 사람이었다거나 하는 경험은 흔하다. 지금 이 순간 컴퓨터 앞에 앉아 타이핑을 하고 있다는 꽤 확실해 보이는 사실조차도 의심의 여지는 남아 있다. 데카르트는 지적한다. 때로는 꿈이 너무도 선명해서 실제처럼 느껴지는 경우가 있지 않던가?

일단 이런 회의의 길로 접어들기 시작하면 대체 어디서 멈춰야 할지 알 수 없게 된다. 데카르트는 갈 수 있는 데까지 밀어붙였고, 모든 것을 완전히 잘못 알았던 건 아닌지 의심하기에 이른다. "나를 속이려고 전력을 기울이는" 사악한 천재나 악마에게 내가 매번 속고 있는 게 아니라고 어떻게 장담하겠는가? 그렇다면 실은 "내게 손도, 눈도, 살도, 피도 없고 아무 감각도 없는데 그 모든 것을 갖고 있다고 믿게" 하려고 악마가 사방에 기만의 덫을 놓은 거라고 데카르트는 생각했다.[2]

과대망상에서 골수 유아론으로 넘어가기 일보직전, 사악한 천재조차 어찌해볼 도리 없는 확실한 진실이 있다는 것,

즉 그 유명한 '생각하므로 존재한다'는 명제가 데카르트를 돌려세웠다. "내가 존재한다는 것은 내가 그것을 선언하거나 생각할 때마다 필연적으로 진실일 수밖에 없다."[3]

나는 생각한다. 고로 존재한다.

사실 데카르트가 이 논의를 종결지을 때쯤이면 '외관이 기만적일 수 있다'는 얘기는 다소 진부한 철학 명제가 된다. 그러나 루소가 나타나 외양과 실재의 구분을 또 하나의 경건한 '인간타락' 신화에 연결시킴으로써 오래된 명제에 새 생명을 불어넣었다. 그리고 그렇게 함으로써 서구사상 논쟁의 조건들을 바꿔놓았다.

머리빗 사건이 터지기 전까지 루소는 에덴동산처럼 조화롭고 천진난만한 상태에서 살았다. 그의 행동은 마음과 일치했고 투명했으며, 그의 삶 속에 존재하는 사람들에게 직접적인 교감, 존경, 친밀감을 느꼈다. 그러나 의심과 부당한 비난은 두 가지 소외현상을 야기했다. 그는 가까웠던 이들이 자신을 믿어주지 않자 그들로부터 감정적으로 분리됐다. 그와 함께 그는 겉모습의 중요성을 깨닫고 속임수, 비밀, 거짓말의 가치를 알게 된다. 타인뿐 아니라 진정한 자신으로부터 소외를 겪은 것이다.

루소가 깨달은 점은, 외관과 실재의 괴리는 (플라톤의 생각처럼) 형이상학적이거나 (데카르트의 경우처럼) 인식론적일 뿐 아니라, 이 세상 모든 문제의 근원이라는 점에서 도덕적 측면을 지닌다는 것이었다. 외관은 죄의식의 영역이고 실재는 천진함의 영역이다. 선은 실재의 영역에서 발견되지만, 외관은 모든 악의 근원이다. 외관과 실재의 차이는 루소로 하여금 소외라는 악의 존재를 인식하게 만든 '원죄'였다. 자신이 짓지도 않는 죄 때문에 초래된 소외라는 점에서 더욱 잔인했다.

이것은 살짝 변형된 인간 타락 신화다. 원래 창세기에서는 아담과 이브가 잘못을 저질러 에덴동산에서 쫓겨난다. 그러나 루소 버전에서는 잘못한 사람이 없다는 게 독특한 점이다. 루소 자신도 인정한 대로 머리빗 사건은 표면적으로 자신에게 불리했던 게 맞고 랑베르시에 남매가 자기를 탓할 만도 했다. 결국 인간의 나쁜 의도가 문제가 아니라, 사회가 인간관계에 촉발하는 불가피한 마찰이 문제인 것이다. 사회는 필연적으로 겉치레의 공간이고 특권, 지위, 부, 자부심을 뒤쫓는 악덕을 세상에 주입하는 것도 사회다.

그렇다면 우리는 타락과 함께 상실한 선과 조화를 어떻게 회복할 수 있을까? 루소와 그의 추종자들은 두 가지 해결책을 제시한다. 사회를 고치거나, 그게 불가능하다면 사회에 등을 돌리는 것이다.

§

루소는 높은 지위를 탐하는 것, 이기심, 부정직한 태도가 문명의 거대한 폐해라고 확신한 사람치고는 굉장히 허영심 많고 자기중심적인 인물이었다. 16세에 제네바를 떠나 프랑스로 향한 루소는 29세의 미망인 바랑스 부인의 보살핌을 받으며 8년을 함께 살았다. 스물두 살이 된 루소는 처음에 '엄마'라고 불렀던 바랑스 부인과 연인 사이가 됐다.

들뜨고 야심에 찬 루소는 다음 10여 년을 어떻게든 빨리 명성을 얻으려고 애쓰며 소비했다. 새로운 악보 표기법을 고안하기도 하고, 극본도 써보고, 1743년에는 베네치아에서 프랑스 대사의 비서로 일했다. 그러나 기대와 달리 외교관에게 합당한 존경과 경의는커녕 하인 취급을 받았다. 대사와 한바탕 싸운 뒤 파리로 돌아온 그는 가정부 테레즈 라바쇠르와 동거에 들어갔고, 그녀는 루소의 평생 반려자가 된다. 둘의 관계는 기이했다. 테레즈는 둔하고 어리석었으며, 두 사람은 태어난 자식 다섯 명을 전부 국립 기아보호소로 보내버렸다. 루소는 이 경악할 만한 행동에 대해 가난 때문이라는 둥, 애들에게 직업교육을 하는 능력은 국가가 훨씬 우수하다는 둥 이런저런 변명을 갖다 붙였다.

베네치아에 머물던 시기 루소는 음악이야말로 출세의 길을 열어줄 것으로 확신했다. 그는 「사랑의 뮤즈」라는 오페라를 지어 유명한 작곡가 장 필리프 라모에게 보여주고 의견을 구했다. 예민한 성격으로 유명한 루소는 형편없다는 라모의 비평에 상당한 상처를 받았다. 그럼에도 그는 1749년까지 꾸준히 음악 커리어를 추구하다가, 어느 날 디종 학술원에서 "학문과 예술의 부흥은 도덕의 향상에 기여했는가?"라는 주제로 논문 공모전을 개최한다는 소식을 듣게 된다.

그의 반골스러운 통찰력이 번뜩였다. 루소는 던져진 질문에 부정적인 답변을 해야겠다고 마음먹고 계몽 가치와 근대의 폐단을 논하는 짧고 예리한 고발장 『학예론』을 제출했다. 이 논문은 학문과 예술의 발전이 인류를 정화하고 교화하기는커녕 인간을 나약하고 순종적으로 만들고 인간의 자연스러운 개성이 지닌 투박함을 사포로 갈아버렸다고 주장했다. 다들 공공예절에 집착해 자기를 억누르고 가식적인 모습을 보이게 되었다는 것이다.

『학예론』은 최고상을 수상하며 큰 화제를 모았다. 장 자크 루소는 일약 일류 정치이론가의 지위를 굳히고 그토록 갈망하던 명성을 마침내 거머쥐었다. 그러나 거기서 끝난 게 아니었다. 『학예론』이 출간된 지 4년 후 그는 걸작 『인간불평등기원론』을 써 냈다. 이 논문은 『학예론』에서 펼친 논의를 한층 발전시켜 근대에 대한 기본적인 반대 입장을 재차 강조한다. 사회에 만연한 지위 경쟁, 이기심, 사익 추구로 인해 인간은 서로와 자신으로부터 소외되며, 그것은 위선과 가식, 즉 겉모습이 최고인 진정성 결여 상태를 초래한다고 말이다.

『인간불평등기원론』은 인류가 원시상태에서 초기 부족사회와 농경사회를 거쳐 근대사회로 진입하는 역사 발전에 관한, 증명도 반증도 어려운 추측에 근거한 해설이다. 도입 부분에 등장하는 '자연상태'에 관한 묘사는 당시 많은 정치이론가들이 흔히 활용하던 관념이었다. 자연상태는 인류의 '자연스러운' 상태, 다시 말해 정부도 시민사회도 법률도 없고 무력 사용을 독점하는 국가도 없을 때 인간이 삶을 영위하는 방식에 대한 묘사다.

자연상태에 관한 가장 유명한 해설은 홉스의 『리바이어던』에서 찾아볼 수 있다. 홉스의 비관적인 주장에 대해 흔히들 인간 본성이 근본적으로 사악해서 자연상태가 순식간에 '만인에 대한 만인의 투쟁' 상태에 빠지는 것이라고 생각하는데, 정확한 설명은 아니다. 홉스는 인간이 항상 자기 이익만을 좇아 움직인다고 믿기는 했지만, 그와 함께 국가나 다른 강제적 권위가 부재할 때 인간은 각자 자신의 자유, 안전, 안녕의 확보와 증진을 위해 행동할 '자연권'을 보유한다고 믿었다. 자연상태에서 당신은 잠자는 나를 습격해 내 머리를 내려치고 음식을 뺏어갈 권리가 있다. 물론 나도 당신에게 같은 행동을 할 권리가 있다.

홉스에게 자연상태는 수많은 사람이 동시에 참여하는 거대한 죄수의 딜레마와 같아서, 각자의 이해타산 때문에 집합적으로 모두에게 유리한 결과를 성취하지 못하는 상황이다. 협력을 강제할 권력자가 없으면 개인은 각자 자기 보존 전략에 의존하고 그것은 집합적 자멸이라는 결과를 가져온다. 자연상태에서의 삶은 "외롭고, 불쌍하고, 야비하고, 야만적이고, 짧다"는 홉스의 유명한 주장은 인간 본성보다는 인간 행동을 구조적으로 제어하는 장치의 결여에서 비롯된다.

루소는 자연상태에 놓인 인간의 물리적 조건을 조금 달

리 설명한다. 루소가 상상하는 자연상태는 인간이 고립, 균형, 자급자족의 삶을 즐기는 우호적인 공간이다.

> 나는 다른 동물보다 힘이 약하고 덜 날렵하지만 대체로 그 어떤 동물보다 유리하게 조직된 존재를 본다. 나는 그가 한 그루의 떡갈나무 아래에서 배를 채우고 흐르는 시냇물에 목을 축이는 모습을 본다. 그에게 양식을 준 그 떡갈나무 밑동에서 잠을 청하는 그를 본다. 그가 원하는 모든 것은 그렇게 온전히 충족된다.[4]

우호적이긴 하지만 천국은 아니다. 인간은 여전히 스스로 꾸려가야 한다. 매일 음식과 물을 구하고 탈진 상태를 피해야 하는 것은 물론 비바람과 포식자를 막아내야 한다. 자연은 마치 훈련부사관과 같아서 훈련을 잘 견뎌낸 자는 그 보상으로 힘세고 튼튼한 체질을 지니게 된다. 심각한 건강문제를 겪는 것은 유아나 노인뿐이다. 통풍, 소화 장애, 우울증, 불면증 같은 현대병은 들어본 적도 없다. 삶은 소박하고 조화롭고 고적하지만, 야비하거나 야만적이거나 짧지 않다. 만인에 대한 만인의 투쟁도 없다. 그럴 이유가 없기 때문이다. 자연은 인간이 홀로 자급자족하는 데 필요한 모든 것을 제공한다.

루소는 자연상태에 놓인 인간의 도덕성에 관한 홉스의 해설에도 동의하지 않는다. 홉스의 단순한 "이기심"(우리는 순전히 자기 이익만 생각한다는 주장)과는 달리, 루소는 인간 본성이 "자기애"와 "연민"이라는 두 가지 특징을 지닌다고 보았다. "전자는 우리 자신의 보존과 안녕에 깊이 연관되고, 후자는 우리가 다른 존재, 특히 우리와 닮은 존재의 고통이나 소멸을 보기를 꺼리는 자연스러운 속성의 원천이다."[5]

여기서 몇 가지를 언급하고 넘어가자. 우선, 루소가 말하는 자기애란 그저 개인이 소소한 욕구를 채워 생존하고 번영할 필요 때문에 생기는 것이다. 자기애는 식량을 구하고 몸 눕힐 곳을 찾는 것과 관련된다. 하지만 그런 기본적인 자기 이익조차도 연민에 의해 완화된다. "우리가 역경에 처한 이들을 주저 없이 돕는 것은 바로 연민 때문이다. 자연상태에서는 연민이 법, 예의범절, 미덕을 대신한다." 결과적으로 자연은 평화와 질서 유지에 중요한 도덕심을 인간에게 선사했다. 이것은 루소의 격언에도 잘 드러나 있다. "남을 대접하듯 가능한 한 최소한의 편견으로 자신을 대접하라."[6]

§

그렇다면 도중에 뭐가 잘못된 걸까? 어쩌다 우리는 우호적인 자연상태를 떠나, 피 튀기는 경쟁과 이기심으로 가득한 근대의 삶에 도달한 것일까?

애초에 루소는 언제나 유력한 용의자인 사유재산 탓을 할 생각이었던 듯하다. 『인간불평등기원론』도입 부분에서 그는, 수세기에 걸쳐 일어난 범죄, 전쟁, 살인 등의 온갖 참사를, "갑자기 땅에 울타리를 두르고 '이건 내 소유'라고 말하겠다고 마음먹은"[7] 최초의 인간에게 책임을 물었다. 그러나 알고 보니 사유재산의 등장 자체가 주범은 아니었다. 사유재산의 등장은 그보다 훨씬 앞서 시작된 인간사회 조직의 변화가 촉발한 후속 효과에 불과했다. 그래서 루소의 논거에는 잘못한 사람이 없고, 인간 속성에 근본적인 결함이 없다. 루소에게 근대의 문제점은 사회 작용이 낳은 불가피한 결과물이다.

　　루소는 자연이 인간을 특별히 애지중지하지 않는다는 사실을 인정한다. 열매가 일부러 낮은 높이에 매달려주지도 않고 각종 장애물은 넘기에 힘겹다. 그러나 인간은 타고난 창의력과 임기응변의 재주가 있어서 자연이 들이미는 각종 난관을 극복할 방법을 점진적으로 찾아낸다. 인간은 낚시 도구를 만드는 방법을 배우고 활과 화살을 만들어 사냥했다. 집짓는 법을 고안하고, 동물의 털을 몸에 둘러 추위를 피하고, 불을 다스려 음식을 익혀 먹고, 그밖에 여러 가지 방법을 이용해 세상을 좀 더 편안한 곳으로 만들었다.

　　그러나 창의성을 발휘하자 개인들 간의 자연적인 불평등이 더 극명히 드러났다. 개인의 힘, 달리는 속도, 용기, 지능의 차이는 홀로 놓인 소박한 자연상태에서는 별 문제가 되지 않는다. 그러나 인간은 주변 환경을 통제하고 조종하는 데 능숙해졌다. 초가집을 짓다가 통나무집을 짓고, 그러다 보면 자기가 지은 집을 방어해야 할 필요성을 느낀다. 이것이 사유재산의 시작이다. 그것은 핵가족의 등장과도 궤를 같이 한다.

처음으로 부모와 자식이 하나의 구성 단위, 즉 부부애와 부모애가 결합된 '미니 사회'가 시작된 것이다.

이것이 모든 것을 바꿔놓았다고 루소는 말한다. 이전 사회관계는 일시적이고 찰나적이었다. 그러나 이 일시적 관계가 좀 더 굳어진 형태의 삶으로 확립되기 시작하고, 사람들이 서로 가까이에 살면서 정기적으로 만나게 됐다. 이로써 초기 사회는 그런 관계 속에서 비교라는 관념을 알게 된다. 남보다 힘세고 똑똑하고 잘생기고 용감한 사람이 존재한다는 사실이 누구에게나 자명해진다. 자신이 남과 비교해 어떻다는 것을 의식하게 되면서 인간은 자기를 돌아보는 버릇이 생겼고, "그래서 인간의 첫 자부심은 인간이 스스로를 바라보던 첫 시선에서 유발되었다."[8]

루소에게 자부심은 인간 타락 이전의 일이 아니라 자부심 그 자체가 타락이었다. 자부심은 나를 남과 비교하는 데서 비롯됐고, 새로운 동기부여, 새로운 형태의 자기애를 탄생시켰다. 루소는 이를 '아무르 프로프르'(amour-propre)라고 부른다. 자연스럽고도 유용한 자애심 '아무르 드 수아'(amour de soi, 연민의 감정에 의해 완화된 자기 보존 욕구)와는 달리 아무르 프로프르는 기본적으로 타자를 살피는 시선이다. 그것은 지위에 대한 욕구이며 문명사회의 모든 악의 근원이다.

우선 아무르 프로프르는 이기심을 낳는다. 재산 축적 행위가 안락과 여가를 즐기는 정도를 넘어 사회적 지위와 지배의 원천이 될 수 있음을 깨닫게 되면 부의 추구는 타자에게 특권을 행사하는 수단으로 변한다. 여기서 상거래의 문제점은 그것이 부의 증식만 가져다주는 게 아니라는 데 있다. 상거래는 서로 존중하는 직접적이고 자연스러운 관계를 물건이 매개하는 관계로 대체하므로 본질적으로 소외를 일으키는 사회적 상호작용이다. 또한 전적으로 사적 이익에 대한 욕망에 기인한 활동이기 때문에 인간관계는 철저하게 도구화된다. 우리는 타자를 목적이 아니라 내 자신의 이기적 목표를 위한 도구로 취급한다. 인간관계가 타자를 착취할 구실로 전락하면 사람들은 순식간에 서로로부터 소외된다.

재산, 부, 지위에 대한 욕망 때문에 인간이 서로 소외된다는 사실만으로도 안타까운데, 루소는 거기에 정말 문제는 사회적 소외가 아니라 자기 소외라고 덧붙인다. 아무르 프로프르가 인간관계를 지배하면, 사람들은 일제히 누가 가장 가무에 능하고, 누가 제일 잘생겼고, 누가 가장 힘세고 유머 있고 달변인지를 따지며 겉모습에 집착하게 된다. 이제 추구할 가치가 있는 것은 오로지 지위뿐이다.

인간이 서로의 가치를 매기기 시작하고 자부심이 뭔지 알게 되면서 곧 남들의 존경을 요구하게 되었고, 그 존경을 거부하는 행동은 위험한 일이 되고 말았다. 그리하여 야만인들 사이에서조차 예절 바른 행동이 의무가 되었다. 그래서 모든 고의적 상해는 모욕 행위로 여겨졌다.

습격을 자기 인격에 대한 모독으로 받아들이고 상해 그
자체보다 더 참을 수 없는 일로 여겼기 때문이다.[9]

그런 세상에서 기만은 필수적인 생존술이다. 우위를 점
한 자들의 거만과 허영, 그리고 열세에 놓인 자들의 선망과
수치심으로 이루어진 관계가 지배하는 사회에서는 실제보다
더 잘나 보여야만 한다. 꾸며진 외관의 세계가 최고이고, 다
듬어지지 않은 맨 얼굴의 실제 세계는 중요성을 잃는다.

루소가 다른 무엇보다 경멸한 대상은 파리와 파리 사람
들이었다. 그는 파리를 혐오했다. 어느 학자의 표현대로 루소
에게 파리는 "소외와 좌절과 적대와 절망"의 공간이었다. 그
러나 더 광범위한 고발 대상은 문명 그 자체였다. 그에게 파
리는 근대의 모든 문제점을 가장 적나라하게 보여주는 곳이
었다. 루소도 근대에 장점이 있음을 부인하지는 않았다. 그는
명예욕이 예술과 과학의 위대한 성취라는 파생적 혜택을 불
러왔음을 기꺼이 인정했다. 그러나 손익을 따져봤을 때 문명
으로부터 얻은 것에 비해 자급자족, 심리적 투명성, 자연과의
교감 등 잃은 것이 훨씬 많다고 그는 확신했다.

근대세계의 문제점에 대처하는 두 가지 접근법이 있다.
문제의 원인을 제거하든지, 아니면 부정적인 효과를 완화하
는 것이다. 즉, 사회를 뜯어고쳐 경쟁과 불평등을 없애거나,
혹은 근대의 생활공간에서 살아가는 개인을 좀 더 강하고 자
족적인 존재로 길러내는 데 집중해볼 수 있다. 자연상태에 관

한 서술 때문에 루소가 첫 번째 방법을 선호했다고 알려져 있지만, 사실상 루소는 두 번째 접근법이 가장 성공할 가능성이 크다고 여겼다.

루소가 보낸 『인간불평등기원론』을 받은 계몽주의의 선구자 볼테르는 다음과 같은 냉소적인 답변을 보냈다.

> 인류에 대한 귀하의 신서를 감사히 받아보았습니다. (…) 우리를 야만인으로 되돌려놓으려고 노력한 사람 중에 지금까지 귀하만큼 재치 있는 사람이 없었습니다. 귀하의 책을 읽으면 다시 네 발로 기고 싶어지니 말입니다. 그러나 그러길 그만둔 지 벌써 60여 년이니, 다시 그렇게 사는 것은 유감스럽게도 제게는 불가능하다고 여겨집니다. 그런 자연적 습성은 저나 귀하보다 더 적합한 사람들에게 맡겨두렵니다.[10]

볼테르는 루소에 대한 대중의 지배적 인상, 즉 루소는 문명화되기 이전 세상을 그리워하는 낭만적인 원시주의자라는 이미지를 재확인해주고 있다. 오늘날 루소는 '고결한 야만인'(noble savage)이라는 개념을 도입해 도덕 용어로 정착시킨 장본인으로 널리 알려져(또는 지탄받고) 있는데, 정작 루소 자신은 그 용어를 사용한 적이 없다.

'고결한 야만인'이라는 용어는 1672년 영국 시인 존 드라이든이 처음 사용한 이후 문헌에서 자취를 감췄다가 그로부터 약 200년 후 영국 인류학자 존 크로퍼드에 의해 부활했다. 이때 크로퍼드는 이 용어의 창시자로 루소를 지목했다. 크로퍼드의 학문적 야심은 다른 모든 사회가 유럽보다 열등함을 증명하는 일이었고, 루소가 주장한 내용의 '허수아비' 버전을 만들어 자기 논거를 돋보이게 하는 데 쓸 수 있으리라고 계산했다.

그 후 장 자크 루소는 인류학에서 동네북이 됐다. 인류학자 로저 샌달은 논문 「고결한 야만인의 등장」에서 드라이든이 그 용어를 만들어낸 것은 맞지만, "루소가 그런 발상을 해서 밀고 나간 것이 논의의 시작이었다"고 주장했다. 루소 덕분에 "부족사회는 도덕적으로 탈바꿈했고 야만인들도 구원을 얻었"으며 원시주의도 더 이상 경악의 시선을 받지 않게 됐다는 것이다.[11]

루소가 고결한 야만인을 명시적으로 거론했든 안 했든, 문명에 대한 그의 음울한 견해(와 자연상태에 대한 열광적 태도)를 동시대인들이 상당한 정도로 받아들인 것만은 의심의 여지가 없다. 시장경제에서 타인과 경쟁하는 교만한 인간들의 질투와 시기가 제거된 세상을 꿈꿨던 프랑스 베네딕트회 수사 동 데샹의 글도 신루소주의 문헌의 특성을 보여준다. 데샹은 지성인이 되는 것을 금하고 모든 사람이 한 오두막에 살면서, "함께 단순노동을 하고, 함께 채식하고, 커다란 지푸라기 침대에서 함께 자고, 독서, 글쓰기, 예술도 전부 금지하고 불태우자"[12]고 제안했다. 여기에 비하면 크메르루주나 탈레반은 도회적으로 느껴질 지경이다.

　예술 금지, 금속 사용 금지, 육식 금지 같은 상세한 부분은 다소 극단적이기는 하나, 데상의 전체적인 취지는 지난 250여 년간 특정 부류의 정치적 좌파로부터 상당한 동조를 이끌어냈다. 근대문명은 소외를 낳지만, 원시사회는 잃어버린 화합과 자연스러운 온전함의 복구를 통해 지위 경쟁과 노골적인 상업화를 피하고 담백하고 비착취적인 관계에 기반을 둔 진정한 공동체에 뿌리내릴 수 있는 가능성을 약속한다. 이 관점에 따르면 잃어버린 진정성을 찾는 행위는 근본적으로 '되찾는' 행위, 즉 전근대로 되돌아가는 것이다.

　역사학적·인류학적으로 루소의 자연상태 논리는 완전히 헛소리다. 드러난 증거에 따르면 부족사회는 전혀 평화롭지도, 우호적이지도, 별반 고독하지도 않았다. 오히려 "족장의 횡포, 멍청한 미신, 혐오스러운 잔인성, 경악할 만한 궁핍, 끔찍한 질병, 살인적으로 광적인 신앙"[13] (근대에 와서 거의 뿌리 뽑힌 사항들이다)으로 가득한 세계였다. 파푸아뉴기니의 다니족이나 남미의 야노마모족 같은 수렵채집사회에서 전쟁이 벌어지면 사망률이 거의 30퍼센트에 달한다. 침팬지들이 싸울 때 죽는 비율과 대략 일치한다. 한 인류학자는 뉴기니의 부족전쟁에 관해 이렇게 말한다. "근대의 영향을 받지 않은 지구상 마지막 장소인 이곳은 가장 평화롭기는커녕 본 중에 가장 호전적인 곳이었다."[14]

　언제나 그래왔다. 원시부족끼리의 전쟁은 절박함이나

공포 때문에 가끔 예외적으로 발생한 사건이 아니라, "끊임없이 일어났고, 무자비했으며, 상대를 전멸시키려는 목적으로 이루어졌다". 선사시대 부족 가운데 3분의 2가 거의 영구적인 전쟁상태에 놓여 있었고, 만약 20세기 인구가 전부 선사시대 부족민이라고 친다면 거의 20억 명이 사망했을 것이다.

말하자면 원시사회는 평화롭고 안전했으며, 지구와 인간 그리고 인간과 인간이 서로 화목하고 투명하고 진정한 관계를 맺었다는 낭만적인 생각은 사실과 거리가 멀다. 『뉴요커』에 실린 만평 하나가 이 모든 것의 부조리를 절묘하게 포착한다. 선사시대 혈거인 두 사람이 모닥불을 사이에 두고 서로 마주보며 다리를 꼬고 앉아 있다. 한 명이 다른 한 명에게 말한다. "뭔가 좀 이상해. 공기도 깨끗하고, 물도 맑고, 다들 운동도 많이 하고, 먹는 건 전부 유기농으로 기른 건데 왜 서른을 넘기는 사람이 없냐고."

그러나 루소의 문명이론을 비판하자고 이런 식으로 역사적 사실을 확인하는 것은 요점을 벗어나는 일이다. 루소는 인류학자가 아니었고, 그의 목적은 파리를 파푸아뉴기니로 바꿔놓는 데 있지 않았다. 사실상 그는 자신이 묘사하는 '자연상태'가 실제로 존재한 적이 있다고 주장하지 않았다. 설사 존재한 적이 있다 해도 그 상태로 돌아갈 수 있다고 (또는 돌아가야 한다고) 생각지 않았다. 루소의 문명 비판이 철학적인 향수에서 비롯된 것은 맞지만, 원시사회보다는 오히려 유럽의 순수성 상실에 대한 향수였다.

로저 샌달이 볼 때 그와 같은 인정은 치명적이다. 그는 루소가 "위선적인 방식"으로 추론한다고 비난했다. 루소는 '자연상태'란 필시 존재한 적이 없으니 돌아갈 수도 없다고 계속 인정하면서, 한편으론 약탈적인 근대사회보다는 부족사회가 훨씬 나으며 문명은 우리가 벗어버려야 할 기만적이고 못된 가면이라고 암시한다. 이렇게 루소의 글은 "모호한 공상과 가식의 분위기가 만연해 있다"고 샌달은 주장한다.[15]

만일 그 말이 맞다면 엄청난 아이러니가 아닐 수 없다. 투명성 이론의 대가, 허위의 가차 없는 비평가, 진정성의 열렬한 옹호자가 가식과 위선이라는 죄를 범했다는 것이다. 그러나 그건 너무 성급한 판단이다. 루소는 기본적으로 사회비평가였고, 부자와 권력자가 빈민과 사회적 약자를 착취하는 방식에 특별히 초점을 맞추어 사람들이 선택의 여지없이 불가항력적으로 권력관계에 매몰되는 상황을 지적하는 일을 자신의 역할로 여겼다. "인간은 자유롭게 태어났지만 도처에서 사슬에 묶여 있다"는 루소의 유명한 문장도 바로 거기서 비롯된 것이다.

적대적인 비판자들이 어떤 식으로 루소를 묘사하려 했든, 루소는 염소처럼 혼자 산골짜기를 활보하는 것이 인간에게 최선인 자연상태라는 식의 순진한 원시주의 해결책을 제안하지 않았다. 그보다는 스스로 노력해서 얻은 것이 아닌 지위를 누리는 귀족계급에 유리하게 모든 판이 짜여 있는 파리

사회의 악덕을 지적하면서, 더 나은 사회 조직 방식이 가능하다는 의견을 제시했다. 그러므로 루소의 의도를 좀 더 선의로 해석하면, 그가 말하는 자연상태란 실제로 성취할 수는 없지만 더 평등하고 덜 착취적인 사회를 향한 진보의 측정에 활용할 '규제적 이상'(regulative ideal)이라고 할 수 있다.

루소의 저술에 중대한 결점이 있다면, 저자가 서투른 역사인류학자라거나 위선적인 도덕주의자였다는 것보다도, 소심하기 짝이 없던 그가 파리 사회의 특정한 문제점들을 극단적으로 혐오한 나머지 그 사회에 존재하는 다른 면을 제대로 평가해내지 못했다는 데 있다. 그는 자기가 싫어하는 면만 비판할 줄 알았지, 문명화 과정이 서로 대립되는 요소들의 일정한 타협 과정이라는 사실을 이해하지 못했거나 혹은 이해하려 들지 않았다. 따라서 그것은 샌달이 지적한 '위선'이 아니라 협소한 반근대적 시야에 가깝다고 해석하는 게 맞다. 루소의 지적 후계자들의 족보를 살펴보면, 그 협소한 시야를 열렬히 받아들여 근대에 대한 전면적인 비난으로 발전시키는 집단이 하나 존재한다.

§

2012년 12월 21일은 달력에 표시해둘 만한 날짜였다. 천문학자들의 설명에 따르면 동짓날인 이날 태양과 우리 은하의 중심이 2만 6,000년 만에 정확하게 정렬했다. 그게 어떤 의의가 있는지는 불명확해도, 바로 그날 한 주기가 5,126년인 마야인들의 '장주기' 달력이 끝났다는 점이 중요하다. 말하자면 일종의 천문학적 밀레니엄 버그로 인해 세계가 종말을 맞을지도 모르는 예언의 날이었던 것이다. 종말의 메커니즘은 정확히 알려진 바 없으나, 인터넷을 검색하면 다양한 예언을 찾아낼 수 있다. 주로 지구온난화, 삼림 파괴, 석유 고갈, 물고기 남획, 인구 과잉, 교외생활, 거대 도시, 조류독감, 돼지독감, 전자제품, 헤지펀드, 신용파산스와프, 패스트푸드 등등의 조합이 모종의 대규모 생태 재앙과 멸망을 야기할 것이라고 전제된다.

이런 종말을 진지하게 믿은 사람들을 '쇠퇴론자', 그들의 발랄한 철학을 '쇠퇴론'이라고 부르기로 하자. 쇠퇴론에 이끌리는 동기는 비관적이다 못해 거의 신학적이다. 세상 모든 것이 옛날보다 나빠졌을 뿐 아니라 해가 갈수록 악화된다고 굳게 믿는다. 게다가 쇠퇴론자들은 상황을 개선하기 위해 제안되는—자유민주주의의 강화, 기술 발전, 경제 성장 같은—다양한 전략들은 그 자체가 문제의 원인이므로 해결책이 될 수 없다고 확신한다. 다시 말해 근대의 근간을 이루는 기본 원리들 자체가 문제라는 것이다. 쇠퇴론자가 볼 때 권리를 근간으로 하는 자유주의적 개인주의 정치와 자유시장경제의 조합은 얄팍한 소비주의와 무뇌적 오락에 몰입하게 만들어 우리를 망치고 지역에 대한 애착과 공동체 감성을 약화시킨다.

『뉴요커』필자 벤 맥그래스는 기사 준비를 위해 미국 북동부의 쇠퇴론 운동가들과 시간을 보냈다.[16] 이들 대다수는 Doomers.us 게시판을 통해 서로 알고 지냈다. 맥그레스는 콩, 쌀, 프로판가스를 잔뜩 쟁여둔 요트를 보스턴 항구에 정박시키고 거기서 아내와 함께 생활하는 러시아 출신의 소프트웨어 엔지니어, 코네티컷 주에서 원자재 거래를 하다가 생존준비에 열중하게 된 사람, 버몬트 주 생활독립 운동가들, 그리고 소설가가 되는 데 실패해 스마트농업 운동가로 전업한 인물 등을 만났다. 이들은 환멸, 개인주의, 소비주의 같은 근대의 부정적 측면이 단순히 미적으로 불쾌하거나 영적으로 우울하기만 한 것이 아니라 도덕적으로 부당하다는 신념을 일제히 공유했다. 쇠퇴론자들은 그것들이 인류를 멸망시킬 거라고 믿었다.

오스발트 슈펭글러에서 앨 고어에 이르기까지 쇠퇴론은 유명한 신봉자를 많이 만들어냈지만, 그중에서 오늘날 가장 유명한 쇠퇴론자 한 명을 꼽으라면 한때 근대건축을 비판하다 나중에 농지 보전과 유기농업으로 관심을 돌린 한 영국 신사를 들 수 있다. 최근 몇 년 근대에 대한 그의 관점은 "자연으로부터 우리를 떼어놓는 저주"라는 전면적 비판으로 진화했다. 그의 이름은 찰스, 영국 왕위계승 서열 제1순위에 있는 바로 그분이다.†

지난 몇 년간 찰스 왕세자는 연설, 인터뷰, 기사 등에서

---

†   2022년, 왕세자가 된 지 64년 만에
왕위에 올랐다.

건축, 환경, 사회에 대한 자신의 초기 관점이 어떻게 "조화의 필요"라는 일관된 생각으로 응집되었는지 설명했다. 인간을 중심에 두고 기술을 진보의 원동력으로 간주하고 "그것이 우리에게 가져다주는 이윤과 자유"의 이름으로 지구를 파헤치는 일을 가속화하는 기계적 세계관은 조화를 해치며, 결과적으로,

> 우리는 어떤 존재이고 체계 내에서 어디에 속하는지에 관한 인식에 균열이 온다. 오늘날 우리의 문제는 단순히 환경 위기나 금융 위기가 아니라고 보는 내 시각도 바로 그런 이유 때문이다. 이것은 전부 우리 인식의 근본 위기에서 비롯된다. 우리는 스스로를 자연 바깥에 위치시킴으로써 삶을 추상화하고, 그러다 보니 도시화된 우리 정신이 경제 건강이나 생태 건강을 지탱하는 핵심 원리와 불협화음을 일으킨다. "조화"가 바로 그 핵심 원리다.[17]

이 짧은 에세이는 세계에 대한 환멸, 과도한 개인주의와 소비주의, 기술과 이윤에 대한 집착, 자연으로부터의 불가피한 소외 등 진정성 논의에 단골로 등장하는 모든 고전적 논점을 찰스 왕세자가 전부 언급해준다는 점에서 유용하다. 이런 소외현상에서 벗어나 진정한 온전성을 되찾으려면 "자연의 결을 거스르지 않고 그에 따라 작동하는" 기술을 고안해냄으로써 "조화의 문법"을 익히고, 상실한 "균형"을 회복하고, "유

기적인 질서"를 이룰 필요가 있다고 주장한다.

이것이 정책·제도·기술상 정확히 무엇을 의미하는지에 대해 찰스 왕세자는 말이 없다. 비판적 쇠퇴론은 긍정적인 해결책을 언급하지 않는다. 지난 수백 년간 인류가 누린 근대의 혜택은 경시하거나 아예 부인한다. 찰스 왕세자도 딱 그런 식이다. 이전 세기에는 (증기기관차나 아니면 혹시 왕정복고 같은?) 일부 쓸모 있는 변화가 있었다고 인정하되, 20세기는 완전히 재앙이었다고 주장한다. 즉, 1900년 남자 46세, 여자 50세였던 영국인의 기대수명이 1990년 남자 73세, 여성 79세로 늘어났다는 사실은―다른 유럽지역과 북미도 비슷한 수치다―자연과의 조화가 깨졌다는 끔찍함에 비하면 별로 중요하지 않다는 것이다. 실내 급배수 시설, 중앙난방, 항생제, 즉각적 의사소통이 주는 편리함과 안락함도 거기에 뒤따르는 소외현상에 비하면 사소하다는 얘기다.

쇠퇴론적 세계관에서는 시스템 전체를 고발하는 것이 핵심이며 특정한 난관과 위기는 시스템이 썩고 있는 징조로 제시된다. 그래서 쇠퇴론자들은 밀레니엄버그, 지구온난화, 9·11테러, 돼지독감, 2008년 금융위기 전부를 임박한 시스템 붕괴의 증거로 들었다. 쇠퇴론의 가장 심난한 측면은 쇠퇴론자 다수가 다가오는 지구의 재앙을 기다리며 즐거움에 들떠 있다는 사실이다. 찰스 왕세자는 다른 쇠퇴론자와 달리 임박한 문명의 몰락을 노골적으로 환호하지 않으니 그나마 다행이다. 오히려 그런 예측은 그를 불편하게 만드는 듯하다.

쇠퇴론 논리로 보면 어떤 상황에서도 쇠퇴론자들이 이긴다. 에너지 효율적이고 환경 훼손이 적은 이른바 '휴먼스케일'에 맞는 생활 방식을 수용하지 않으면 대기는 뜨거워지고 경제는 붕괴하고 우리는 다시 생존경제 상태에 내몰리게 된다. 캐나다의 비관주의 철학자 조지 그랜트는, "운명은 의지 있는 자를 안내하고, 의지 없는 자를 다그친다"고 말한 바 있다. 쇠퇴론자들은 우리에게 의지가 있든 없든 12세기 경제로 되돌아갈 거라고 여긴다. 쇠퇴론의 교황급이라 할 만한 제임스 하워드 쿤슬러(『불모지의 지리』(*The Geography of Nowhere*), 『장기 비상시대』(*The Long Emergency*)의 저자)는 그날을 기다려 마지않는다.

쿤슬러는 지적으로 문란한 쇠퇴론자다. 교외 자동차 문화를 때리며 첫발을 내디딘 그는 1990년 말 밀레니엄버그가 더 신속한 세계 멸망을 보장하는 듯하자 그 문제로 갈아탔다가, 그게 현실화되지 않자 지구온난화로, 그다음엔 석유 고갈 문제로 옮겨갔고, 가장 최근에는 2008~09년 월스트리트 금융위기가 그에게 인류 파멸에 대한 새로운 신념을 불어넣었다.

쿤슬러는 걸핏하면 근대세계를 "완전 개판"이라고 부르며, 2008년 여름에 유가가 배럴당 150달러까지 오르자 자기 블로그에 "자 여러분, 고소해합시다"라고 적어 올렸다. 유가가 금방 배럴당 40달러로 다시 하락하자 당연히 동요하지 않았다. 그의 시각으로는 물고기가 멸종하든 빙하가 쪼개지든 신용시장이 얼어붙든 개별적인 재난은 큰 의미가 없었다. 그것들은 그저 우리의 극심한 소외상태를 드러내는 증상에 불과했다.

세계 종말을 즐거운 오락거리로 삼는 현상이 우리 대중문화 속에 널리 퍼져 있음을 감안할 때 쿤슬러만 너무 비난하는 건 불공평할지도 모르겠다. 『안드로메다 스트레인』에서 『쥬라기 공원』에 이르기까지 마이클 크라이튼의 모든 소설과 이를 바탕으로 제작된 영화 일체를 흔히 '사이언스 픽션'로 분류하는데, 사실 더 알맞은 용어는 '쇠퇴론 픽션'일 터다. 영화감독 롤란트 에머리히는 지구온난화 재앙을 다루는 장대한 스케일의 영화 「투모로우」나 종말론적인 「2012」(물론 이것은 마야의 장주기 달력이 끝나는 연도이다) 같은 영화를 제작하는, 걸어 다니는 쇠퇴론 제조공장이다. 그런가 하면 앤드류 스탠튼 감독은 버려진 지구에 폐기물 수거처리용 로봇이 홀로 남는 이야기를 그린 가족용 쇠퇴론 애니메이션 「월-E」를 만들었다. 「월-E」는 나쁜 식습관, 기업 의존성, 지구에 대한 염려의 부재, 지나친 기술 발전, 직접 얼굴 맞대고 소통하지 못하는 상태의 악화 등 생각할 수 있는 모든 쇠퇴론의 단골 메뉴가 담겨 있다. 이 영화는 오스카 상 후보에 올랐을 뿐 아니라 2008년 가장 사랑받은 영화 중 하나였다.

영화, 문학, 미술 등 대중문화에서 묘사되는 쇠퇴론의 지속적인 특징 하나는 의례적으로 대도시의 파괴를 보여준다는 점이다. 경제 혼란, 도시 소외현상, 도덕과 영혼의 약화를 염려하는 우리는 런던, 도쿄, 워싱턴 같은 대도시에 화풀이를 하고 싶어 한다. 그중에서도 제일 만만한 게 뉴욕이다. 건축 역사학자 맥스 페이지는 지난 100년간 문학, 영화, 미술이 어떻게 뉴욕의 파괴를 표현했는지, 각 시대마다 사회문제를 규명하고 구체적인 악을 몰아내는 수단으로 어떻게 뉴욕의 죽음을 이용했는지를 주제로 책을 펴냈다.

또한 선진사회에서 경험하는 감각의 둔화, 일상의 따분함, 자본주의 경제의 위태로움이 뒤섞여 있다는 점이 공통적으로 발견된다. 그래서 우리는 "불가피하고 불가해한 경제 변화로부터 벗어나기 위해, (…) 세상을 좀 더 이해할 수 있는 곳으로 만들기 위해"[18] 예술을 도구 삼아 뉴욕을 파괴한다. 맥스 페이지는 이렇게 덧붙인다. "이미지나 말로 매개되는 재앙에도 지난 두 세기 근대사회가 갈망해온 진정성이 담겨 있다."

하지만 하필이면 왜 뉴욕인가? 9·11테러가 감행되고 몇 년 후 국방부에 가해진 테러 공격은 대중의 기억에서 거의 잊혔다는 사실에서 힌트를 얻을 수 있다. 워싱턴 D.C.는 미제국의 수도일지 몰라도, 뉴욕은 근대성의 수도이며 오스발트 슈펭글러의 표현대로 근대의 "무시무시한 상징"이다. 킹콩이 엠파이어스테이트 빌딩에 올라가 최후를 맞는 장면이든, 「클로버필드」에서 괴물이 자유의 여신상 머리를 뜯어내는 장면이든, 자연이 만들어낸 괴물들의 공격 대상에는 관광명소라는 것 이상의 의미심장함이 있다.

루소의 가차 없는 근대비판에서 시작해, 이국적인 것에 집착하던 19세기, 멸망을 환호하는 오늘날의 쇠퇴론으로 이어지는 원시주의 사고방식에는 좀 더 소박한 사회·경제 조직 형태로 되돌아감으로써 소외현상의 원인을 극복하려는 질긴 욕망이 담겨 있다. 그러나 근대의 폐단과 관련해서는 우리에게 선택의 여지가 있다는 점을 기억하자. 문제의 원인을 제거하는 방법, 또는 부정적 효과를 완화시키는 방법이 있다.

　　아이러니는 루소가 후자를 택했다는 점이다. 근대를 그 자체의 조건 속에서 감당해내는 편을 선호한 것이다. 그는 더 강하고 창의적이고 자율적인 개인을 길러냄으로써 사회의 유독한 효과를 완화하고자 했다. 도시가 파괴되길 원치도 않았고, 인류가 자연상태로 돌아가 부족사회처럼 살기를 진심으로 바라지도 않았다. 루소가 정말 돌아가고 싶었던 곳은 숲속이 아니라 고향 제네바였다. 그가 바란 진정성 있는 삶은 고향에 살면서 친구들과 어울리고, 가끔 사냥과 주사위놀이를 하는 정도였다. 루소는 원시주의자와는 거리가 멀었다. 그의 진정한 후계자는 영국시인 윌리엄 워즈워스, 미국 초월주의 작가 헨리 데이비드 소로, 랄프 왈도 에머슨, 좀 더 내려와 비트세대와 히피들, 그리고 20세기 말에 융성한 반문화세대였다는 점에서 오히려 루소를 보헤미안의 원형으로 보는 편이 더 설득력 있다.

§

루소의 머리빗 에피소드를 다시 생각해보자. 그는 그때 자신이 순진함을 잃고 억울하게 죄를 뒤집어쓰는 공포를 알게 됐다고 주장한다. 너무 단순하고 작위적으로 들리지 않는가? 그런 사건이 실제로 있었다고 전제해도, 그에 대한 루소의 해석이 왠지 개인사 수정주의에 입각한 왜곡처럼 보이지 않는가? 누가 알겠는가. 하지만 어차피 루소가 확립하려는 개인의 진정성 문제는 사건의 역사적 사실 여부와 별 상관이 없다. 그보다는 루소가 그 사건에 대해 어떻게 '느꼈는가', 그리고 어떻게 그 경험이 이후 루소의 자기 이해에 영향을 끼쳤는가 하는 점이 훨씬 더 중요하다.

　　정리하자. 루소가 고민한 철학적 과제의 본질적 관심사는 인간이 사회 속에서 처한 상태에서 자연적인 것과 인위적인 것을 구분하는 일이다.[19] 문명은 인간 본성을 왜곡하지만, 그 왜곡의 정확한 윤곽은 잘 파악되지 않는다는 것을 그는 알고 있었다. 바꿔 말하면 루소가 시도하려는 것은 '나는 누구냐?'는 질문에 답하는 것이다. 자신이 진정 누구냐 하는 문제는 사회생활에서 쓰는 가면과 맡은 역할을 전부 벗어버리고 사소한 경쟁과 게임에서 물러나, 사회의 헛된 요구가 아닌 자신이 진정으로 원하는 것을 좇을 때 비로소 규명될 수 있다.

　　그러므로 루소의 야심을 원시주의로 보는 통념은 잘못된 것이다. 루소는 어떤 오지나 먼 과거에서 근대성이 제거된

안식처를 찾는 대신, 우리 내면을 들여다보고 우리의 가장 기본적이고 즉흥적이고 강렬한 느낌과 감정을 돌봄으로써 진정한 자기를 찾으라고 제안했다. 이 견해에 따르면 진정성 있는 인간은 자기 내면의 깊은 감정과 접촉하는 사람, 감정적 삶을 터놓고 드러내는 사람이다. 정말 진정한 자신을 판별해내는 일은 자기 감정에 귀 기울임으로써 가능해진다. 나는 누구인가? 루소는 그 해답을 알고 있었다. 그는 이렇게 말했다. "나는 내 마음을 느낀다." 또는 철학자 샤를 귀뇽의 표현을 빌리면, "나 자신은 이렇다고 느끼는 그 느낌이 진정한 나다."[20]

루소의 의도를 이런 식으로 해석하니 그가 극히 자기중심적인 사람처럼 보인다. 하지만 진정한 자기라는 관념에는 사회적인 측면이 담겨 있음을 간과할 수 없다. 다시 머리빗 사건을 생각해보자. 자기를 투명하게 내보이고 스스로 솔직한 것만으로는 충분치 않다. 정직성은 타인이 인정해주어야 한다. 바로 그래서 루소는 사회비평문 여러 편과 교육에 관한 장문의 논문에 만족하지 않고, 추가로 방대한 자서전을 펴내 자기 삶에 대한 진실을 '타인'에게 알리려는 끈질긴 욕망을 해소했던 것이다.

그런데 여기서 문제가 발생한다. 일단 루소는 자기가 누구이고 어떤 사람인지 명확히 제시하기 위해 자기 삶에 관해 꾸밈없는 사실을 이야기하고 싶어 한다. 그와 동시에 그는 독자가 자신의 과거를 직접 확인할 방법이 없다는 것도 알고 있다. 과거는 언제나 현재 우리의 감정상태라는 필터를 통과하게 되고, 과거에 대한 우리의 해석에 영향을 준다. 진실은 포착이 어려운 녀석이고, 루소는 궁극적으로 이를 뒤쫓을 가치가 있다고 생각지 않았다. 어차피 우리 감정이 언제나 이리 손닿는 곳에 대기하고 있는데 파악하기 어려운 진실을 쫓느라 고생할 이유가 있겠는가? 그는 『고백록』에서 이렇게 적고 있다. "내가 의지할 수 있는 유일한 안내자는 내 존재의 발달을 보여주는 감정의 연속이다. (…) 내가 사실을 누락하거나 변경할 수는 있어도, 내가 무엇을 느꼈는가, 내 느낌이 나를 어떤 행동으로 이끌었는가 하는 것을 잘못 알 수는 없다."

　　여기서 루소가 시도하는 것은 굉장히 대담하다. 그는 데카르트의 확실성 추구를 전복한다. 진리 추구는 ('나는 존재한다'는) 의심의 여지가 없는 사실에서 시작될 수 있을 뿐이라는 데카르트의 결론을 놓고 루소는 '사실일랑 잊으라, 그것들은 우리를 호도할 뿐'이라고 말한다. 진실은 의심의 여지가 없는 '감정'에서 출발하며 자신의 감정을 알 때만 비로소 전진할 수 있다는 것이다. 이것은 철학의 기반을 뒤흔드는 거대한 변화로써 지금도 그 여진이 우리 문화 전반에서 느껴진다. 진실보다 감정이 더 중요하다는 발상은 객관적 사실의 발견보다 개인의 감정과 신념에 주목하게 만들었다는 점에서 진정한 자신 찾기에 숙명적인 전환점을 제공했다. 그와 함께 '나는 누구냐?' 하는 질문에 대한 해답 찾기도 일종의 창조 행위로 변모했다. 문명의 껍질을 깎아내 중심부에 자리한 자연스러운 자아라는 단단한 핵에 도달하는 방식으로는 진정한 자기를 찾을 수 없다. 자아는 양파를 닮아서, 심이 아예 없으니 중앙에 '자연스러운 자아'가 있을 리 없다. 그래서 진정성은 내면의 가장 깊은 감정을 통해 경험을 걸러내고 삶을 끊임없이 재해석해서 각자의 고유한 스토리를 찾아내는 지속적인 과정으로 재정의된다. 그러니까 결국 루소의 머리빗 사건이 진짜든 허구든 상관없다. 이 이야기가 모든 것을 숨기지 않고 오롯이 드러내는 정직한 인물로 보이고 싶은 루소의 욕망에 촉매로 작용했다는 점이 중요할 뿐이다.

그리고 루소를 계기로 진정성 추구는 하나의 예술 사업으로 확립되는 운명적인 전환점을 맞는다. "너 자신에게 진실하라"는 폴로니어스의 언명은 이제 누구도 피해갈 수 없는 평생 수행해야 할 창조적 프로젝트가 되고, 그것은 우리의 도덕이해의 중심에 고독한 예술가를 심어놓는다. 근대 세계관에 일어난 이 낭만적 전환은 과학, 합리주의, 상거래에 대한 반발의 시작을 예고한다. 진정성 있는 개인은 사회의 기형적 권력에서 벗어나 내면을 들여다보고 창의적인 자아의 불투명한 심연으로부터 영감을 얻는다. 이런 내면으로의 전환은 개인이 지닌 창조의 힘이—이성의 힘이 아니라—메마르고 환멸에 찬 세상에서 의미를 찾을 수 있는 최후의 진정한 원천으로 간주된다는 점에서 거의 종교적 탐구에 준한다.

루소야말로 몇백 년에 걸친 열정 대 이성, 예술 대 상업, 개인 대 사회, 보헤미안 대 부르주아의 문화전쟁에서 중요한 첫 신호탄을 쏘아 올린 사람이라고 말할 수 있다. 부르주아가 된다는 것은 진정한 자아로부터 스스로를 소외하는 일이며, 다시 말하면 안락과 안전을 앞세워 자신의 창의력을 위축시킨다는 것을 뜻한다. 사익을 위해 신념을 버린 것이다. 순응하지 않는 보헤미안, 주류와 투쟁하는 외로운 반항아가 되는 것만이 다시 유리한 고지를 점하는 유일하나 방법이다. 진정성 있는 사람은 그 정의상 당연히 대중의 취향, 생각, 의견, 스타일, 도덕관념을 거부하는 사람이다.

　　루소는 진정한 자아와 그것이 근대와 맺는 관계에 대한 이해의 기초를 다진 사람이다. 이 책의 나머지 부분에서는 이 현상의 결과를 규명하고, 루소가 확립한 관계 맺음의 기본조건들이 어떻게 지금까지 개인의 정체성과 의미 있는 삶에 대한 우리의 태도를 지배하고 있는지를 다룰 것이다.

3장

예술적 아우라를 소비하는 사람들

1967년 독일에서 토론토로 이민 온 요제프 바겐바흐는 그 후 40년간 도시 서쪽 경계에 있는 작은 주택에서 거의 혼자 은둔생활을 했다. 2006년 초, 그는 치명적인 뇌졸중으로 입원했다. 연락할 친지가 없자 시 당국이 나서서 그의 집을 매각할 준비를 했다. 시 공무원들이 들어가 보니 집 안에는 회화, 스케치, 조각, 오브제 등 집주인이 제작한 미술작품으로 가득했다. 시 당국의 기록보관 담당자는 이 일에 마음을 빼앗겨 바겐바흐의 삶을 조명해보기로 결심한다.

기록보관 담당자 이리스 호이슬러는 그 집과 작품들을 사적지로 지정받게 해보자고 마음먹는다. 그녀는 조수의 도움을 받아 방문객을 위한 워킹투어를 개시하고, 바겐바흐의 삶과 예술세계에 관해 강연회도 하면서 사적지 지정을 위한 여론 조성을 시도했다. 방문자들은 입구에 걸린 그의 모자와 재킷을 지나 지저분한 부엌을 통과해 집 뒤편에 손질된 갤러리로 향했다. 거기에는 누드 조각상, 곰 인형, 화분 여러 개를 접착제로 붙여 쌓아올린 기둥 등이 전시되어 있었다.

그 집에서 가장 마음 아픈 공간은 바겐바흐의 옛 연인이자 뮤즈였던 안나 네리티의 방이었다. 1974년에 네리티가 자기를 떠나자 바겐바흐는 방문을 막아버렸고, 그 상태 그대로 30년 넘게 흘렀다. 그 방에는 2차 세계대전 이전에 제작된 독일 지도가 있었는데 강제수용소의 위치가 표시되어 있었다. 이 때문에 사람들은 그의 은둔생활이 홀로코스트와 모종의 연관이 있으리라고 추측했다. 예술의 본질, 그리고 그것이 한 인간의 생애와 고독, 사랑과 어떤 연결성을 갖는지에 관해 중요한 질문을 던지는, 전반적으로 대단히 감동적인 전시였다.

헌데 문제가 있었다. 요제프 바겐바흐라는 사람은 존재한 적이 없었다. 그의 인생, 예술 그리고 토론토 서부 퀸스트리트 주택 안에 있던 내용물 전체가 이리스 호이슬러의 창작물이었다. 집 앞 잔디에 박힌 토론토 기록보관소 표시를 포함해 모든 것이 호이슬러가 연출한 설치물이었다. 바겐바흐의 집은 정교하게 제작된 허구였다.

예술의 위조와 사기에 대한 반응을 보면, 우리가 예술에 대해 상정하는 것들, 즉 무엇을 예술로 볼 것이며 왜 작품의 기원에 관심을 갖는지가 드러난다. 바겐바흐의 집을 둘러본 어느 기자는 혹시 관람객으로부터 정제되지 않은 미적 반응을 유발하는 것이 이 설치의 목적인지 궁금해 했다. 하지만 그게 호이슬러의 목적이었다면, 왜 뒷이야기를 고안해냈는지 불분명해진다.

그보다 호이슬러는, 예술가의 이력에 관해 우리가 전제하는 것들이 작품에 대한 우리의 반응에 어떤 영향을 주는지 보여줄 의도로 얘기를 조작했다. 호이슬러는 과거의 망령에 시달리는 고독한 노인의 사적 세계를 들여다볼 수 있는 특권을 제공하는 대신, 예술가에게 숨겨진 어젠다가 있다는 불편한 깨달음을 통해 조작과 기만이라는 매우 익숙한 근대의 실상에 직면하게 만든다. 결국 중요한 것은 의도다. "나는 토론토에 설명되지도, 상업화되지도 않은 것들이 남아 있다고 믿고 싶다"고 아까 그 기자는 기사에 적고 있다. "이웃집에 한 남자가 칩거하면서 사랑했는데 놓쳐버린 여인의 영혼으로부터 영감을 받아 오로지 자신만을 위해 작품을 만든다는 생각이 마음에 든다."[1] 기자는 그 예술 작품의 진정성을 궁금해할 뿐이다.

§

1장과 2장에서 우리는 근대를 지탱하는 세 기둥, 영적 환멸, 정치적 자유주의, 시장경제에 대한 초기의 본능적인 반감으로 시작되는 서구 문화의 전환점을 살펴보았다. 장 자크 루소의 사상을 따라 그 반감의 자취를 좇으면 거기서 진정성이라는 이상이 나오고, 그 결과 즉흥성과 투명한 감정 찬양, 개인의 창의력에 대한 집착을 빼면 세상에 아무런 의미가 없는 것처럼 여기기에 이른다.

　이 마지막 전개는 특히 중요하다. 진정한 자아가 예술 분야에서 문제될 때, 예술과 진정성에 관련된 일련의 질문이 무대 전면에 등장하게 된다. 무엇을 진정한 예술 작품으로 치는가? 무엇이 예술의 진정성을 위협하는가? 정말로 진정한 예술 작품과 겉으로만 그렇게 보이는 작품을 어떻게 구분할까? 그런 구분이 애초에 의미가 있는가?

　예술 분야에서 진정성이라는 용어는 모호하다. 일단, 진정성은 작품의 내력이나 작가를 정확히 확인하는 일과 관련이 있다. 업계에서는 이를 가리켜 소장내력(provenance)이라고 부른다.

　그러나 때때로 소장내력 이외의 것이 문제될 때가 있다. 작품의 내력이 정확히 확인되더라도 다른 진정성 문제가 우리를 괴롭힌다. 이를테면 우리는 예술가의 표면적 행위와 진의 사이의 괴리를 우려한다. 어느 작품을 보면서 그 작품이 작가의 자아, 비전, 이상, 또는 소속된 공동체, 문화, '현장'의 진정한 표현인지 궁금해 하는 것이다. 이때 우리가 염려하는 것은, 예술가가 마땅히 표현해야 하거나 표현할 자격을 지니는 것과 실제로 표현된 예술이 불일치하는 상황이다.

　소장내력의 진정성과 예술 표현의 진정성 사이의 연관성은 겉보기에 자명하지 않다. 전자는 한 작품의 역사에 관한 경험적 사실이며 별다른 철학적 난점은 없다. 확인 작업이 쉽지 않다 하더라도 결국 '야고보의 유골함'[†]에 야고보의 유골

<hr />

[†]　2001년 이스라엘에서 발견된 납골궤로
　　'요셉의 아들이며 예수의 형제 야고보'라는

이 담긴 적이 있는지 여부를 따지는 문제일 뿐이다. 반면에 표현의 진정성은 사실보다는 가치에 관한 문제다. 그런 의미에서 우리는 한 작품의 진정성을 따질 때, 작가의 진정한 자아와 해당 작품이 서로 얼마나 들어맞는지, 한 작품과 그것이 대표하려는 공동체와 문화가 과연 일치하는지를 판단한다. 섹스 피스톨스의 앨범 「Never Mind the Bollocks, Here's the Sex Pistols」는 1970년대 말 런던 펑크록 세계의 참된 (즉, 진정성 있는) 표현일까, 아니면 매니저 맬컴 맥라렌의 냉소적 기회주의의 결과물일까?

그런데 좀 더 깊이 파보면 첫인상과는 달리 위에서 말한 두 종류의 진정성이 생각보다 서로 무관하지 않다는 점이 드러난다. 알고 보면—그림이든 음악이든 소설이든—예술 작품의 표현의 진정성 판단은 소장내력에 크게 의존한다. 표현의 진정성을 판단하려면 작가의 이력과 작품 제작 의도를 살펴야 하기 때문이다.

§

2002년 초 온타리오 주 나파니 출신의 십 대 가수 아브릴 라빈이 불쑥 나타나 팝 차트를 장악했다. 첫 음반 「Let Go」에 수록된 데뷔 싱글 'Complicated'는 미국에서 2위에 오르고 다른 여러 나라에서 1위를 기록했다. 후속 싱글 'Sk8er Boi'와 'I'm With You'도 잘 팔려서 미국에서 톱10에 올랐다.

아람어 비문이 적혀 있어 진위 논란을
일으켰으나 위조된 것으로 드러났다.

사람들은 거의 즉각적으로 라빈이 정말 그 곡들을 직접 썼는지 의심했다. 라빈은 전부 자기가 썼다고 주장했지만, 17세의 어린 가수가 인터뷰에서 보여준 괴로울 정도로 미성숙한 모습과 어눌한 말씨는 히트곡들의 자신감 있는 작곡, 성숙한 가사와는 전혀 동떨어진 것이었다. 그러나 어차피 크리스티나 아길레라, 애슐리 티스데일, 샤키라, 리즈 페어, 콘 등에게 곡을 써주어 수차례 그래미상을 수상한 프로덕션 팀 '매트릭스'가 이 곡을 써준 것이 분명해 보이는 상황에서, 사람들의 관심사는 그녀가 직접 곡을 썼는지 여부가 아니었다. 대신에 인터넷 채팅방에는 악의에 찬 루머가 돌았다. '아브릴 라빈은 사실 스케이트보드를 탈 줄 모른대.'

　　이건 더 치명적인 욕이었다. 당시 라빈은 '온타리오 주 소도시 길바닥에서 놀던 진짜 스케이트보드 소녀'를 자기 아티스트 이미지로 잘 확립해 놓은 상태였다. 겉모습은 확실했다. 늘 헐렁한 군대식 반바지에 보드화를 신고 찢어진 티셔츠 위에 플란넬 셔츠를 걸친 차림이었으며, 스케이트보드를 들고 다니는 모습이 사진에 찍히기도 했다. 그리고 설령 그녀가 'Sk8er Boi'를 직접 작사·작곡하지 않았다 할지라도, 따돌림만 당하던 스케이트보드 타던 소년이 유명해져서 자신을 진심으로 이해해주는 소녀를 만난다는 취지의 가사는 라빈의 출신 배경을 뭔가 근본적으로 표현해주어야만 했다. 그런데 그녀가 스케이트보드에 올라타 방향 조정도 제대로 못 한다면 얘기가 완전히 달라지는 것 아니겠는가? 비치 보이스가 알고 보니 서핑도 못하더라 하는 얘기와 똑같다.

사람들은 직관적으로 한 사람의 성장 배경과 정체성 사이에는 밀접한 관계가 있다고 여긴다. '출신지가 어디냐'라는 이력에 관한 질문은 '당신은 어디서 비롯되었느냐'라는 실존적 질문에 답하는 데 도움을 준다. 더 나아가 여기에는 규범적 차원까지 존재한다. 한 사람의 배경이 (인종, 계급, 교육 수준, 심지어 출신 국가의 어느 지역 출생이냐 하는 것까지) 그 사람이 말하고, 노래하고, 쓰고, 그릴 수 있다고 정당히 주장할 수 있는 범위와 한계를 규정한다고 전제할 때 그러하다.

이와 같은 직관은 사방에서 모습을 드러낸다. 예컨대 문화전쟁에서 장기간 이어지는 논쟁 가운데 하나는 '목소리의 전유'에 관한 것이다. 다른 문화적·인종적 배경을 지닌 타자의 목소리로 발언하는 것이 허용되느냐, 허용된다면 어떤 경우에 그러한가 하는 문제다. 문화를 연구하는 백인 학생이 빈곤한 호주 원주민의 관점에서 글을 쓰거나 남성이 여성 억압에 관해 글을 쓸 때처럼, 지배자 집단의 구성원이 피지배자 집단의 경험이라고 주장되는 것을 수용해 정치적 발언을 하고자 할 때 주의가 요구된다.

그런 전유화는 인종주의, 성차별주의, 계급주의 등으로 간주되기 쉽지만 미국 대법관 소니아 소토마요르의 경우처럼 논리는 반대 방향으로도 작용한다. 2009년 버락 오바마 대통령이 푸에르토리코 이민 2세 소토마요르를 지명했을 때, 몇 해 전 그녀가 "라틴 여성처럼 풍부한 경험"이 없는 백인 남성 법관보다 "현명한 라틴 여성"이 더 좋은 판결을 내릴 수 있다고 연설한 사실이 밝혀졌다. 보수파는 재빨리 "역인종주의"라고 비난하며 대법관 자격이 없다고 규탄했다.

인종주의라는 비난은 근거가 부족했고, 젊은 라틴 여성들이 법률 분야에 관심 갖도록 독려하려다 그만 실수한 수사적 도구였을 뿐 다른 뜻은 없다고 청문회에서 밝힌 소토마요르의 고백도 진심으로 들렸다. 소토마요르 사건은 이런 종류의 정체성 정치가 얼마나 순식간에 지위 경쟁으로 변질되는가 하는 점을 시사한다. 한 목소리가 다른 목소리에 대해 누리는 상대적 진정성이 도덕적 우월감 경쟁을 초래하는 것이다.

이 교훈을 좀 더 재미있게 보여주는 것이 백인 래퍼 에미넴에 관한 전기적 영화 「8마일」이다. 기본적으로 영화 「록키」를 랩의 세계로 옮겨놓은 것으로, 권투경기가 아닌 랩배틀에서 다른 래퍼들과 일대일로 겨루며 자신의 능력을 증명하는 주인공 B-래빗(에미넴 분)에 관한 이야기다. 래빗의 아킬레스건은 험한 동네 출신 흑인 래퍼들을 상대로 그들의 본거지에서 그들의 언어로 겨뤄야 하는 백인 래퍼라는 사실이다. 그러나 그는 최후의 대결에서 자신은 백인이고, 이동주택에 살고, 여자친구는 자기를 속이고 바람을 피운다며 먼저 자신의 죄 많은 이력을 랩으로 고백한 다음, 관중에게 상대편의 비밀을 공개한다. "저 녀석은 흑인이고 갱스터 흉내를 제법 낼지는 몰라도, 아, 글쎄, 부모가 이혼도 안 하고 아직 같이 살

아. 그뿐인 줄 알아? 쟤는 사립학교에 다니고 진짜 이름은 '클래런스'야." 래빗은 자신의 진정한 힙합 정체성으로 클래런스를 누르고 KO승을 거둔다.

사실 이런 역학관계가 대단히 새로운 건 아니다. 대중음악을 보면 지난 50여 년 동안 거의 모든 가수가 표현의 진정성을 의심받았다. 엘비스는 진정한 블루스 뮤지션들의 음악을 훔친 백인 녀석이고, 몽키스는 비틀스를 모방한 것이며, 섹스 피스톨스는 70년대 런던 펑크록 세계에서 생겨난 게 아니라 패션 연출가 맬컴 맥라렌이 만든 밴드라는 소리를 들었다. 좀 더 최근으로 오면, 존 스펜서 블루스 익스플로전이나 스트록스 같은 밴드도 음악이 주는 인상과는 달리 험한 뒷골목에서는 '먹히지 않을' 부잣집 막내도련님들의 음악이라고 비평가들에게 폄하됐다.

이것을 이른바 '포섭'(co-optation)이라고 한다. 문화 포섭의 표준적인 모습은 이렇다. 특정한 하위문화에서 고유한 형태의 예술이 새로 등장한다. 그러면 결국 지배적 문화(보통 부유한 백인 남성 문화)의 구성원들이 그 예술 형식의 표면적인 모습, 소리, 테크닉을 취해 거친 부분을 사포로 갈아낸다. 이렇게 말랑해진 버전은 대중에게 대단한 진품인 양 팔리고, 그러는 동안 해당 예술 형식의 진짜 혁신자들은 배고픈 무명 신세를 면치 못한다.

일단 원조 혁신자가 자신의 업적을 포섭한 자들에게 정당한 보상을 받아내야 하느냐 하는 도덕의 문제는 잠시 옆으로 밀어두자. 그것도 물론 중요한 문제다. 하지만 그보다 형이상학적·미적 판단과 관련된 더 심오한 문제가 존재한다. 만일 원본과 복제, 진품과 모조품을 구별할 수 없다면 어쩔 텐가? 예술가의 이력만 갖고는 판단이 쉽지 않고, 작품을 살핀다고 그 내력이 항상 파악되는 것도 아니다. 보거나 들어서 구분할 수 없다면, 무슨 차이가 있다고 할 수 있겠는가?

§

예술 작품, 종교 유물, 문화재와 관련해 복제, 모조, 위조품의 존재는 인류의 역사만큼이나 오래됐다. 메트로폴리탄 미술관 관장을 지낸 토머스 호빙의 『짝퉁 미술사』(*False Impressions: The Hunt for Big-Time Art Fakes*)를 보면 위조의 역사는 고대 페니키아까지 거슬러 올라간다. 페니키아인들은 위조 미술품, 특히 가짜 고대 이집트 도자기를 일상적으로 유통시켰다.[2] 그러나 그건 그리스 유물을 무수히 위조했던 고대 로마인에 비하면 아무것도 아니었다. 그런가 하면 또 로마인들의 위조는, 예수의 십자가형과 관련된 위조 유물을 엄청나게 쏟아낸 중세나 돈 벌 목적으로 조각상, 회화, 문서, 동전, 상아, 보석을 대규모로 위조한 후세대에 비하면 새발의 피였다. 사실 여러 가지 의미에서 '위조'는 세상에서 가장 오래된 직업일지 모른다.

　호빙의 상세한 설명에 따르면 사람들이 위조를 하는 이

유는 다양하다. 가장 자명한 동기는 물론 돈이다. 조각품, 그림, 동전 등이 위조되는 이유는 대개 돈벌이다. 그러나 정치나 종교적 목적을 위해 (예컨대, 토리노의 수의) 또는 개인적인 앙갚음을 위해 (예컨대, 판 메이헤른의 페르메이르 위작) 위조품이 제작되는 경우도 있다. 심지어 남을 속이는 일이 위조를 행하는 자의 일차적 목적이 아닌 경우도 있다. 특정한 테크닉을 연습하려고 유명한 작품을 따라 그리며 연습하는 경우도 많고, 창조적 모방인 경우도 있다. 또 노래, 복장, 무대 연출까지 유명한 밴드를 흉내 내며 관중에게 서비스를 제공하는 '커버그룹'도 무수히 많다. 진짜 밴드의 콘서트가 너무 비싸거나 도저히 표를 구할 수 없을 때, 사람들은 그럭저럭 괜찮은 복제본으로 만족하기도 하는 것이다.

이렇게 위조의 목적이 다양하므로, 일정한 구별을 해주는 것이 유용하다. 누군가 경제적 이득을 노리고 작품의 유래와 내력을 고의로 거짓으로 전달할 때 이를 '위작'(forgery)이라 정의하기로 하자. 이와 비슷하게, 사실과 다른 내력과 유래를 갖다 붙인 '허구작'(hoax)이 있다. 위작이 허구작과 다른 점은 위작의 경우 유명 작가의 작품으로 위장된다. 하지만 너무 잘 알려진 작품을 똑같이 모방하면 (당연히) 팔기 어려우니, 작품이 전체적으로 덜 파악된 작가를 주로 골라 그 작가의 '스타일을 흉내 내어' 위작을 제작한다.

위작과 허구작은 둘 다 기만의 고의성이라는 공통점을 지닌다. 그러나 때로는 아트딜러나 큐레이터가 착오로 작품을 잘못 확인해 사실이 아닌 점을 주장할 때도 있다. 물론 고의와 착오의 경계선은 매우 섬세해서, 작품의 시대나 질을 지나치게 긍정적으로 평가하며 진실을 흐리기란 그다지 어렵지 않다.

그런 행동은 금전적 이익 외에도 도덕적 측면에 대한 고려에서 비롯되기도 한다. 유명한 독일 미술사학자 막스 J. 프리들랜더가 한 말은 잘 알려져 있다. "위작을 수집하는 것은 과실이지만, 진품에 가짜 낙인을 찍는 것은 중죄다!" 이것은 결백한 한 명을 처형하느니 범죄자 백 명을 풀어주는 게 낫다는 신념에서 비롯되는 형법의 '무죄추정의 원칙'을 큐레이터의 세계에 적용한 것이다. 그러나 모든 점을 고려했을 때, 우리는 처벌받지 않은 범죄자들이 거리에 우글대지 않길 바라듯 미확인된 위작들이 갤러리에 잔뜩 걸려 있지 않기를 원한다. 대체로 위작과 허구작은 허접해서 금방 발견되며, 떠들썩한 싸구려 관심 끌기 아니면 순진하고 무지한 사람들을 속이려는 어설픈 시도임이 드러난다.

그런데 실은 전문가들조차도 의외로 자주 속는다. 가장 유명한 사례 하나는 페르메이르(Vermeer) 위작을 그린 한 판 메이헤른(Han van Meegeren) 사건이다. 판 메이헤른은 실패한 화가로, 페르메이르 위작을 제작해 자기를 거부한 미술계에 복수하고자 했다. 그는 자기가 그린 위작 여러 점이 페르메이르의 진품으로 인정받고 작품 '엠마우스'(Emmaus)가 대단한 가격에 팔리는 상황에 즐거워했다. 그는

'엠마우스'를 정식으로 공개하는 현장에 직접 가서 독일인 큐레이터가 이건 페르메이르의 진품일 뿐 아니라 대작이라고 선언하는 소리를 들었다. 판 메이헤른의 행각이 밝혀진 것은, 국보급 작품을 독일에 불법으로 팔아넘겼다는 혐의로 네덜란드 당국이 그를 기소하면서다. 불법매각 혐의를 벗으려면 그는 자신이 페르메이르 위작을 그린 사실을 털어놓을 수밖에 없었고, 그 말을 증명하느라 감금 상태에서 위작을 한 점 그려야 했다.

위 사건만큼 흥미진진하지는 않아도 토머스 호빙이 말한 '위작 잡아내기'의 역사는 소위 전문가라는 사람들도 감쪽같이 속은 사례들로 가득하다. 이것은 전문가적 식견에 회의를 불러일으키고, 미적 가치 판단과 관련해 심각한 문제를 제기한다. 판 메이헤른은 자신의 위작이 옛 거장들의 작품과 나란히 전시될 자격이 있음을 보여준 게 아닌가? 전문가들조차 판 메이헤른과 페르메이르의 그림을 구분하지 못했다면 우리가 그 차이를 따질 이유는 뭔가?

이 논리를 밀어붙이면, 그럴듯한 위작은 완벽한 복제의 문제로 이어진다. 원본과 복제본이 있는데 복제본이 너무도 교묘해 아무도 원본과 구별하지 못한다면 둘 중 어느 것이 갤러리에 걸려 있어도 우리에게 상관없지 않을까? 거의 대다수가 이 문제는 매우 중요하다고 믿는다. 이것은 수십만 달러가 걸린 문제일 뿐 아니라 미적 경험의 총체적 영역을 좌우하는 문제다. 진위성에 대한 우리 관념의 핵심은, 과거가 현재에 우러난다는 생각, 그리고 정확한 유래와 정확한 역사는 예술 작품의 진정성을 알리는 표식이라는 생각이다.

한 작품의 소장내력을 확인할 때 미술전문가는 네 가지 테스트에 의존한다. 첫째, 작품에 표시된 작가의 서명을 확인하고, 둘째, 작품의 내력을 보장하는 역사 기록을 조사하고, 셋째, X선 검사, 적외선 분광분석법, 연대측정법 등을 이용해 과학적 증거를 조사하고, 마지막으로 훈련된 눈, 즉 '감식안'으로 전문적 감정을 한다.

대중이 볼 때는 앞의 세 가지, 서명 확인, 기록 조사, 실험 분석이 적절한 감정법이라고 생각하기 쉽다. 이런 경향에는 소위 '전문가 의견'이나 괴상하고 근거 없는 '감식안' 운운에 대한 광범위한 불신도 일정 부분 반영되어 있다. 과학적 증거의 외면적 객관성에 대한 대중의 신뢰는 다른 영역에서도 작동한다. 이를테면 자연선택에 의한 진화를 증명하는 최선의 증거는 화석에서 찾아볼 수 있다거나, 피의자의 유죄를 증명하는 최선의 방법은 지문이나 DNA 검사라는 믿음이 그렇다. 이런 믿음을 문화적으로 훌륭히 드러내는 현상 하나가 법의학 관련 TV 방송물이다. 2009년 북미 시청자들이 과학수사에 관해 골라볼 수 있는 방송물은 드라마와 다큐멘터리를 합쳐 최소한 열다섯 편이나 됐다. 이름도 다 비슷비슷하게 「콜드 케이스」「콜드 스쿼드」「콜드 케이스 파일」「익스트림 에비던스」였고, 라스베이거스, 마이애미, 뉴욕, 이런 식으로 가지를 치는 드라마 「CSI: 과학수사대」도 물론 빼놓을 수 없다. 이런 방송들의 공통점은 오로지 과학기기의 정밀검사에 의해서만 진실이 밝혀진다는 생각에 대한 집착이다. 마찬가지로 위작도 위조꾼이 미처 감추지 못한 허점을 정밀하게 조사해 잡아낼 수 있다고 믿고 싶은 것이다.

그러나 앞의 세 테스트는 작품의 진정성을 조사할 때 중요한 단점이 있다. 서명을 위조하는 일은 비교적 쉬울 뿐 아니라 서명을 작품 속 어딘가에 감추는 작가도 많고, 서명 사용에 일관성이 없거나 아예 서명을 안 하는 사람도 있다. 기록 조사도 예컨대 작가의 작품 제작 장면을 촬영한 사진처럼 명백한 증거를 제공할 때도 종종 있지만, 대개는 소유권 증빙서류에 누락된 부분이 있거나 불완전하고 모호한 문서기록으로 소장내력 확인에 차질을 빚는 경우가 훨씬 많다. 더욱 심각한 것은 부도덕한 미술상이 돈을 내고 위조된 진품보증서를 제공받는 거래도 버젓이 성행한다는 사실이다. 문제가 너무 심각하다 보니 지나치게 완벽한 소장기록을 갖추고 있는 작품일수록 의심스러운 작품이라는 얘기까지 나오는 지경이다.

과학적 증거도 우리 예상보다 그리 유용하지 않다. 많은 사람이 과학에 주는 신뢰와는 달리 실험 결과는 모호하거나 심지어 모순적인 경우도 있다. 17세기 루벤스 작품인 줄 알았는데 X선 검사를 해보니 그 밑에 에펠탑 스케치가 있었던 사례처럼 때때로 굉장한 성공을 거두는 경우도 물론 있다. 그러나 그렇게 유용한 순간에도 테크놀로지의 역할은 가짜를 밝혀내는 소극적 증거를 제공할 뿐이다. 예컨대 진품이라는 주장에 대해 '적어도 렘브란트의 작품은 확실히 아니다'라는 반증은 가능해도, 그럼 그게 실제로 무엇인지는 말해주지 못한다. 바로 이 부분에서 우리는 전문가의 식견을 필요로 한다.

§

전문가의 감식안이라는 관념에는 뭔가 약간 신비롭고 비과학적인 느낌이 있다. 전문가 본인들의 설명도 그 알쏭달쏭한 아우라를 걷어내는 데 도움이 안 된다. 토머스 호빙은 분야를 막론하고 최고 수준의 감식가들은 "순간적으로" 위작을 잡아내는 육감 혹은 칠감까지 지니고 있다고 설명하지만, 그 추가적인 감각의 정체가 대체 무엇인지에 대해서는 아무 설명이 없다. 리투아니아 출신 미국 미술사학자이자 르네상스 회화 전문가인 버나드 베런슨의 천부적인 감식안에 대해 호빙은 다음과 같이 설명한다.

> 그는 작품 속의 미미한 결점이나 모순점을 어떻게 그렇게 정확히 짚어내 엉터리 모작이나 위작임을 밝혀낼 수 있는지 조리 있게 설명하지 못해 동료들을 종종 애타게 했다. 베런슨은 법정에서 위작임을 직감으로밖에는 설명할 수 없다고 말한 적도 있다. 위작을 보면 이상한 귀울림 증상이 오거나, 순간적으로 우울해지거나, 컨디션

이 나빠지고 마음의 평정을 잃는다는 것이다. 위작인지 어떻게 아느냐에 관해 전혀 과학적이라 할 수 없는 설명이었다. 그러나 그것이 그가 답할 수 있는 최선이었다.[3]

대단히 신비스러운 것 같지만, 사실 감식안은 X선과 마찬가지로 객관적이고 과학적인 조사 기법에 뿌리를 둔다.

미술 분야에서 감식안의 가장 중요한 요소는 형식(form) 관념이다. 감정가에게 형식이란 단순히 한 작품의 대강의 형태나 구조가 아니라 그보다 훨씬 더 개인적인 어떤 것이다. 한 학자에 따르면 형식이란, "미술가의 시각적 기질을 좌우하는 태도나 개인적인 스타일"이다.[4] 소설가의 '목소리'나 음악가의 '소리'에 해당하는 것이 바로 미술가의 형식이다. 독특한 단어 사용, 표현, 어조 등이 한 작품을 고유하게 그 작가의 것으로 만든다.

형식은 양식(style)과 다르다는 점도 중요하다. 입체파나 인상파는 양식이고, 같은 입체파나 인상파 화가라도 다들 각기 자신만의 형식을 지닌다. 또한 예술가는 양식이 바뀌더라도 근본적인 형식을 어느 정도 일정하게 유지할 수 있다. 이를테면 피카소의 양식은 청색시대에서 분홍시대로 바뀌었고, 스팅의 양식은 펑크에서 팝으로 그리고 다시 스무드 재즈로 변했다. 형식은 작품의 질하고도 무관하다. 질이 굉장히 떨어지는 작품도 그 예술가만의 '형식'을 생생히 뿜어낼 수 있기 때문이다.

미술가의 독특한 형식을 알아봄으로써 작품의 정체를 밝혀내고자 하는 감식가는 범인을 잡아내려면 범인처럼 사고하는 것이 최선임을 아는 사설탐정과도 같다. 감정가는 작품 속에서 형식이 표현되는 방식을 잘 알아야 미술가와 자신을 심리적으로 동일시하는 것이 가능하다. 전문 감정가는 미술가가 어떻게 생각하고 느끼는지 알아야 하고, 미술가의 비전과 기질을 이해해야 한다. 결과적으로 감정가의 역할은 작품 전체를 서명처럼 취급하는 것이다. 형식을 통해 진품 여부를 가려내는 기법은 단순히 화가의 서명을 살피거나 과학적 분석을 이용하는 것보다 훨씬 믿을 만하다. 생각해보라. 잭슨 폴록의 서명을 위조하는 것과 잭슨 폴록처럼 그리는 방법을 익히는 것 중에 어느 쪽이 더 어렵겠는가?

　　감식가를 미술 분야의 셜록 홈스로 보는 관념은 19세기 후반 이탈리아 출신 의사 겸 미술비평가 조반니 모렐리에 의해 확립됐다. 모렐리가 보기에 당시 미술비평의 수준은 한심해서 기존 방법과 구별되는 자신만의 감식법을 소개할 작정이었다. 그는 동시대 감정가들이 귀속시대, 문서 기록, 미적 판단 등 무관한 증거들에 너무 지나친 비중을 둔다고 보고 진정한 감식안은 회화 그 자체에 담긴 세부사항을 상세히 살피는 것이라고 주장했다.

　　모렐리는 원작자를 알려주는 확실한 표시는 역사 기록이나 작품의 '미적 본질' 같은 고매한 정신 속에 드러나는 것이 아니라, 손톱이나 귓불의 곡선, 흘러내리는 천의 주름 같은 하찮아 보이는 세부사항 안에 담겨 있다고 믿었다. 그렇게 재빨리 무의식적으로 표현해야 하는 전형적인 요소에서 화가의 정체가 드러난다는 것이다. 사람은 가장 자연스럽고 무의식적인 상태에 있을 때 가장 자신답기 때문이다. "연설가든 작가든 거의 누구나 습관적으로 자기도 모르게 선호하거나 잘못 쓰는 표현, 단어, 격언이 있는 것처럼, 화가들도 자기도 모르는 사이 자신만의 고유한 특징을 드러낸다."[5]

모렐리는 저서 『독일 미술관에 있는 이탈리아 거장들』(*Masters in German Galleries*), 『이탈리아 회화의 비평적 연구』(*Critical Studies of Italian Painters*)로 미술감정법에 신기원을 마련했다. 핵심은 필리피노, 보티첼리, 조르조네 같은 이탈리아 거장들이 어떻게 귀와 손을 묘사했는지 그 전형적인 '형식'을 수 쪽에 걸쳐 꼼꼼히 도표로 정리해 보여주는 것이었다. 모렐리는 이 도표를 이용해 한 화가의 유명 작품에서 되풀이해 나타나는 모티프를 신작의 유사한 모티프와 비교할 수 있었다. 기본적으로 지문 분석 원리를 미술감정에 적용한 것이고, 이 방법으로 놀라운 발견이 이루어지기도 했다. 그러나 항상 맞아떨어진 것은 아니어서, 모렐리의 기법은 얼마 안 있어 너무 엄격하고 정형화됐다는 비판을 받는다.

하지만 그와 같은 비판은 정교한 기법의 '결'을 문제 삼았을 뿐, 미술가는 형식을 통해 정체성을 드러내며 그것은 엄밀하고 객관적인 방법으로 확인 가능하다는 모렐리의 근본 전제를 반박한 것은 아니었다. 따라서 오늘날 감식안의 중요한 통찰 혹은 전제는 소장내력과 표현성이라는 두 종류의 진정성이 섞여 있다는 것이다. 예술 작품은 과거를 품고 있으며, 예술가의 진정한 창조적 기운이 그 작품을 통해 빛을 발한다는 발상이다. 가수 팻시 클라인이 정말 격동의 인생을 살았는지 어떻게 알지? 닥치고 노래에 실린 감정을 잘 들어봐. 마크 로스코한테 자살 성향이 있었던 게 명백하잖아? 시그램 빌딩 벽화 앞에 한번 서봐. 그 마력이 느껴질 거야.

그런데 그게 그렇게 간단치가 않다. 진짜 렘브란트 작품인지를 밝히는 일이 감정가들이 답해줄 수 있는 간단한 경험적 사실이라고 생각하기 쉽다. 그러나 예술 작품이 무제한 복사, 모사, 복제될 수 있는 세상에서 '원작' 개념 자체가 문제성을 띠게 되고, 20세기 말에 이르면 예술 분야에서 진정성 문제는 심각한 위기를 맞는다.

§

1990년 런던, 광고업계의 거물이자 예술후원가 찰스 사치는 믿을 수 없다는 표정으로 커다란 유리상자 앞에 섰다. 그 안에는 구더기가 들끓는 썩어들어가는 소머리가 들어 있었다. 사치는 '천 년'이라는 제목이 붙은 그 작품을 당장 사들인 다음 작가 데미언 허스트에게 다음번 제작할 작품에 들어갈 비용은 자신이 대겠다고 제안했다.

허스트의 다음 작품은 길이 14피트의 상어를 유리진열장에 넣고 포름알데히드 용액으로 채운 것으로, '살아 있는 자의 마음속에 있는 죽음의 물리적 불가능성'이라는 제목이 붙었다. 사치가 지불한 비용은 5만 파운드였다. 그다음 작품은 어미 소와 송아지를 반 토막 낸 '분리된 어머니와 아이'였고, 이어서 양의 시체를 유리진열장에 넣은 '양떼로부터 떨어져'를 선보였다.

　　유리장 속 상어는 예상대로 (그리고 작가 입장에서는 주목 끌기에 바람직한 수준으로) 평론가와 대중매체의 격렬한 비판을 받았다. 한 비평가는, "기껏해야 선술집 문 위에 매단 박제한 물고기 정도의 흥미를 일으킬 뿐"이라고 말했다. 일간지 『더 선』은 "감자튀김도 딸려 나오지 않는 5만 파운드짜리 생선"이라고 비꼬았다. 물론 그 바닥의 생리가 그렇듯 격렬한 비판은 곧 요란한 찬사로 바뀌었고, 허스트는 1995년 '분리된 어머니와 아이'로 터너상을 수상했다. 같은 해 뉴욕 보건당국은 "관람객의 구토를" 유발할지 모른다는 이유로 썩어 들어가는 암소와 황소가 등장하는 작품 '투 퍽킹 앤 투 워칭'(Two Fucking and Two Watching)의 전시를 금지했다. 그러는 동안 허스트는 영국에서 가장 부유한 인물 가운데 하나가 됐다.

　　그런데 상어에 문제가 생겼다. 보존을 잘못해 색이 변하고 온통 쭈글쭈글해지면서 부패하기 시작했고 진열장 속 용액이 뿌예졌다. 찰스 사치의 소장품을 관리하는 큐레이터들은 작품을 사들인 지 1년 만에 상어의 가죽을 벗겨내 섬유유리로 된 틀에 씌워 수선했으나 허스트는 그 결과물을 달갑게 여기지 않았다. 사치가 2004년 억만장자인 미국 헤지펀드 매니저 스티브 코언에게 그 작품을 800만 달러에 팔아넘기자, 허스트는 코언에게 상어를 교체해주겠다고 제안했다. 허스트는 이번에는 새 상어의 세포 하나하나에 포름알데히드를 주입하는 전문적인 방법으로 적절한 보존이 가능하게끔 조처했다.

'살아 있는 자의 마음속에 있는 죽음의 물리적 불가능성'이라는 작품 그 자체는 더는 스캔들이 되지 못했지만, 복원된 버전의 탄생은 비평가들에게 '그게 과연 원작과 동일한 작품인가?'라는 새로운 논란을 일으켰다. 다시 말해 코네티컷주 스티브 코언의 저택에 가 있는 버전이 1992년 찰스 사치가 매입한 작품과 동일한 작품이냐는 것이다. 게다가 만일 허스트가—코언도 모르게—섬유유리 틀에 씌워 잡아당겨 주름을 폈던 원래 상어를 별도의 진열장에 넣었다면 어쩔 것인가? 어떤 버전이 이른바 '진짜'이고 '원조'이고 '진품'인가?

이 문제는 수세기 동안 철학자들을 고민시킨 난제의 한 변주다. 플루타르코스의 『테세우스 전기』(*Life of Theseus*)를 통해 알려진 '테세우스의 배' 역설이 바로 그것이다.

테세우스와 아테네의 젊은이들이 타고 돌아온 배에는 서른 개의 노가 달려 있었고, 아테네인들에 의해 데메트리오스 팔레레우스 시대까지 유지, 보수됐다. 썩은 판자를 뜯어내고 튼튼한 새 목재로 교환하기를 거듭하니 이 배는 철학자들 사이에서 '자라는 것들에 대한 논리학적 질문'의 단골 사례가 되었는데, 어떤 이들은 이 배가 예전과 같은 배라고 주장했고, 다른 이들은 이전과 다른 배가 됐다고 주장했다.[6]

아테네인들이 수년에 걸쳐 유지하고 보수한 배는 테세우스가 크레타로부터 타고 왔던 배와 같은 배일까? 몇몇 철학자는 다음과 같은 질문을 덧붙여 논쟁을 더욱 복잡하게 만들었다. 만약 아테네인들이 배에 새 판자를 부착하는 동안 누군가 몰래 헌 판자를 가져다가 새로 배를 만든다면? 이 경우 우리는 어떤 게 진정한 테세우스의 배라고 말할 수 있을까?

역설은 우리의 직관을 서로 반대 방향으로 잡아당긴다. 어떻게 보면 하나의 사물은 그 속성과 성질의 종합인 것처럼 보인다. 이 경우 만일 속성이 하나라도 변하면 의미상 당연히 그 사물은 이전과 같은 사물일 수 없다. 이전 사물과 특정한 방식으로 관계 맺고 있다 하더라도 말이다. 이 직관은 강물은 항상 흐르므로 같은 강을 두 번 건널 수 없다는 헤라클레이토스의 유명한 주장과도 일맥상통한다. 헤라클레이토스의 관점에서는, 모든 것은 흐르고 아무것도 정체하지 않는다.

그러나 이것은 우리가 흔히 사물을 두고 하는 말과 배치된다. 가령 어떤 것이 변하려면 예전과 동일해야 한다는 말은 대체로 옳게 들린다. 어떤 것이 동일한 존재로 보존되고 존속한다고 전제하지 않으면, 그것이 변했다는 말도 할 수 없는 것 아니겠는가? 소크라테스는 한때 머리카락이 있었다가 나중에 대머리가 됐지만 그는 여전히 소크라테스다. 내가 담장에 페인트칠을 했다면 담장을 새로 바꾼 것이 아니라 헌 담장에 새 페인트를 한 겹 발랐을 뿐이다.

변화를 겪는 개인의 지속성이라는 문제는 형이상학의 근본 문제 가운데 하나다. 늘 그렇듯 아리스토텔레스는 문제의 이해를 위한 최적의 수단을 제공한다. 일단 그는 '판자를 전부 교체한 뒤에도 이 배가 예전과 같은 배인가?', 즉 '상어가 교체된 작품도 이전과 같은 작품인가?' 같은 질문은 엄격한 헤라클레이토스적 의미로 던지는 것이 아님을 지적한다. 그보다는 구체적으로 어떤 관점이나 목적에서 대상물이 이전과 동일한지를 묻는 것이다.

아리스토텔레스가 말하려는 요점은, 사물의 정체성 판단은 항상 어떤 분석적·실질적 목적을 고려한 개인적 판단이라는 것이다. 그래서 우리는 어떤 작품이 똑같은 재료로 제작됐는지 혹은 이전과 똑같은 형태나 구성을 유지하는지조차 별로 상관하지 않을 때가 많다. 그보다는 미술가가 의도한 표현력의 강도가 같은지, 관람객으로부터 똑같은 미적·지적·감성적 반응을 이끌어낼 수 있는지를 알고 싶어 한다. 실제로 허스트는 『뉴욕타임스』와의 인터뷰에서 이 문제에 대해 바로 그런 취지의 대답을 했다. "미술가와 보존복원가는 원작과 원래 의도 가운데 어느 쪽이 중요한가에 대해 다른 견해를 갖고 있습니다. 저는 개념미술 쪽 출신이라서 의도를 중요하게 여깁니다. 그러니 동일한 작품인 거죠. 하지만 판결이 내려지려면 시간이 걸릴 겁니다."[7]

그렇다면 작품이 대체 얼마나 많은 변화를 거쳐야 표현력이 약화되는 시점에 도달하게 되는 것일까? 문제는 작품의 개성은 형식을 보면 알 수 있다는 미술 감정의 기본 전제에서 발생한다. 형식도 변할 수 있기 때문이다. 작품은 보수되고 복원될 수 있으며, 지나치게 열렬하거나 야심에 찬 소유자에 의해 변형되거나 덧칠되거나 '개선'될 수 있다. 심지어 단순한 시간의 흐름도 원래 의도적으로 거칠었던 모서리나 표면을 부드럽게 만든다.

미술품 보존복원가는 원작의 온전성을 보존하려고 최대한 노력하지만 어떤 종류의 변화가 얼마만큼 허용되는지에 대한 원칙은 없다. 어떤 경우 작품의 진위성은 궁극적으로 정도의 차이일 수밖에 없다는 것을 인정하는 미술사가도 있다. 절반만 렘브란트, 3분의 1만 잭슨 폴록, 이런 작품들도 나올 수 있다는 거다. 우리가 복원전문가의 의도까지 해석해야 하는 입장에 놓이면 문제는 더 복잡해진다. 1987년 크리스티 경매에서 50만 파운드에 낙찰된 에곤 실레의 그림이 그런 사례다. 나중에 밝혀진 일이지만 누군가가 원작의 디자인과 색상을 참고해 그림의 90퍼센트 이상을 '심하게 덧칠'해놓은 것이다.

이 일은 결국 법정 다툼으로 번졌고, 판사는 원작을 복원하는 것이 의도였다면 지나치게 많은 부분을 덧칠했다 해도 문제없다는 판결을 내렸다. 그러나 실레가 원작에 보라색으로 써넣은 성명 머리글자를 복원자가 검정색으로 덧칠했다는 사실이 밝혀지자 판사는 그것은 정도를 넘은 행위라고 보았다. 이것은 (마치 실레가 '복원된' 버전에 서명한 듯한 인상을 주어) 보는 사람을 기만하려는 고의로 보이며, 따라서 크리스티는 매수인에게 환불해야 한다고 명령했다.[8]

마크 로스코의 색면회화가 주는 울림처럼 작가의 형식이 독특한 미적 효과를 일으키는 경우 더욱 더 흥미로운 난점이 발생한다. '하버드 벽화' 시리즈나 휴스턴 예배당에 걸린 열네 점 등 로스코의 많은 작품들이 안료의 광화학 반응 때문에 시간이 지나면서 색이 변했다. 하버드 벽화들의 경우 벽에서 떼어내 따로 보관해야 했고, 작품의 온전성에 심각한 문제가 제기됐다.

그러나 위와 같은 어려운 사례들도 원작이 아예 없는 경우나 작가의 표현 의도를 가려내는 일이 완전히 불가능한 경우에 비하면 별 것 아니다.

§

3장   예술적 아우라를 소비하는 사람들

발터 벤야민은 20세기 사상사에서 은근히 흥미로운 인물 가운데 하나다. 벤야민은 1892년 베를린에서 태어난 유대인으로, 그의 문학적 이력은 2차 세계대전 때까지 약 10년 남짓하다. 그가 문화이론의 3대 헤비급 철학자 막스 호르크하이머, 테오도어 아도르노, 헤르베르트 마르쿠제가 대표하는 신마르크스주의 프랑크푸르트 학파와 맺고 있는 밀접한 관계는 잘 알려져 있다.

1933년 나치가 집권하자 벤야민은 파리로 떠난다. 그러나 1940년 독일국방군이 프랑스의 수도로 진군하자 그는 다시 스페인으로 피신한 뒤 포르투갈을 거쳐 미국으로 건너가려고 했다. 1940년 8월 그는 미국 입국비자를 받았지만 정확히 확인되지 않은 어떤 이유 때문에 목적지에 이르지 못했다. 알려진 자료에 따르면, 프랑스와 스페인의 접경지역 스페인령 마을 포르부에서 모르핀 과다 복용으로 자살한 것으로 보인다.

발터 벤야민은 다방면에 걸쳐 방대한 양의 저술을 남겼다. 그 가운데 가장 중요한 저술은 19세기 파리 아케이드에 관한 대규모의 (그리고 미완의) 연구다. 『아케이드 프로젝트』(*The Arcade Project*)는 1999년에야 출간되었고 학자들은 최근에야 마땅히 보여야 할 관심을 보이기 시작했다. 그러나 철학, 문학, 문화이론 전공자라면 누구나 잘 알고 있는 그의 논문이 한 편 있다. 바로 「기술복제시대의 예술 작품」이다. 1936년에 출간된 이 논문은 예술의 의미에 대한 우리의 직관을 설명하는 최고의 문헌으로, 초기에는 사진과 영화가, 그리고 요즘은 자유자재로 자르고/섞고/굽는 디지털 콜라주 문화가 야기하는 진품성에 대한 불안감을 폭로한다.

벤야민은 원작과 완벽한 복제를 구분하는 문제는 간단하다고 주장한다. 완벽한 복제는 원본에 비해 한 가지 핵심 요소, 즉 "시간적·공간적 현존성, 우연히 놓이게 된 장소에서의 유일무이한 존재성"을 결여하기 때문이다.[9] 오로지 원작만이 고유한 역사를 보유하며, 시공간을 꿰뚫는 특정한 웜홀을 통과한다. 원본과 복제본이 겉으로는 동일해 보여도 적어도 서로 다른 고유한 이력을 지닌다는 점에서 다르다.

중요하고 심오한 말로 들린다. 그런데 잠깐만. 세상에 '고유성'(uniqueness)만큼이나 흔한 게 또 없다. 세상에 존재하는 모든 것은 시공연속체 안에서 자기만의 특정한 공간을 차지하고 있기 때문이다. 이런 기준에서 보면 '모나리자'처럼 세상에서 가장 가치 있고 그 무엇으로도 대체할 수 없는 작품도 포커 치는 개들을 벨벳 천에 인쇄한 유치한 그림보다 더 '고유'해야 할 이유가 없다. 바로 그래서 벤야민은 진짜 유물이나 예술품에 대한 우리의 경외감이나 숭배심은 단순히 그 사물의 이력 때문만은 아니라고 여긴다.

우리는 대상물의 역사와 개성에서 비롯되는 '아우라'를 소중히 여긴다. 아우라는 이른바 '전통의 맥락'을 토대로 한다. 다시 말해 진품은 특정 시점에 특정 목적을 위해 창조된 대상물이다. 진품의 아우라가 유지되려면 그 작품은 주술, 제례 또는 공동체의 예배 같은 신성한 의식과 관련을 맺어야 한다. 세속문화의 경우에는 벤야민의 표현을 빌리면, "미의 숭배" 즉 세속적이지만 유사종교적으로 예술 그 자체를 숭배하는 다소 퇴폐적인 형태로 아우라가 보존된다. 미술관들이 예배당 같은 분위기를 연출하며 작품을 성스러운 유물인 양 전시하는 것도 바로 그런 이유 때문이다.

따라서 진품성을 인정받으려면 일정한 공동체와 그들의 의례와 연결되는 것이 핵심이며, 의례로부터 멀어질수록 작품의 아우라는 약화된다. 그렇기 때문에 벤야민은, 20세기 초 사진과 영화가 정당한 예술 형식인지를 두고 벌어진 논쟁은 핵심을 완전히 벗어났다고 보았다. 진짜 이슈는 사진과 영화가 기존에 진품 관념이 이해되던 관계를 해체해버림으로써 예술의 본질을 완전히 바꿔놓았다는 점이다. 기술복제시대에 그런 해체를 일으킨 두 주역은 '대량화'와 '상품화'다.

동일한 복제를 무제한 만들 수 있는 새로운 종류의 예술품이 등장하면서 무엇이 원본인지는 더 이상 문제 되지 않는다. 작품이 일단 공동체 의례에서 했던 역할을 벗어나는 순간, 즉 특정한 시간과 공간에 놓여야 할 필요성에서 벗어나는 순간, 우리는 동시적·집합적 경험이라는 현상의 등장을 목격한다. 영화가 '전 세계 동시 개봉'을 하면 세계 방방곡곡에서 그 영화를 관람하는 모든 사람이 동일한 경험을 한다.

또한 이런 신종 예술은 (유사)종교의식에서 담당하던

일차적 역할에서 벗어나 기껏해야 대중오락 수단으로 변질되면서 예술의 상품화를 초래했다. 최악의 경우 상품화된 예술은 살아 있는 전통 속에서 가치 있는 예술로 자리매김하지 못하고 질 낮은 키치로 전락한다. 이것이 바로 공항 기념품점과 관광객을 후리는 관광지 기념품 가게의 세계, '정통' 아프리카 가면이나 이누이트족의 동석 조각품의 세계이며, 또 디즈니 만화 같은 토머스 킨케이드의 그림이나 앤드류 와이어스의 감상적인 시골 풍경화의 세계다. 아우라는 무슨. 이것들은 거의 '예술'로 의식되지도 않는다.

대중상품으로서의 예술의 가능성을 열어젖힘으로써 기술복제시대는 진품성의 위기를 초래했다. 오락이 세속화·상업화·대량생산화되는 시대에는, 작가의 삶이 작품의 아우라를 보존하는 예식의 역할을 떠맡는다. 작가들의 과거, 이력, 라이프스타일, 이미지는 그들의 작품을 거품 낀 천박성과 상업성에서 구해내 창조적 전통이나 서사에 고정시킬 안전장치다. 바로 그래서 아브릴 라빈이 정말 스케이트보드를 타는 불량 청소년인지가 직접 곡을 썼는지 여부보다 중요한 것이고, 바로 그래서 상품과 예술품의 경계를 흐리려는 앤디 워홀의 예술적 의도에도 불구하고 우리가 여전히 그의 작품에 매료되는 것이다. 워홀은 삶 자체가 예술이었고, 우리는 워홀의 작품을 감상하거나 구입할 때 그의 삶을 둘러싼 아우라에 가치를 둔다.

요즘 현대미술 작품들은 개념도 황당하고 솜씨도 미숙

해서 '우리 애도 저 정도는 그리겠네'라는 문외한들의 전형적인 불평은 오히려 애들한테 모욕일 지경이다. 그러나 그런 불평은 초점을 벗어난다. 작품 자체는 전혀 문제가 아니다. 팔리는 것은 작품이 아니라 작가의 페르소나 또는 '브랜드'다. 그런 의미에서 현대미술가 중에 데미언 허스트만 한 브랜드는 찾아보기 어렵다.

2008년 가을 금융시장이 붕괴하기 직전, 런던 소더비는 허스트의 작품 223점을 경매에 부쳤다. 마지막 작품의 낙찰과 함께 경매봉이 단상을 내리치는 순간의 낙찰가 총액은 2억 달러였고 작가 1인 집중 경매로는 최고 기록이었다. 모든 미술계 관계자가 여기에 감탄하지는 않았다. 저명한 미술평론가 로버트 휴스는 대단히 냉소적인 『가디언』 기고문에서, 그 경매에서 유일하게 주목할 만한 점은 작품의 가격과 작가의 실제 재능 간의 엄청난 괴리라고 단언했다. 그는 허스트를 가리켜 재능이라고는 허풍 떨기와 무식한 부자들에게 아첨하는 기술뿐인 "해적"이며, 예술가를 연예인처럼 추종하는 유행을 만들어낸 장본인이라고 비난했다. "허스트의 작품에 수백만 파운드에 해당하는 가치를 매길 만한 어떤 특별한 마력이 존재한다는 생각은 터무니없다"고 그는 적고 있다.[10]

그러나 허스트의 작품에는 특별한 마력이 있다. '데미언 허스트'라는 대성공을 거둔 브랜드가 바로 그 마력이다. 이 브랜드는 헤지펀드를 비롯한 이런저런 업계 거물이나 그밖에 주로 돈은 남아돌고 취향은 형편없는 사람들한테 성공적으로 마케팅되었고, 그들은 허스트 상품에 그만한 거금을 지불할 가치가 있다고 여겼다.

경영학교수 돈 톰슨은 저서 『1,200만 달러짜리 박제상어』(*The $12 Million Stuffed Shark*)에서 이렇게 말한다. "세상에서 100만 파운드로 살 수 있는 것 중에 유명 상표 현대미술품처럼 사회적 지위와 인정을 가져다주는 물품은 거의 찾아볼 수 없다."[11] 람보르기니를 사는 건 천박한 취향이라고 여기는 사람도 있을 테고, 돈 있으면 요트를 살 사람도 많겠지만, 허스트의 땡땡이 그림을 사서 벽에 걸면 사람들이 "와우, 이거 허스트잖아요?"라고 반응한다는 얘기다. 핵심은 허스트가 예술 작품이 아니라 중증 지위불안증에 걸린 부자들에게 치료제를 팔고 있다는 거다. 로버트 휴스는 상어에 대해, "해로즈 백화점 해산물 코너에 진열된 죽은 넙치를 보고 흥분하는 거나 마찬가지"라고 했는데, 경멸은 진지한 미술비평도 아니고, 허스트의 작품을 기교, 예술적 비전, 감정의 공명 같은 기준으로 평가하는 건 '나이키 로고가 그냥 체크 표시하고 뭐가 다르냐'고 투덜대는 거나 다름없다.

현대미술의 공허함은 예술 작품의 대량생산으로 말미암은 진품성 위기의 자연스러운 결과다. 그렇다고 이게 과연 발터 벤야민을 근심시켰을 만한 종류의 결과인지도 분명치 않다. 예술 작품의 기술복제로 인해 예술이 대중의 오락거리나 심지어 전체주의 정치의 도구로 전락하는 현상을 그가 경계한 것은 맞지만, 다른 한편으로 그는 대중이 예술에 접근하기 쉬워지면서 실력자나 엘리트의 전유물이던 예술의 소비와 비평이 민주화되는 효과를 목격했다.

하지만 벤야민은 예술품 제작은 여전히 대부분 엘리트의 손에 좌우된다는 것을 잘 알고 있었다. 신기술이 불러온 대중예술, 특히 사진과 영화는 돈이 들고 정교한 기술이 필요했기 때문이다. 그래서 차기 혁명은 예술품 제작과정 자체가 민주화되고, 저렴해지고, 접근이 쉬워지고, 즉각 전송이 가능해지는 디지털 복제시대에 접어들면서 비로소 찾아온다.

§

내 아이팟에는 내가 전혀 듣지도 않는 가수의 이름도 모르는 노래 수천 곡이 담겨 있다. 노트북에도 다운로드만 해놓고 아직 안 본 영화가 열 편 넘게 저장되어 있다. 이런 추세라면 보나마나 킨들이나 다른 전자책 단말기에도 관심 없는 저자들이 쓴, 내가 절대 읽지 않을 전자책들이 쌓여갈 것이다. 나만 예외는 아니다. 디지털 복제시대에 우리는 예술 작품을—싸고 흔하고 존중받지 못하는—상품으로 취급한다.

사이버자유주의자들은 한때 '정보는 공짜이고 싶다'는 슬로건을 내세웠다. 물론 정보가 이러저러고 싶을 리 없다. 정보도 어차피 다른 상품과 똑같이 일반적인 수요 공급 법칙을 따른다. 수세기 동안 정보는 희소했고 뉴스, 문화, 예술, 그밖에 '아이디어' 상품들에 대한 수요가 커지면서 정보는 비싸졌다. 그리고 이제 우리는 정보 과잉의 세계에 살고 있다. 과 잉공급되는 '아이디어'들은 점점 제한되는 수요, 즉 시간과 관심을 원한다.

최근 '프리코노믹스'에 대한 논의가 활발하게 이루어지고 있다.[12] 이것은 문화를 한 단위—음악 한 곡, 뉴스기사 한 꼭지, 동영상 한 편—를 더 생산하는 데 추가적으로 드는 한계비용이 제로에 가까워지는 세상을 뜻한다. 신문, 잡지, 그 외 아이디어로 이루어진 무언가를 팔아 수익을 내는 비즈니스 모델에 위기를 초래한 바로 그 온라인 디지털 경제다. 이제 그런 아이디어는 제로나 다름없는 미미한 한계비용으로 복제될 수 있다. 그러나 그런 '무료'가 예술 자체에 일으키는 효과에 대해서는 별로 논의되고 있지 않다. 예술을 소비할 때 그 행위에 드는 시간만이 유일한 비용이라면, 미적 경험의 본질에 어떤 변화가 일어날까.

중심부에서 제작되는 예술을 대중이 소비하던 발터 벤야민의 시대와는 달리 디지털문화 시대의 예술은 소비뿐 아니라 생산도 민주화되고 있다. 수백만의 아마추어가 직접 제작한 음악, 동영상, 사진, 소설이 인터넷에 넘친다. 우리가 지금 목격하는 현상은 모든 개인은 창조적 영혼을 지닌다는 루소적 이상의 성취다. 하지만 그렇게 다들 창작에 여념이 없다면 대체 누가 그걸 소비할 시간이 있겠는가? 관심이 희소한 경제에서는 좀 거창하고 작위적인 이벤트를 동원해서라도 관심을 가장 잘 이끌어내는 아티스트가 대박을 낸다. 예를 들어 가수 모비는 지난번 앨범을 내면서 스파 시설 하나를 하루 통째로 빌려 취재기자들이 자기 앨범을 들으면서 마사지를 받을 수 있게 했다.

관심경제가 어떻게 작동하는지 보여주는 더 유쾌한 사례는 인디포크 음악의 영웅 수피안 스티븐스의 팬이 제공했다.[13] 2007년 스티븐스는 콘테스트를 열어 자신의 신곡 'The Lonely Man of Winter'의 사용 권한을 뉴욕에서 활동하는 연극 연출가 알렉 더피에게 수여했다. 스티븐스로부터 신곡 사용에 관해 무제한의 권리를(곡을 없애버리든, 스노모빌 광고음악으로 쓰든 상관없었다) 넘겨받은 더피는, 누구나 들을 수 있도록 인터넷에 올려주길 바랐던 팬들의 기대를 깨고 오로지 자기 거실에서만 그 곡을 틀기로 결정한다. 그러자 수피안 스티븐스의 팬들이 브루클린에 있는 더피의 아파트로 성지순례를 온다. 집주인은 찾아온 손님들에게 차 대접을 하고 그 곡을 몇 번 틀어준 뒤 과자봉지를 손에 들려 돌려보낸다. 팬들은 벌써 기억에서 희미해지는 두 번 다시 듣지 못할 멜로디를 마음에 담은 채 돌아간다.

상황 파악이 되시는지? 이거야말로 아우라의 귀환이었다. 유일무이하고 복제 불가능한 예술 작품의 아우라 말이다. 최근 예술 분야 전반에서 본질상 디지털화되거나 프리코노믹스에 함몰될 수 없는 형태의 미적 경험과 제작 방식으로 돌아서는 추세가 부쩍 눈에 띈다. 이 현상의 한 가지 특징은 의도적으로 희소성을 높이는 것이다. 위에서 알렉 더피가 의도한 것도 여기에 해당한다. 또 한 가지 특징은 최근 들어 도시를 놀이터 취급하는 힙스터 트렌드다. 금융가에서 베개싸움을 연출하기도 하고, 지하철에서 각자 헤드폰을 끼고 춤추는 침묵의 디스코 파티를 열기도 하고, 온 동네를 한 바퀴 돌며 깡통차기 놀이도 한다. 이렇게 일시적이고, 순간적이고, 공동으로 참여하고, 특정 공간에만 한정되는 이벤트에 대한 매료는 '우리의 숭배를 받을 만한 아우라를 지닌 고유하고 진정성 있는 작품'이라는 옛 아이디어를 되살려내려는 지속적인 노력과 관계있다. 그러나 발터 벤야민의 논리를 뒤집으면 그런 심오한 예술 감상에서 얻어지는 유익함은 다시 평등 원리의 손실을 야기한다.

수피안 스티븐스의 팬 모두가 그 한 곡을 들으려고 뉴욕까지 날아갈 형편이 되는 것도 아니고, 모든 가수가 좋은 리뷰를 받으려고 스파 시설을 빌릴 금전적 여유가 있는 것도 아니다. 알고 보면 관심경제에서 심오한 미적 경험이란 재산과 연줄이 있는 사람에게나 '공짜'이지, 그렇지 못한 사람들에게는 매우 비싼 아이템이다.

예술 작품의 진정성은 상품화 현상에 의해 위협받는 것으로 여겨지지만, 알고 보면 진정성이란 큰돈을 쓸 의사가 있는 사람들이나 획득할 수 있다. 원래 성스러운 제례나 고대의 공동체 전통에서 기원했던 아우라는 이제 모든 마케터와 브랜드 매니저가 주시하는 훌륭한 판매 전략으로 탈바꿈했다.

4장

과시용 진정성

다음은 정통·진짜배기(authen-tic)로 홍보되는 상표, 사람, 제품, 서비스 등을 포함하는, 짧지만 꽤 전형적인 목록이다. 이탈리아 요리, 중국 요리, 에티오피아 요리, 미국 음식, 캐나다 음식, 코카콜라, 베일리스 아이리시 크림, 너덜너덜한 디스트레스드 청바지, 디스트레스드 기타, 스케이트보드, 스케이트보드화, 책, 독립서점, 타자기, 트위터, 크라우드소싱, 블로그, 블로그에 달리는 댓글들, 생태 관광, 공산주의 관광, 슬럼 관광, 앨 고어, 존 매케인, 세라 페일린, 버락 오바마, 수전 보일, 수영선수 마이클 펠프스의 어머니, 미니쿠퍼, 폭스바겐 비틀, 보톡스, 야구, 새뮤얼 애덤스 맥주, 러시아 보드카, 영국 진, 프랑스 와인, 쿠바 초콜릿, 쿠바, 부탄, 유기농 커피, 유기농작물, 지역 농산물, 1ØØ마일 식이요법, 1ØØ마일 양복, 도심 로프트, 재래식 화장실을 갖춘 도심 로프트 그리고 교외 주택의 자연토 바닥재.

우리는 이 목록을 무한대로 확장할 수 있다. '정통'이나 '진정성' 같은 용어를 붙여 홍보할 수 있는 아이템만으로 이

챕터 전체를 꽉 채울 수 있을 정도다. 진정성 추구는 광고업계의 입장에서 볼 때 현대판 성배 찾기와 같아서, 브랜드 상품을 "왜곡된 메시지와 날조된 경험으로 이루어진 눈부신 가공의 세상"[1]을 넘어서는 고매한 차원으로 승격시킬 수 있는 궁극의 마케팅 전략이다. 진정성 게임에 참여하는 것은 이제 마케팅에서 기본이고 필수이며, 모든 브랜드 전략의 판단 기준이다.[2] 소비자는 더 똑똑해지고 세련됐다. 이들은 끊임없는 광고의 홍수를 경계하는 한편 독창성, 진실성, 가치를 약속하(고 안겨주)는 브랜드 상품을 기꺼이 구매할 의사를 보인다. 그러나 진정하다고 말한다 해서 그 물건이 진정해지는 건 아니다. 무엇이 진정한가, 어째서 진정한가 하는 물음은 지금 생산자와 소비자 모두에게 절실한 문제다.

§

내가 80년대에 고등학교에 다니던 시절, 또래 사이에 인정받던 유일한 청바지 브랜드는 리바이스였다. 더 구체적으로 말하면 지퍼가 달리고 오렌지탭이 붙은 싸구려 모델 말고 리바이스 501 버튼플라이 레드탭 모델이어야 했다. 경쟁 상품인 랭글러나 리 청바지를 입는 건 금기였다. 심지어 여학생들도 남성용 리바이스 501을 애용했는데, 주로 낡고 색이 바랜 남자친구의 것을 빌려 (또는 뺏어) 입었다. 당시 유행하던 허리선 높은 '아줌마 청바지'보다 훨씬 스타일 돋았을 뿐 아니라(20년 뒤인 2000년대 초반을 휩쓴 골반청바지의 유행을 예고했다) 여성들도 그런 식으로 낡은 버튼플라이 리바이스라는 고전적인 아메리칸 스타일에 참여할 길을 확보했다.

리바이스 진의 역사, 특히 업체가 전파하는 공식 역사는 꽤 잘 알려져 있다. 독일 바이에른에서 미국으로 이민한 리바이 스트라우스라는 인물이 골드러시가 한창이던 시절인 1873년 광산노동자들의 작업복용으로 리벳을 단 데님바지를 고안했다.[3] 제작기법과 스타일이 인기를 끌면서 리바이스 청바지는 이후 한 세기 반이 넘게 진정한 노동계급의 참된 아이콘 역할을 해왔다. 누구나 청바지를 입었다 하면 리바이스였다. 제임스 딘, 마릴린 먼로, 앤디 워홀도 입었고, 내가 다녔던 고교 전교생 2,000명도 예외 없이 리바이스를 입었다. 1990년대 중반 리바이스 업체의 매출액은 미화 70억 달러를 초과했고 미국 청바지 시장의 19퍼센트를 점유했다. 캐나다 시장점유율은 더 높아서 1991년 31퍼센트를 기록했다.

그러나 리바이스는 급변하는 패션 유형과 소비시장의 구조 변화를 간과했다. 90년대 중반에 불어 닥친 헐렁한 힙합바지의 유행을 완전히 놓쳤고, 어느새 월마트, 올드네이비 같은 할인소매업체와 주시쿠튀르, 세븐 같은 고급 디자이너 브랜드 사이에 끼어 입지가 좁아졌다. 2002년, 매출액은 40억 달러, 미국 시장점유율은 12퍼센트로 하락했다.

리바이 스트라우스는 양쪽 시장을 한꺼번에 잡는 방식으로 상황 대처에 나섰다. 저가시장 공략을 위해 월마트와 계

151

약을 맺어 저렴한 '시그니처'(signature) 브랜드를 공급하는 한편, 리바이스를 아메리칸 브랜드의 전형으로 재정립하기 위해 정통성을 마케팅의 핵심으로 삼을 다양한 스타일의 '빈티지' 청바지 라인을 런칭했다. 빈티지 진에 '역사성'을 부여하려고 리바이스에 고용된 노동자들은 데님바지를 표백하고, 찢고, 문지르고, 산에 담그고, 두드리고, 깁고, 때웠다. 리바이스 빈티지 클로딩 홈페이지에 따르면, "고전적 스타일이며 정통성에 초점을 두고 세부사항에 극도의 정성을 기울인 리바이스 빈티지 제품은 한 점 한 점이 역사적 원조 제품을 거울처럼 반영합니다". 일단 그렇게 '디스트레스드'(닳아빠진) 상태가 됐다가 복원된 리바이스 빈티지 청바지는 고가에 팔린다. 120년 전 철도노동자들이 입었던 바지를 재현한 1890년형 501 클린치백 모델은 350달러, 1967년형 비트업 해피 리페어(바짓단이 찢어지고, 엉덩이 부분에 천을 세 군데 덧댄 모델)의 가격은 275달러다.

　　리바이스 회사의 의도는 이해하기 어렵지 않다. 원래 업체가 성공한 비결이 정통 브랜드라는 지위 때문이었으니, 브랜드를 새롭게 출범시키고 '정통성'을 전면에 내세워 쇠퇴를 막겠다는 것이다. 그러나 이 전략은 성공하지 못했다. 이유는 여러 가지다. 우선 요즘은 거의 모든 청바지 제조업체들이 몬스터트럭으로 깔아뭉개고, 장검 몇 번 휘둘러주고, 쓰레기통에 넣다 뺐다 한 것 같은 너덜너덜한 청바지를 팔아서, 입는 사람이 죄다 탄광에서 방금 일하다 나오거나 사슬에 묶여 강제 노역하는 죄수처럼 보인다. 요즘 노동자 스타일 정통 데님의 최강자는 Prps 브랜드다. 1960년대형 빈티지 방적기를 이용해 일본에서 생산하며, 아프리카 유기농 면직물로 만든다. 구식 방적기를 사용하면 천이 많이 낭비되지만, "중산층의 여가 패션이 되기 전 진짜 노동자들이 입었던 데님"에서 영감을 받았다고 업주는 설명한다.[4] 또한 그는 Prps 청바지에 난 흠집이 다른 상표의 저렴한 디스트레스드 진보다 더 정통이라고 주장한다. 사람들이 바지를 입을 때 실제로 천이 당겨지며 마모되는 패턴에 따라 흠집을 냈기 때문이라는 것이다. 이 브랜드 청바지의 소매 가격은 한 벌에 275~400달러다.

어떤 것이 실제로 정통인 것과 단순히 '정통'이라 명명되는 것 사이에는 커다란 차이가 있다. 리바이스는 어느 순간엔가 전자 대신 후자를 택했고, 그 결과 고전을 면치 못했다. 그런데 잠깐만. 어차피 제임스 딘도 골드러시 광부가 아니었고, 앤디 워홀이 평생 카메라보다 더 무거운 물건을 짊어져본 적이 있다는 증거도 없다. 그런데 어떻게 리바이스가 옛날에는, 그러니까 1987년 오타와 글리브 고등학교 전교생이 애용하던 전성기에는 지금보다 더 정통성을 뽐낼 수 있었을까?

그 해답은 '진짜' 정통성과 '가짜' 정통성의 구별에 있는 것으로 보인다. 굉장히 중요한 구분이다. 그 차이는 음악, 미술, 문학에 대한 대중의 태도뿐 아니라 어디로 여행을 갈지, 선거에서 누구를 뽑을지 그리고 어떤 청바지를 살지 선택할 때 중요한 역할을 한다. 무엇이 그 차이를 결정하는지, 그 차이가 대체 어떻게 생겼는지 우리로서는 알기 어렵다. 그러나 기업의 입장에서 확실한 사실은 바로 그 차이에 엄청난 돈이 걸려 있다는 점이다. 하지만 먼저 우리는 더 근본적인 문제를 제기할 필요가 있다. 말하자면, 개인의 자유 추구 및 자기 성취와 관련되던 정통성·진정성 문제가 어쩌다 마케팅 전략으로 변질되었느냐는 것이다. 이 질문에 대한 해답은 우리를 익숙한 장소와 익숙한 이름으로 안내한다. 18세기 중반의 파리다.

§

드니 디드로는 1713년 프랑스의 작은 마을 랑그르에서 태어났다. 그는 학교에서 신부가 되기 위한 과정을 밟으면서 처음에는 예수회에서, 나중에는 얀센파 밑에서 공부했다. 그러나 19세가 되던 해 신학을 포기하고 잠깐 법률을 공부했다가, 결국 글쟁이가 되기로 결심하고 친구들 신세를 지거나 학생들 과외를 해가며 자유로이 사고하는 보헤미안으로 20대를 보냈다. 디드로가 야심 찬 청년 장 자크 루소와 만난 건 파리의 어느 카페에서였다. 두 사람은 단단한 우정을 다졌고 뤽상부르 정원에서 많은 시간을 함께 보내며 음악과 문학 그리고 이 세상에서 어떻게 살아야 할지에 관해 이야기 나눴다.

　디드로는 소설가, 극작가, 미술비평가, 사회비평가로서

이룬 업적만으로도 역사에 길이 남을 인물이다. 그러나 그의 최대의 업적은 『백과전서』(*Encyclopédie*) 편찬을 주도한 일이다. 『백과전서』는 방대하고 체제전복적인 백과사전 프로젝트로, 장 달랑베르, 볼테르, 루소 같은 유럽의 위대한 사상가들이 참여했다.[5] 디드로는 『백과전서』 출간을 위해 정치적·재정적으로 위험한 환경을 엄청난 에너지로 헤쳐 가는 틈틈이 풍자적인 문학작품도 여러 편 썼다. 행여 백과사전 편찬에 지장을 줄까 봐 몰래 저술한 그 글들은 저자의 사후에야 출간됐다. 그의 유작 가운데 가장 유명한 것은 『라모의 조카』(*Le Neveu de Rameau*)로, 1761년에 집필을 시작해 다듬는 데 약 15년이 걸렸다. 1784년에 사망한 디드로의 저작들은 후원자였던 예카테리나 2세에게 남겨졌는데, 이 작품도 그중에 포함되어 있었다. 1803년 불법 복사본이 독일로 밀반입되지 않았으면 아마 그대로 종이 더미에 파묻혀 발견되지 못했을지도 모른다. 원고는 시인이며 철학자인 프리드리히 실러의 수중에 들어왔고, 실러로부터 이것을 받아본 요한 볼프강 폰 괴테는 이 작품에 완전히 사로잡혀 번역에 착수했다. 독어판은 선풍적인 인기를 끌었다. 카를 마르크스, 지그문트 프로이트의 찬사를 받았으며, 특히 게오르크 빌헬름 프리드리히 헤겔은 "근대의 문화적·영적 상태의 전형성을 보여주는 이례적으로 중요한" 작품이라고 평가했다.[6]

이렇게 유명인들의 찬사를 받으며 꾸준한 명성을 이어온 『라모의 조카』는 읽기도 요약하기도 쉽지 않은 작품이다.

유명 작곡가 장 필리프 라모(앞서 2장에서 루소에게 음악을 포기하라고 말했던 그 라모와 동일인물)의 조카인 '그'와 '나'(디드로 자신을 대변하는 인물) 사이의 긴 대화로 구성되어 있다. '그'는 무미건조한 부자들의 농담에 웃어주고 그들의 부르주아 가치관을 공유하는 척하면서 저녁이나 얻어먹는 기식자에 건달이다. 반면에 '나'는 좀 더 성실한 인물이며 진실과 정직의 미덕을 지키는 사회적 순응주의자다.

논쟁에 가까운 이들의 대화는 도덕의 의미, 천재성의 속성, 올바른 아동 교육법 등 다양한 화제를 섭렵하지만, 그 중간 중간에 동시대인들, 특히 유명한 음악가, 미술가, 언론인, 기타 공인 십수 명의 뒷담화도 담겨 있다. 디드로가 이 작품을 집필한 의도에 관해 학자들 간에 많은 논쟁이 있는데, 작가가 '나'에게도 '그'에게도 온전히 공감을 표하지 않기 때문에 더 혼란스럽다. 작품에는 겹겹이 아이러니가 깔려 있어서 등장인물들은 번갈아가며 자기 모순을 초래하거나 어리석은 발언을 한다. 특히 '그'의 경우 정도가 더 심해서, '나'는 방백 스타일로 라모의 조카를 가리켜 "고매와 비굴, 분별과 광기가 복합된 인물", "스스로 자신의 정반대인 사람"이라고 묘사한다.[7]

이 작품은 19세기에 진정성 문화가 그려갈 궤적을 일찌감치 암시한다. 이 책을 영역한 사상사학자 자크 바전은 역자 서문에서, 『라모의 조카』에는 낭만주의, 천재성과 창의력 숭배, 자기 발견의 강조 등 19세기 모더니즘에 대한 반응을 규정할 사조들이 능숙하게 서술되어 있다고 주장한다.[8] 바전은 이 작품을 철저한 기만, 저열한 불성실, 일상의 위선으로 가득한 사회에 대한 훌륭한 사회고발 드라마로 평가했던 헤겔의 의견에 공명한다. 자기는 천재가 아니라는 자각에 쓰라려 하는 기생형 관능주의자인 '그'는 바로 그런 사회로부터 소외되고, 진정한 자기로부터 체계적으로 분리된다.

'그'는 출세하려면 (또는 단순히 먹고살려면) 다양한 '위치' 또는 사회적 역할을 맡아 이른바 "거지의 무언극"을 수행해야만 한다고 한참 불평한다. 하지만 사회에서 자신의 자리를 확보하는 일에 관한 한, 그 누구도, 심지어 왕조차도 거지의 무언극이라는 의무에서 자유로울 수 없다. '나'는 '그'에게 이렇게 설교한다.

> 남을 필요로 하는 사람은 바라는 게 있고, 하나의 위치를 점합니다. 왕은 애인 앞에서 그리고 신 앞에서 하나의 위치를 점하며 (…) 각료도 신하, 아첨꾼, 하인, 거지로서 왕 앞에 무릎을 꿇습니다. 자아를 찾으려는 군중이 온갖 위치에 맞춰 수백 가지 방식으로 점점 더 끔찍하게 춤을 춥니다.[9]

이것은 사회 자체를 문제로 보는 루소의 문명 비판의 재서술이다. 우리는 자급자족할 수 없기에, 즉 타인으로부터 무언가를 필요로 하기에, 앞다투어 호의를 얻고 지위를 확보하는 과정에서 다양한 역할을 수행할 수밖에 없다. '그'가 거지의 무언극을 수행하는 다른 참가자와 다른 점은, 적어도 그게 굴욕적인 행위임을 알고 있다는 사실이다. 그는 무언극 가면 속에 자기동일성이 함몰되지 않도록 함으로써 자신이 맡은 사회적 역할로부터 거리를 두는 아이러니한 입장을 취한다. 그런 아이러니의 대가는 소외다. 스스로에게 진실할 수 없는 사회적 환경에서 먹고살려고 계속 버둥거려야 하기 때문이다. 하지만 그에게 진지한 대안이 있는지도 의문이다. 디드로도 시인하듯, 역사상 어떤 '위치'를 강제로 떠맡는 일을 피해간 인간은 그리스 철학자 디오게네스가 유일하다. 그는 "자신의 욕구를 우습게 여겼고", 나체가 되어 아무 데서나 쓰러져 자고, 대충 그러모은 음식을 먹고 살았다.

물론 디드로의 말은 옳지 않다. 역사상 거지의 무언극에 참여하기를 회피한 사람은 많다. 우리는 이들을 가리켜 괴짜, 기인, 부랑자, 노숙자, 부적응자 등등 사회 적응 실패를 강조하는 용어로 부른다. 때로는 그런 삶이 (디오게네스의 경우처럼) 의도한 것일 수도 있지만, 일상생활에서 직면하는 사회적 요구에 대처하는 능력이 근본적으로 결여된 경우도 있다.

어쨌든, 사회를 불평하는 것과 사회가 제공하는 최저생활과 안락함을 일절 거부하는 것은 완전히 다른 얘기다. 라모의 조카는 행복을 위해 의식주를 포기하는 건 너무 비싼 값을 치르는 것이며, "땅을 기며 흙을 먹고 몸을 파느니" 차라리 무언극에 참여하는 편이 낫다고 주장한다. '나'는 그런 '그'를 욕심쟁이에 겁쟁이라고 부르지만, 우리는 독자로서 그런 비난을 심각하게 받아들이기 어렵다. '나'가 '그'의 사회비판을 정당하게 여긴다면, 안락을 추구하는 순응주의자 '나'도 결국 똑같이 욕심쟁이이고 겁쟁이다. 나는 적어도 내가 무지하다는 사실을 알고 있다는 게 나와 다른 아테네 시민의 차이점이라고 주장했던 소크라테스처럼, 라모의 조카는 적어도 자기가 양심을 판 비겁자로서 소외 속에 허우적거리고 있다는 점을 기꺼이 인정한다는 점에서 다른 파리 사람들보다 나았다.

바로 그런 이유에서 라모의 조카는 진정성을 대변하는 일종의 반(反)영웅으로서 200년 넘게 추앙받았다. 부르주아 사회의 가치를 완전히 배척하는 이 소신 있는 반사회적 비순응주의자는 이후 보들레르, 소로, 에머슨, 20세기 중반 비트 시인들을 포함한 수많은 문학적 후예를 거느렸고, 마담 보바리에서 홀든 콜필드, 레니 브루스, 커트 코베인에 이르기까지 소설, 음악, 텔레비전, 영화에서 무수한 포스트낭만주의 영웅들을 낳았다.

라모의 조카 캐릭터를 "국가권력을 옥죄는 사슬로 여기고 (…) 비밀스러운 적의를 품은 채 순종하며, 폭동을 일으킬 준비가 늘 되어 있는"[10] 새로운 개인의식의 화신으로 보는 헤겔의 시각이 잘 이해되지 않는다면, 아마도 그런 태도가 요즘 너무 흔하고 익숙해서일지도 모른다. 권력은 억압이고, 지위 사냥은 굴욕이고, 노동은 소외이고, 순응은 일종의 죽음이고…. 이런 생각은 전혀 새롭지 않다. 19세기 보헤미안들, 20세기 반문화운동, 21세기 반세계화운동에 이르기까지 수많은 변주가 연주되었고, 우리는 여기에 익숙하다.

위와 같은 입장이 누려온 놀라운 인기와 지속력은 잠시 멈춰 서서 근대성에 대한 우리의 태도를 점검할 이유를 제공한다. 주변을 한번 둘러보라. 자기를 '진정성을 옹호하는 반영웅'으로 생각하지 않는 사람이 있는가? 권위를 인정하고, 지위 추구를 즐거워하고, 일을 너무 사랑하고, 사회에 순응하지 못해 안달인 사람이 있는가? 물론 소수 존재한다. 그들을 일컫는 용어도 있다. 좀비사원, 샌님, 꼰대, 부화뇌동자, 여피족, 파시스트. 그러나 아무도 자신이 부화뇌동자나 여피라고 시인하지 않는다. 진정성 없는 삶을 사는 건 항상 '남들'이나 하는 짓이다. 어쨌거나 놀라운 점은 이 세상에 진정성 없어 보이는 것들이 어쩜 이렇게 많으냐는 것이다.

§

보스턴에서 활동하는 작가 조슈아 글렌은 에세이 「위장된 진정성 입문」에서 계산된 소외와 경박한 비순응주의를 보여주는 라모의 조카 캐릭터는 헤겔 등이 상상한 것과는 달리 진정성 윤리를 수호하는 최초의 반영웅과는 거리가 멀다고 주장한다. 노르웨이계 미국 경제학자 소스타인 베블런과 그의 영향을 받은 언론인 토머스 프랭크(그의 1997년 저서 『'쿨함'

의 정복』(*The Conquest of Cool*)은 소위 '쿨함'이 어떻게 마케팅에 이용되는지 체계적으로 분석한 최초의 저작이다) 의 관점에서 『라모의 조카』를 재조명하면, '그'는 오히려 '위장된 진정성'을 옹호하는 최초의 영웅이자 힙스터 자본주의의 얼굴마담이고, "소비자 불만과 무한한 제품 진부화를 초래하는 주범"[11]이라고 글렌은 말한다.

'위장된 진정성'이라 할 때 글렌이 지칭하는 것은 단순한 가짜가 아닌, 좀 더 불길한 것을 뜻한다. 그 둘을 좀 더 명확히 구별하면 차이점은 다음과 같다. 어떤 것이 단순히 가짜일 때는, 거기에 대비되는 진짜에 상당하는 어떤 것이 존재한다. 그와 대조적으로 위장된 진정성이란 진짜가 따로 있고 가짜는 그것의 단순한 복제임을 의미하지 않는다. 위장된 진정성이 의도하는 목표는 진짜/가짜를 구분하는 기존의 게임을 더 이상 소용없거나 무의미하게 만드는 것이다.

이해가 쉽도록 예를 들어보자. 밴더빌트 대학 캠퍼스에서 가까운 테네시 주 내슈빌에는 파르테논을 실물 크기로 복제한 건물이 있다. 테네시 100주년 기념으로 1897년에 건설된 이 건축물은 원래 목재, 벽돌, 석고로 만들었다가 1920년에 콘크리트로 재건했다. 그 웅장한 모습에도 불구하고 내슈빌 파르테논은 가짜, 즉 그리스 아테네에 서 있는 진짜 파르테논의 공인된 복제품이다. 여기서 핵심은 '공인된'이다. 내슈빌을 '미국 남부의 아테네'로 칭송하고 기리는 것이 복제품을 세운 이유다. 즉, 내슈빌의 가짜 파르테논은 그리스 원본을 명시적으로 참조한다.

이와는 대조적으로 위장된 진정성은 자기가 진품이고 원본인 척한다. 예는 많다. 그중 가장 흔한 (그리고 불쾌한) 사례는 거의 모든 북미 도시에서 역사 깊은 구역들이 원본의 관광객용 버전으로 변질된 점이다. 조슈아 글렌이 보스턴을 예로 들어 설명하듯이, "실제로 오래된 건데 그것을 마치 오래된 듯한 모습으로 재단장했다. 역사 깊은 건물의 외관과 실내장식은 원래 모습대로가 아니라, 관광객이 보고 싶어 하는 모습(일 거라고 도시계획자가 상상하는 모습)으로 복원됐다." 여기서 핵심은, 도시의 구시가지가 관광객용으로 바뀔 때 남는 것은 옛 모습의 복제품이 아니라 장 보드리야르가 말한 '시뮬라크룸'(simulacrum)이라는 점이다. 원본의 복제가 아닌, 과거나 현재의 진실과 전혀 무관하게 그 자체로 '실재'로 인식되는 대상물 말이다.

단순한 가짜와 위장된 진정성의 구분에 관한 더 최근의 분석은 철학자 해리 프랭크퍼트의 2005년 베스트셀러 『개소리에 관하여』에서 찾아볼 수 있다. 이 책은 거짓말과 헛소리의 차이를 탐구한다. 프랭크퍼트에 따르면 거짓말에는 두 가지 요소가 있다. 첫째, 거짓말을 하는 사람이 자기가 하는 말이 거짓임을 인식해야 한다. 둘째, 남을 거짓 사실로 속이려는 고의가 있어야 한다. 따라서 거짓말을 하는 사람은 적어도 자기가 하는 말과 진실 간의 괴리에 관한 한 진실하다. 내슈빌의 가짜 파르테논이 그리스에 있는 진짜 파르테논의 존재를 부인하지 않듯, 어떤 말이 거짓으로 드러날 수 있다는 사실 자체가 적어도 진실의 존재를 인정하고 있다는 얘기다.

헛소리는 그런 인정을 하지 않는다. 진실에도 거짓에도 무심하다. 헛소리는 진실이냐 거짓이냐를 가리는 게임에 아예 참여하지 않는다. 헛소리가 가장 중요시하는 미덕은 정확성이 아니라 진정성이다. 헛소리 치는 사람들은, "세상을 정확히 표현하려고 노력하는 대신, 자기가 얼마나 진심인지를 보여주려고 애쓴다"고 프랭크퍼트는 말한다.[12] 그런 의미에서 진실 대신 진심을 보여주는 데 가장 집중하는 두 분야, 즉 정계와 광고업계가 헛소리가 제일 심한 분야라는 사실은 전혀 놀랍지 않다. 달리 말하면 정치와 광고는 진정성으로 겉치장하는 데 가장 신경 쓰는 두 분야라 할 수 있다.

드디어 우리는 지금까지 계속 겉돌기만 하던 질문, 즉 진정성은 존재하는가 하는 문제에 도달했다. 거짓에 대비되는 진실이 존재하듯, 위장된 진정성에 대비되는 진정한 진정성이 존재할까? 이 질문에 조슈아 글렌은 보드리야르를 좇아 아니라고 답한다. 어떤 것을 진정하다고 표현할 때마다 우리는 벌써 위장된 진정성의 영역으로 들어선다는 것을 안다. 글렌은 이렇게 말한다. "이탈리아인들이 이탈리아 식당을 열어도 진정한 이탈리아 레스토랑이란 존재하지 않는다. 역사, 자연, 인종, 계급은 엄연한 실재이고 늘 우리와 함께하지만, 진정한 과거, 진정한 자연, 진정한 비백인의 삶, 진정한 중산층 생활양식 같은 것들은 존재하지 않는다."

여기서 글렌이 제기하는 문제는 두 가지다. 첫째, 그는 진정성에 대한 자의식의 자멸성을 지적한다. 진정성은 권위나 카리스마와 같아서, 남에게 자랑하는 순간 곧 사라진다. 둘째, 진정성은 시장경제와 불편한 관계를 맺는다. 사람들은 진정성이란 즉흥적이고 자연스럽고 순수하고 왜곡되지 않아야 하며, 돈벌이와 무관해야 한다고 여긴다. 그런데 시장은 계획적이고 진실하지 않고 계산적이고 광고된다. 따라서 진정성을 시장에서 팔면 앞서와 같이 다시 자의식과 자멸에 이르게 된다.

조슈아 글렌이 제시하는 것은 전형적인 포섭(co-optation)의 변주에 해당한다. 예컨대 이런 식이다. 옛날 옛적에 정통 청바지를 입은 진짜 광부들이 있었다. 또는 이탈리아인들이 운영하는 정통 이탈리아 식당, 자갈길로 덮인 구시가지, 진짜 공장건물을 개조한 로프트, 자기들만의 본거지와 스타일, 사운드, 말투를 지닌 진정한 펑크 하위문화가 있었다. 그런데 어느 날 이를 지켜보던 자본가들이 저 모든 진정함이 얼마나 매력적인지 깨닫고 광부(또는 이탈리아인, 로프트 주민, 펑크족) 아닌 사람들도 그런 진정함을 좀 나눠 갖고 싶어 하지 않을까 생각했다. 그래서 그들은 진정성의 상징물들을 가져다가 그 속에 담긴 진정성 신뢰도를 쭉쭉 뽑아내 위장된 진정성을 갖춘 버전을 만들어 잘 속는 대중에게 팔았다. 이 관점에 따르면 진정성은 사실상 판매 전략에 불과하다.

자본가들을 욕하기란 손쉽고도 만족스럽다. 그러나 그

게 그렇게 간단치 않다. 사실 진정성이 지닌 문제점은, 진정성이란 존재하지 않는다거나, 대기업이 청바지나 맥주나 이국적인 여행상품을 팔려고 고안해낸 광고문구일 뿐이라거나 하는 데 있지 않다. 진정성이 겨누면 달아나는 움직이는 타깃인 것은 맞다. 하지만 진정성 추구의 그와 같은 급변성은 그 밑에 깔린 경쟁구조가 중요한 원인이다. 즉, 진정성을 판매하는 자가 아니라 구매하는 자를 비난해야 한다는 뜻이다.

§

흙바닥에서 먹고 자고 일하는 사람이 이 세상에 수십억이다. 원해서 그렇게 사는 것이 아니라 극빈하기 때문이다. 만일 그들에게 선택의 여지가 있다면 아마도 나무 바닥이나 대리석 바닥에서 생활하기를 선호할 것이다. 그런데 미국 일부 지역에서는 흙바닥 생활이 극빈은커녕 흠잡을 데 없는 진정성의 표시로 여겨진다.

흙을 고급지게 표현한 이른바 '어슨'(earthen) 바닥재의 유행은 비자연적인 리놀륨 바닥재는 물론, 톱질한 나무 바닥재나 네모난 세라믹 타일마저 비자연적이라고 거부하는 '자연건축' 운동의 일환이다. 친환경주의자들은 가능한 덜 가공된 재료를 쓰겠다고 지푸라기, 대나무, 흙으로 된 바닥을 추구한다. 『뉴욕타임스』가 취재한 어느 커플은 자연토 바닥이 자신들의 집을 "성스러운 공간"으로 바꿔놓았으며, 심

165

지어 바닥에 깔 흙에다 황소의 피를 섞어 진정한 영성을 가미했다고 밝혔다. "저는 사람들이 땅을 그리워한다고 생각합니다." 집주인이 말했다. "원시에 다가가고 싶은 거죠. 흙보다 더 원시적인 게 있겠습니까?"[13]

이 트렌드가 오랜 세월 진정성 추구의 첨단을 달려온 미국 서부 해안에서 두드러진다는 점은 놀랍지 않다. 아마 소스타인 베블런이 흙바닥 유행을 봤으면 즉각 이해했을 것이다. 그가 1899년에 발표한 『유한계급론』(*Theory of the Leisure Class*)은 다윈의 『종의 기원』이 생물학에 기여한 바에 맞먹을 정도로 우리의 자본주의 이해에 획기적으로 기여했다.

이것은 단순한 허풍이 아니다. 다윈이 오래된 아리스토텔레스의 생물분류 이론을 완전히 전복하고 생물학을 다시 세웠듯이, 베블런의 연구는 자본주의를 부르주아의 프롤레타리아 착취 시스템으로 본 마르크스의 자본주의론에 중요한 해독제 역할을 해왔다. 베블런은 자본주의 경제의 원동력을 제대로 설명하려면 사회적 지위 추구의 역할, 특히 사람의 상대적인 가치와 우열을 판단하고 비교해 부러움과 시샘을 의도적으로 자극하는 다양한 형태의 과시소비 행태에 주목해야 한다고 생각했다.

베블런이 설명하는 인간 행위의 목적과 동기는 루소의 설명과 놀랄 만큼 흡사하다. 베블런에 따르면 인간 행동을 지배하는 근본적인 본능 또는 습성은 두 가지인데, 하나는 '제작 본능'(instinct of workmanship)이고 다른 하나는 '약탈 성향'(predatory proclivity)이다.[14] 제작 본능은 유용하고 효율적인 제작 행위를 중요시한다. 대부분의 제작 행위가 생존 확률을 높이기 때문이다. 수렵과 낚시, 식량과 땔감 채집, 바람막이 설치 등이 필요한 순간에, 엉성하고 비효율적인 작업을 폄하하고 능숙하고 효과적인 작업을 높이 평가하는 것은 자연스러운 결과다. 한편, 약탈 성향은 싸움이나 그밖에 지배 행위에서 드러난다.

이 두 가지 습성은 루소가 말한, 스스로 조절하는 자연스러운 생존 본능인 '아무르 드 수아'와 남과의 경쟁과 비교를 통해 자신의 가치를 확립하는 '아무르 프로프르'의 구분과 대체로 일치한다. 게다가 베블런과 루소는 둘 다 제작 본능(또는 자애심)이 자연적인 불평등을 초래할 수 있다고 지적했다. 남보다 수렵을 잘하거나 불을 잘 피우는 사람들이 있기 때문이다. 그러다 약탈 문화로 넘어가게 되는 중대한 계기는, 개인 간의 자연적인 불평등이 공포와 지배에 의한 불평등한 사회관계의 기반으로 작동하게 될 때이다. 이를테면 사냥을 잘하는 사람과 못하는 사람이라는 단순한 서열이 어느 순간 지배적 위계질서로 확립되면서 강자가 약자를 착취하며 긍지를 느끼는 상황으로 변한다. 베블런은 약탈 문화로의 이행은 결국 문명으로의 이행이며, "자연환경에 대한 고투가 인간환경에 대한 고투로 전환되는 것"이라고 말한다. 루소가 썼다고 해도 믿어질 만한 문장이다.[15]

사회가 경제적 잉여를 유지할 만큼 부유해지면 약탈 문화는 계급사회의 형태를 취하게 된다. 경제적 잉여의 상당 부분을 취해 스스로 존속이 가능한 상류계급은 '유한계급'이 된다. 즉, 유용하거나 생산적인 노동에서 면제(혹은 금지)된다. 하지만 이 명칭이 꼭 정확한 것은 아니다. 유한계급에 속한다고 해서 소파에 앉아 게으름을 피우는 건 아니기 때문이다. 심지어 약탈 문화에서도 제작 본능은 여전히 작동한다고 베블런은 주장한다. 바로 그래서 유한계급은 외관상 유용해 보이되 철저히 상류계급의 영역에만 속하는 활동에 시간과 에너지를 쏟을 필요를 느낀다.

실제로는 생산적인 일을 안 하면서 분주하게 보이는 최선의 방법은, 한때 꽤 유용했으나 지금은 명맥만 남은 활동에 임하는 것이다. 근대화 초기를 막 벗어난 시기에 그런 활동이란 대체로 산업화 이전 귀족의 전유물이거나, 어딘가 전쟁 냄새가 풍기면 더욱 바람직했다. 그래서 19세기 상류계급은 사냥, 스포츠, 펜싱에 몰두하는 한편, 사교적으로 유용하도록 미적 감각을 발달시키고, 에티켓을 연마하고, 어렵거나 한물 간 언어를 익혔다.

이 모든 것의 아이러니는, 그렇게 쓸데없는 기교를 뽐내려면 상당한 노력이 요구되므로 유한계급도 노동계급만큼, 혹은 그 이상으로 성실히 매진했다는 점이다. '쓸데없는 재주'의 내용은 많이 바뀌었지만 지금도 패턴은 변함이 없다. 예를 들어, 호텔 상속녀·인터넷 섹스비디오 스타·음주음전자 패리스 힐튼은 2006년 영국 주간지 『헬로!』와의 인터뷰에서 자신을 상표, 모델, 배우, 디자이너, 예술가로 규정하며 다음과 같은 말을 해 대중들로부터 집중포화를 당했다. "제가 이 모든 걸 이루려고 얼마나 노력했다고요. 다른 소녀들에게도 열심히만 일하면 모든 꿈은 실현된다고 조언하고 있어요." 사실 패리스 힐튼이 열심히 일하는 건 맞다. 그렇다, 파티 주최를 위해 오스트리아로 날아가는 등의 무의미한 일로 몇십만 달러씩 번다. 하지만 그런 활동이 무의미하다거나 엄청난 돈벌이라거나 하는 사실과는 별개로 피곤하고 힘든 일이라는 사실에는 변함이 없다.

오늘날 베블런은 몇 가지 오해를 받는다. 우선, 유한계급에 대한 그의 설명은 19세기 말 미국의 유사귀족계급에만 적용된다는 오해를 자주 받는다. 한편 루이스 멈퍼드나 존 케네스 갤브레이스 같은 20세기 '진보적' 지성인들은 베블런의 분석을 새로 부상한 소비자 사회에 대한 선견지명 있는 도덕적 비판으로 읽어냈다.

두 가지 해석 모두 부정확하다. 베블런이 유한계급의 활동을 '낭비'로 규탄한 것은 사실이다. 그러나 그의 비판의 근거는 좀 더 기술적인 측면에서 비롯된다. 그는 펜싱이나 고대 그리스어 학습 자체를 낭비로 여기지 않았다. 오히려 그런 활동은 제작 본능 욕구를 훌륭히 채워줄 수 있다고 여겼다. 베블런이 말하는 낭비성은 그런 재주의 과시 효과가 초래할 지위 경쟁에서 비롯된다. 고대 그리스어를 아는 것이 유한계급의 징표라면, 그리스어에 더해 라틴어까지 아는 사람은 난해한 것을 공부할 시간이 더 많다는 뜻이므로 더 높은 지위로 격상할 근거가 된다.

　모든 형태의 지위 경쟁은 제로섬 게임이다. 누군가의 지위가 높아지려면 다른 사람의 지위는 상대적으로 낮아져야 한다. 그렇다면 유한계급의 활동이 머잖아 전형적인 군비경쟁의 성격을 띠게 된다는 것을 금방 이해할 수 있다. 주어진 위계질서 내에서 자신의 상대적 지위를 일정하게 유지하려면 구성원 모두가 더 많은 노력을 기울여야 하기 때문이다. 유한계급에 소속된 개개인의 입장에서는 합리적인 행동이라 하더라도, 그런 집합적인 자원 소모는 베블런의 시각에서 낭비였다. 그러나 지위란 어쨌든 실질적인 가치가 있으므로, 이를 추구하고 방어하는 사람을 탓할 수는 없다.

　요즘 사람들이 베블런을 읽으면, 저자가 예시하는 과시 소비의 구체적 사례를 보며 자신은 그렇게 뻔뻔하고 어리석은 방식으로 부와 지위를 뽐내지 않으니 베블런의 비판을 면할 수 있다고 생각한다. 우리가 귀족 흉내를 내는 각종 행태를 쉽게 홍보하는 건 너무 티 나게 지위에만 신경 쓰는 모습 때문이라는 점을 염두에 두자. 언론계의 거물 콘래드 블랙은 시카고에서 우편 사기로 유죄 선고를 받기 훨씬 전부터 이미 고국 캐나다에서 뻔뻔한 출세주의자라는 중죄로 유죄를 선고받은 바 있다. 심판이 간단했던 이유는 블랙이 보여준 행태의 시대착오성 때문이다. 마치 1839년쯤 영국 지배기의 인도에서 자란 사람 같은 불가사의한 용어 선택과 대축적지도 위에 나폴레옹 군대를 재현하는 미니 피규어들을 올려놓고 노는 취미 등으로 유명했던 블랙은, 캐나다 상원보다도 심심한 영국 상원에서 하얀 족제비 털 달린 붉은 가운을 입는 특권을 누리고자 캐나다 국적을 포기해 동포들의 비웃음을 샀다.

과시를 위한 블랙의 수고는 속이 뻔히 들여다보이는 행태 때문에 무력화됐다. 블랙이 베블런의 저서를 읽었더라면, 자신이 주류 사회에서 웃음거리가 되고 동료들 사이에서 창피한 인간이 된 건 의식적인 지위 추구에 몰입함으로써 유한계급의 허세를 무심코 노출했기 때문임을 이해했을 것이다. 과거 상류계급의 과시성 여가활동이 적어도 유용한 외관은 갖춰야 했다는 점을 기억하자. 그것의 진정한 기능, 즉 사회계급에 경계선을 긋는 역할은 내부자들만 해독할 수 있었다. 바로 그런 이유에서 베블런은 상류계급의 낭비적 행동이 사회 전체의 소비와 고용 패턴에 발맞추어 진화하리라고 예측했다. 그런 의미에서 콘래드 블랙의 실수는 출세 지향적이었다는 점보다는 사다리를 잘못 택했다는 데 있다.

일반적으로 사람들은 '지위'라면 옛 유럽의 경직된 계급제도를 생각한다. 반면에 북미는 상대적으로 계급이 없는 사회로 여겨진다. 당연히 북미에도 각종 형태의 불평등이 존재한다. 그 가운데 가장 자명하고도 사회적으로 유해한 것은 물론 소득불평등이다. 하지만 견고한 계급구조나 성과 대신 혈통으로 특권을 누리는 노골적인 귀족제도가 있는 건 아니다.

171

북미 도시인들은 세상에서 가장 지위에 민감한 문화 속에서 살아가면서도 대다수가 아직도 옛날식 귀족/시민/프롤레타리아 위계질서 모델만 생각하기 때문에 이를 인식하지 못한다. 그런 모델에서 지위는 수직적이고 직선적이며, 오르내릴 수 있(거나 또는 그럴 수 없)는 사다리의 모습이다.

이 같은 지위 모델은 더는 유효하지 않다. 20세기를 지나오면서 북미의 지배적인 유한계급은 세 단계의 뚜렷한 변화를 거치는데, 그때마다 지위의 표상, 현시의 법칙, 출세의 전략이 달라졌다. 우선, 베블런 생전에 준귀족계급이 누리던 과시적 여가가 20세기 초 부의 축적과 함께 부르주아 계급에게로 이전되었다. '옆집이 사면 나도 산다'는 지위 경쟁의 시대로 돌입한 것이다. 부르주아계급의 소비주의가 '쿨', '힙', '얼터너티브' 등으로 알려진 세련된 비순응주의로 변신하는 것이 두 번째 변화다. 대중사회 비판에서 비롯된 이 지위 추구 형식은 1960년대 반문화 운동이 이를 체화한 이래 도시생활의 지배적인 지위 체계로 확립되고, 곧 '저항적'이고 '힙'한 소비주의의 등장으로 이어진다. 이 반항적인 소비자들은 광고를 맹신하지 않고 남을 따라하지 않는다는 점을 강조하려고 엄청난 노력을 기울이며, 언더그라운드 밴드, 힙합 패션, 스케이트보드화 같은 반항적 혹은 비주류 상품의 소비를 통해 자신의 정치성과 개성을 표현한다.[16]

기존의 지위 추구 방식을 낡은 무용지물로 만든 요인은 경제·사회·정치 변화의 조합이었다. 귀족적 여가활동은 20

세기 전반의 소비자 혁명과 산업화 진행의 결과 부르주아의 과시소비로 변한다. 그 시점에 이르면 여우 사냥이나 라틴어 학습은 유용한 척조차 할 수 없게 되고, 남의 시선을 명백히 의식하는, 다시 말해 더 이상 은근하지 않은 지위 추구 행위로 간주된다. 한편 '옆집이 사니까 나도 사'는 지위 경쟁은 열심히 일해 물질적 안락을 추구하는 일을 좋게 본 전후 사회에서는 괜찮았지만, 고학력 엘리트의 세상인 문화 영역이 반문화와 반소비주의에 장악되면서 거부되기 시작했다.

모든 종류의 순응을 거부하고 반항아 지위를 보장해줄 소비패턴을 선호하는 반문화 사상과 '쿨'의 정치는 지난 40여 년간 고학력 도시민(이른바 '문화엘리트')의 가치를 지배했다. 옆집이 사니까 나도 사는 게 아니라, 옆집의 소비 행태를 깨는 영원한 '쿨'의 추구를 원했던 것이다. 그러나 통신기술의 눈부신 발달로 '쿨'은 이제 기댈 만한 정치적 입장으로서의 효용을 잃었다.

§

고등학생 시절이던 80년대에 나는 캐나다 오타와 주에 살았다. 오타와는 답답하고 지루한 행정도시다. 지역 라디오 방송은 오로지 클래식 록만 틀었고(지금도 그렇다) 대안문화는 거의 찾아보기 어려웠다. 큐어, 수지 수, 더 잼, 유투 같은 밴드의 최신 앨범을 갖다 파는 레코드 가게는 딱 한 군데였다.

그 가게 주인은 몇 달에 한 번씩 뉴욕이나 런던에 가서 새로운 밴드의 등장을 살피고, 레코드 가게를 뒤지고, 도시를 걸으며, 사람들이 무엇을 하고 입고 듣는지 관찰했다. 이것이 이른바 '쿨 헌팅'의 초기 버전이었다. 진행되는 속도도 매우 느렸다.

그 말은 예술, 패션, 음악 분야의 하위문화가 뉴욕, 런던, 베를린의 소구역에 한정된 상태로 고립되고 보호될 수 있었다는 뜻이다. 런던의 캠든타운이나 맨해튼의 소호 지역은 쿨의 본거지로, 거기서 비롯된 새로운 스타일이나 음악은 주류 매체를 통해 대중에게 전달되기까지 수개월에서 수년이 걸렸다. 이 현상은 두 개의 문화와 두 개의 경제가 존재한다는 인상을 풍겼다. 한쪽에는 대중매체와 균일상품 대량생산에 기반을 둔 대중경제·대중문화가 있었고, 다른 한편에는 DIY 정신과 개별화된 지역경제를 기반으로 독특한 스타일의 반문화. 하위문화가 존재했다. 이 두 문화경제는 상반된 이익관계와 목표를 지녔다. 주류경제는 늘 반문화의 저항적 스타일을 발견, 복제, 포섭하려고 애썼고, 반문화는 이를 날카롭게 주시하며 주류의 추적을 피해 지속적인 변화를 꾀했다. 한마디로 말해서 '쿨'하려면 자본주의 대중문화에 맞선 저항의 최전선에 우뚝 선 전사가 되어야 했다.

작가 노먼 메일러는 벌써 1950년대에 세상 사람들은 힙스터(반항아)와 꼰대(순응주의자)로 나뉜다고 말한 바 있다. 여기서 힙스터는 모든 것을 균질화하는 대중사회의 힘에 맞서 굴복을 거부하는 결단력 있는 비순응주의자이며, 쿨(또는 힙함, 대안적임, 엣지 있음)은 개인주의를 대변한다. 다시 말해 쿨이라는 개념은 TV, 잡지, 신문, 상업적인 레코드회사 같은 대중매체에 장악당한 문화라는 비교 대상이 존재할 때에야 비로소 이해가 가능하다. 힙스터는 대중사회의 순응성을 거부함으로써 하나의 정치적 입장을 취한다.

"우리 편 아니면 테러리스트의 편"이라던 조지 W. 부시처럼 마니교 식의 이분법으로 쿨의 성격을 규정해놓으면, 모든 사람을 힙스터 아니면 순응적인 꼰대(이자 잠재적인 파시스트)로 깔끔히 분류할 수 있다는 점에서 강력한 정치사회 비판의 도구를 제공받게 된다. 그러나 진실을 말하자면 쿨은 비정치적이며, 한 번도 정치적이었던 적이 없다. 사람들이 쿨함에 정치성이 있다고 생각한 이유는 문화 전파에 상당한 장애가 존재했기 때문이다. 패션, 음악, 말투 같은 하위문화 트렌드가 런던이나 뉴욕에서 오타와나 오마하 교외 주택의 지하실에 다다를 때까지 많은 시간이 걸렸으며, 우리가 '쿨'이라고 부른 현상은 그 마찰 저항의 결과물이었다. 단지 남보다 먼저 새 문화 트렌드에 접근할 수 있으면 쿨한 사람이 될 수 있었고, 그것은 상당한 지위를 제공했다. 그 지위를 기반으로 이들은 정치적 급진주의를 표방했을 뿐 아니라, 자신과 한패가 아닌 자들을 대중사회의 무뇌아로 취급했다.

1990년대 초 MTV의 등장을 필두로 쿨한 하위문화가 주류문화로 전파되는 데 필요했던 시간 간격은 기술 발달에 의해 가차 없이 제거됐다. MTV도 곧 인터넷과 마이스페이스, 아이튠스 등으로 대체됐다. 아이팟 클릭 하나로 온 세상이 음악을 공유했다. 쿨은 이제 불과 수분 내에 스웨덴에서 남아공으로 전달된다.

이것은 주류와 힙스터 문화 사이에 간격이 사라졌음을 뜻한다. 오로지 '힙주류'가 남았을 뿐이다. 대중매체 생태계는 사라졌다. 요즘 미적인 대세는 쿨이 아니라 서로 의미상 무관한 문화적 요소를 예측 불가능하고 기이한 방식으로 뒤섞는 괴상함이다. 괴상함의 반논리성을 알아야 웨스 앤더슨 감독의 영화나 데이브 에거스가 이끄는 맥스위니스 출판 그룹이 시도해온 변화를 이해할 수 있다. 괴상한 미학의 예를 좀 더 보고 싶다면, "근사한 것들을 모아놓은 디렉토리"를 자처하는 www.boingboing.net을 참고하라. 이곳에 매일 30만 이상이 방문한다. 빌딩 옥상에서 45파운드 무게의 실리콘 덩어리를 떨어뜨리는 동영상, 구소련 시절의 아동만화, 직접 만들어보는 섹스토이 등이 이 사이트에 올라오는 전형적인 아이템들이다. 일관된 주제나 논리 같은 건 없다. 그냥 좀 괴상하고 재미있으면 된다.

쿨은 또 하나의 소비주의 위계질서로 정체가 드러나면서 시들해졌다. 주류문화에 너무도 깊숙이, 너무도 의식적으로 진입해서 거의 당혹스러울 지경이었다. 경제 성장과 기술 발전의 결합으로 가장 '대안적'인 소비재조차 누구든 원하는 사람에게 즉시 제공될 수 있게 되자, 저항적 소비주의도 결국 베블런적 의미의 '낭비'로 전락했다. 콜드플레이의 신작 뮤직비디오에서 크리스 마틴이 입고 나오는 나이스 콜렉티브 상표의 재킷이 맘에 들어? 이베이에서 똑같은 걸 구매해 이튿날 아침이면 배달받을 수 있다. 이번 주말에 교외의 작은 클럽에서 연주하는 끝내주는 새 밴드를 아는가? 플레이버필(Flavorpill)이나 스릴리스트(Thrillist) 같은 웹얼러트(Web-alert) 서비스 덕택에 누구나 금방 알 수 있다. 저항적 소비주의는 인터넷 접근이 가능하고 먹고살 만한 사람은 전원 참가하는 게임이 되면서 결국 사망했다.

그러나 지위는 권력과 마찬가지로 공백 상태를 싫어한다. 따라서 쿨의 종말이 곧 지위 사냥의 종말이라는 생각은 희망사항이다. 지위 추구의 욕망은 절대로 사라지지 않는다. 불을 켜면 허둥지둥 흩어져 몸을 숨기고, 조금 더 은근하고 조금 덜 노골적인 형태로 변신한다. 베블런의 고전적 양상에 따라, 알 만한 사람들은 쿨을 뒤로하고 다음 레벨로 넘어간다. 이제부터 연마할 기교는 번듯한 직장에 화목한 가정을 꾸리고 집에 온갖 것을 다 갖춰놓고도 정신적으로 그런 것에 전혀 연연하지 않는 모습을 교묘히 전시하는 것이다. 그저 뭔가를 구매하는 행위가 아니라, 고유한 욕구에 초점을 맞춘 삶, 특별한 취향과 감각을 반영하는 삶을 창조하기 위해 시간과 정성을 들이는 일이 중요해진 것이다.

유기농 채소 배달 서비스를 이용하는가? 테루아르의 특색이 담기지 않은 저급한 와인을 마시기에는 인생이 너무 짧다고 생각하는가? 어디서 돈 주고 살 수 없는 가보, 희귀 골동품, 예술품으로 집 안을 채우는가? 다음 휴가는 관광객으로 붐비고 기념품 장사꾼들이 귀찮게 하는 상업화된 유럽이나 아시아 관광지보다는 캐나다 브리티시컬럼비아에 오두막을 빌리거나 포르투갈에서 농가를 한 채 빌릴 예정인가? 경쟁성 있고 돈 되는 사업 아이템인 '과시용 진정성'의 세계에 오신 것을 환영한다.

　　과시용 진정성은 유혹적이고 매력적이다. 과시가 유효하려면 최소한 외관상 유용하거나 사회적으로 유익한 모습을 띠어야 한다는 베블런의 통찰을 새로운 방향으로 전개하기 때문이다. 즉, 본의를 숨기고 마치 다른 목적을 지니는 듯한 외양을 연출한다. 여기서 본의란 지위 추구다. 19세기 귀족들이 어떻게 사냥이나 고대 언어를 배우며 여가를 보냈는지, 20세기 반문화주의자들이 파시즘적 순응을 단호히 거부한다는 구실로 어떻게 '쿨 사냥'의 본질을 가렸는지 상기해보라.

　　과시용 진정성은 진정함 찾기에 극도의 엄숙함을 부여하는 강수를 둔다. 그것은 내게 뜻있는 삶을 제공할 뿐 아니라, 사회, 환경, 심지어 전 지구에 좋은 일이 된다. 개인에게 이익이고 도덕적으로도 가상한 일거양득 상황은 진정성이라는 거짓말의 핵심적인 속임수다. 공사일치의 욕망은 왜 진정성 있는 생활방식으로 여겨지는 것들이 하나같이 박애주의 이미지로 장식되는지 설명해준다. 그러나 지위 지향적 행위는 결국 언제나 정체가 드러난다. 유기농작물의 흥망성쇠는 이를 보여주는 완벽한 사례다.

§

15년 전쯤만 해도 유기농식품(특히 농산물)은 진지한 전직 히피들과 젊은 자연애호가들의 독점 영역이었다. 그래놀라 스낵을 직접 만들어 먹고, 면도를 별로 안 좋아하고, 수정가루를 데오도런트 대용으로 쓰는 그런 사람들 말이다. 그러나 21세기로 접어들어 세계화, 농약의 유독성, 공장식 농업의 환경파괴에 대한 우려가 커지면서 유기농은 주류로 진입하기 시작했다. 유기농의 대두는 사익과 공익의 완벽한 조화로 보였다.

경제 성장으로 전반적인 생활수준이 높아져 사과 1파운드에 2달러, 우유 1갤런에 6달러 정도 쓸 수 있는 사람이 많아진 것도 요인이었다. 인기가 높아지자 유기농은 더 광범위한 영역으로 확산되어 이제는 거의 모든 소비재에 유기농 버전이 존재하는 상황이다. 그래서 유기농 작물, 고기, 빵뿐만 아니라 유기농 신발이나 의복, 심지어 유기농 세탁소까지 등장했다.

그럼에도 핵심 상품은 어디까지나 식품, 특히 농산물이었다. 유기농식품을 대중에게 퍼뜨린 가장 뛰어난 전파자는 1980년 텍사스 오스틴에서 창업한 유기농 마트 홀푸드다.

홀푸드는 1989년 캘리포니아, 2001년 맨해튼, 2002년 토론토에 개점하고 런던에는 2007년에 진출했다. 그해 최대 경쟁업체 '와일드 오츠 마켓' 110개 점포를 인수한 홀푸드는 2009년 말까지 미국, 캐나다, 영국에서 총 300개 점포를 운영하기에 이른다.

　　유기농은 이제 완전히 주류 비즈니스다. 웬만한 규모의 일반 마트들도 거의 다 유기농 코너를 갖추고 있고, 2007년 여론조사에 따르면 미국인의 약 3분의 1이 적어도 가끔씩 유기농식품을 구입하는 것으로 드러났다. 이런 성공에도 불구하고 유기농 지지 근거는 확고하지 않으며, 일반 상품과의 상당한 가격차를 정당화할 만한 장점은 결정적으로 입증되지 않았다. 유기농산물이 일반농산물보다 낫다는 증거는 희박하고, 특히 유기농이 영양 면에서 훨씬 우수하다는 주장은 논란이 많다. 공중질소로 제조한 질소비료 사용을 금하는 유기농법의 지속가능성 또한 의문이다. 자주 인용되는 한 연구에 따르면, 만약 전 세계의 일반농법이 유기농법으로 바뀌어 현재 일반농법에서 사용되는 공중질소를 소똥으로 대체해야 한다면, 추가로 소 780만 마리의 배설물이 필요하다.[17] 그렇게 많은 소에게 먹일 사료를 마련하려면 지금보다 훨씬 많은 농지가 필요하다.

　　그런 문제로 궁지에 몰리면 유기농법 옹호자들은 미각에 호소한다. 유기농산물이 확실히 더 맛있다는 것이다. 그럴 수도 있겠다. 칸트가 오래전에 말한 대로 어차피 취향이란 설명할 수 없는 게 아니던가. 그러나 분야를 막론하고 인간의 주관적인 맛, 평가, 만족도는 심리학이나 경제학에서 '프레이밍 효과'(framing effect)라고 부르는 현상의 영향을 받는다. 프레이밍 효과는 동일한 경험에 관한 판단이 우리 기대치에 따라 달라지는 것을 말한다. 가령, 한 연구에서 두 집단에게 동일한 와인을 주고, 첫 번째 집단에는 그것이 매우 값비싸고 희귀한 와인이라고 알려주고, 두 번째 집단한테는 싸구려라고 말해준다. 그 결과 첫 번째 집단은 두 번째 집단에 비해 동일한 와인을 훨씬 높이 평가했다.[18] 같은 이치로, 자기가 먹는 음식이 유기농임을 아는 사람한테도 일정한 '프레이밍 효과'가 일어나 그 식품에서 최대한의 만족감을 얻도록 심리적인 준비가 이루어진다.

그러나 유기농이 마케팅의 핫아이템으로 부상하는 현상을 막을 자는 아무도 없었다. 유기농은 '진정성 있는' 라이프스타일에 빠지면 안 되는 요소가 됐다. 『뉴욕타임스』 음식 전문 칼럼니스트 마크 비트먼은 이제 유기농식품은 "맛있고, 건강하고, 분별 있고, 심지어 윤리성까지 갖춘 신비한 만병통치약"으로 자리 잡았다고 말한다.[19] 이렇게 유기농의 인기가 높아지자 유기농 운동 내부에서 불만의 소리가 커졌다. 한때 틈새시장이었던 것이 주류화·대중화됨에 따라 대량생산의 필요성이 대두되면서, 유기농법이 공장식 농법을 대체하기는커녕 오히려 여러 측면에서 닮아갔기 때문이다.

홀푸드는 그런 불만의 주요 타깃이었다. 소비자들은 홀

푸드 점포가 점점 '기업화'되는 분위기에 저항했다. 음식 분야에서 나오미 클라인의 베스트셀러 『슈퍼 브랜드의 불편한 진실』에 맞먹는 지위를 획득한 『잡식동물의 딜레마』(*Omnivore's Dilemma*)의 저자 마이클 폴란도 홀푸드를 비판했다. 어스바운드 팜이나 캘-오가닉 같은 초대형 재배업자에게 농작물 대부분을 납품받으면서 지속가능 농업을 중시하는 척하는 홀푸드가 위선적이라는 것이다. 폴란은 홀푸드가 지역 기반과 소규모 영농이라는 유기농 정신을 위반했다고 비난했다.

그러나 유기농 옹호자들을 꼭지 돌게 만든 결정타는 월마트가 유기농 사업에 뛰어든 사건이다. 2006년 초 월마트는 다양한 유기농식품을 일반식품보다 단 10퍼센트 높은 가격에 제공하겠다고 발표했다. 만약 여러분이 유기농식품의 장점을 진심으로 믿는다면, 이 사건은 바람직한 일로 간주되어야 한다. 역사상 처음으로 수백만 소비자가 유기농식품을 저렴한 가격에 구매할 수 있게 됐으니 시민들의 건강이 전반적으로 개선되고 환경도 개선될 것 아닌가.

그런데 반응은 거의 일관되게 부정적이었다. 『뉴욕타임스』마저 사설에서 월마트가 유기농 산업에 행사할 영향력을 우려하는 의견을 피력했다.

월마트가 소규모 지역 유기농가에서 물건을 구매할 리 없다. 오히려 월마트의 영향력 때문에 규모, 기계화, 가공, 운반 면에서 유기농법이 일반농법을 닮아가는 속도는 더욱 빨라질 것이다. 이는 유기농의 정의에 정면으로 반하는 일이다. 식문화를 진지하게 생각하는 사람들은 '로컬'도 '유기농' 못지않게 중요하다는 사실을 인식한다.

이로써 유기농과 일반식품 간에 벌어졌던 음식 논쟁은, 유기농 지지자와 로컬푸드라는 훨씬 엄격한 기준을 옹호하는 이들 간의 심원한 논쟁으로 바뀌었다. 로컬푸드 옹호자들은 로컬푸드가 더 맛있고 싱싱하다고 주장한다. 게다가 같은 유기농산물이라도 캘리포니아 유기농 딸기를 뉴욕에서 사 먹으면 운송 거리가 수천 마일이므로, 로컬푸드가 더 친환경적이라는 사실도 빼놓을 수 없다고 말한다.

로컬푸드의 친환경성은 사실 과장된 부분이 있다. 선박이나 열차로 식품을 운송하는 것은 매우 효율적이고, 농산물의 경작, 포장, 조리에 드는 비용을 전체적으로 고려하면, 운송에 소비되는 에너지는 총 에너지 소비량에서 상대적으로 작은 비중을 차지한다. 오히려 소량의 로컬 농산물을 자동차나 트럭에 싣고 생산자 직거래 장터나 작은 가게 십여 군데로 실어 나르는 것이, 수천 톤의 바나나를 컨테이너선으로 나르는 것보다 단위당 에너지 낭비가 더 심하다.[20]

그런데도 로컬푸드 옹호자들은 이런 복잡한 문제들을 한사코 외면한다. 앞서 인용한 『뉴욕타임스』 사설에서도 명백히 드러나듯, 식품 선택과 관련해 우리가 종용받는 기준은 환경이나 건강과는 무관하다. 더욱이 '로컬'이라는 기준은 유기농과는 달리 규모의 경제가 이루어질 수 없어 저비용으로 충족되기 어렵다. 사설은 대규모 유기농산업이 "규모, 기계화, 가공, 운반 면에서" 일반농법을 닮았기 때문에 거부한다고 말했는데, 여기에는 유기농이 특권적 지위를 상실했다는 뜻이 함축되어 있다. 유기농업이 일반농업을 닮아갈수록 수백만 소비자들은 좀 더 낮은 가격으로 유기농산품을 구매할 수 있고, 그렇다면 유기농은 더 이상 나를 돋보이게 할 수단으로 활용될 수 없다.

유기농의 차별 효과가 사라지자 사람들은 유기농에서 로컬푸드로 갈아탔다. 각종 형태의 지역 소비는 한 차원 높아진 수준으로 차별화 효과의 복원을 약속한다. 그래서 지금 로컬 소비는 일반 마트에서는 찾아보기 어려운 희귀한 물품을 훨씬 비싼 값을 주고 사는 고급 소비에 해당한다. 극단적인 강경파 로컬 소비자들은 모든 식료품을 개인적으로 맺은 연줄을 통해 구매한다. 공개 장터에서 장보는 수치는 못난 사람들의 몫이다.

이런 식으로 작동하는 우월의식의 좋은 사례로 최근에 인기를 얻은 100마일 다이어트가 있다. 2004년 브리티시컬럼비아 주에 사는 한 커플이 고안한 비교적 느슨한 로컬 식사법으로, 책으로도 나와 베스트셀러가 됐다. 친환경 탄소발자국 줄이기 운동가들은 이를 재빨리 받아들였다. 그런데 여기서 의문점이 생긴다. 지역주의의 미덕을 실현한다는 관점에서 봤을 때 100마일이 뭐 그리 대단하단 말인가. 그보다는 50마일이 더 낫지 않을까? 아니나 다를까 곧 50마일 다이어트를 실천하겠다는 사람들이 등장한다. 100마일보다 50마일 다이어트가 더 진정성 있는 식사법이라면, 0마일 다이어트는 진정성의 끝판왕이겠네? 물론이다. 브리티시컬럼비아 출신 댄 제이슨에게 100마일이나 되는 먼 거리까지 두리번거리는 사람은 변절자였다. 그래서 그는 필요한 식자재를 텃밭이나 옥상에 직접 재배할 수 있도록, 각종 씨앗을 포함한 0마일 다이어트 세트를 36달러에 판매했다.

이것은 21세기 초에 벌어진 최대의 유행, 즉 환경을 생각하는 진정성이 경쟁적 반소비주의 홍보 이벤트로 전락하는 경향의 한 단면이다.[21] 2006년 1월, 샌프란시스코의 환경운동가 한 그룹이 1년 동안 다함께 새 물건을 전혀 사지 않고 견뎌보기로 결심한다. 위생과 안전을 위해 화장지와 속옷은 예외였지만, 그 외 필요한 물건이 있으면 빌리거나, 물물교환하거나, 중고품을 사야 했다. 그들은 스스로 '더 콤팩트'(The Compact)라 명명했고 순식간에 수천 명의 동조자를 모았다. 그러나 그들이 내비치는 도덕적 우월감을 비판하는 사람들도 생겼다. 또 다른 비판자는 항공기 이용이 허용된 점을 지적하면서 (소속원 한 사람이 비행기를 타고 이스라엘에 가서 휴가를 즐겼다) 인간이 환경에 끼치는 악영향을 최소화하려는 노력이 수준 미달이라고 비난했다.

이후 수많은 이들이 '더 콤팩트'를 능가하려고 애썼다.

미국 소설가 바버라 킹솔버와 그녀의 가족은 애팔래치아 지역에 소유한 농장에서 직접 재배한 식재료만 먹고 1년을 버텼다. 이 모험의 자세한 내용은 2007년 저서 『자연과 함께한 1년』(*Animal, Vegetable, Miracle*)에 담겨 있다. 그런가 하면 노벨라 카펜터가 지은 『내 농장은 28번가에 있다』(*Farm City*)도 있다. 캘리포니아 주 오클랜드 도심에서 토끼를 기르고 돼지를 치는 이야기다. 그러나 터무니없기로 말하자면 콜린 베번의 『노 임팩트 맨』(*No Impact Man*)을 당할 자가 없다. 뉴욕시 아파트에서 생활하는 저자는 아내와 딸을 설득해 1년간 환경에 전혀 영향을 주지 않는 삶을 살기로 한다. 탄소 배출도 제로, 공기 오염도 제로, 물에 유입되는 독소도 제로, 쓰레기도 제로여야 한다는 것이다.

이 프로젝트는 실질적인 친환경 목표와는 무관한 어리석은 시도로 가득하다. 이를테면 저자가 종이신문을 사는 아내를 비난하는 얘기가 나온다. 하지만 종이신문은 대기의 탄소를 흡수해 보관하는 '카본싱크'다. 더 이상한 것은, 베번이 엠파이어스테이트 빌딩보다 아홉 층 더 높은 124층 높이를 계단으로 걸어 올라간 이야기다. 그렇게 소비한 칼로리를 보충하느라고 추가로 먹어댄 음식의 식재료를 재배, 배달, 요리하는 데 얼마나 많은 에너지가 소비되는지 아는가? 그것이 지구에 끼친 영향은 생각하지 않나?

베번은 그런 생각을 하지 못한다. 왜냐하면 궁극적으로 그런 것은 상관없기 때문이다. 친환경이라는 진정성 추구 행위의 정점에 가 있는 『노 임팩트 맨』은 그런 진정성 추구에 내재된 역학관계가 완전한 부조리임을 드러낸다. 영화 「메리에겐 뭔가 특별한 것이 있다」에서 주인공 벤 스틸러가 길에서 태워준 낯선 사람과 대화하는 장면과 비슷하다. 그 사람은 주인공에게, 당시 인기 있던 '8분 복근운동'과 경쟁하려고 자기가 지금 '7분 복근운동'을 개발하는 중이라고 말한다. 벤 스틸러는 그를 쳐다보며, 그럼 누가 '6분 복근운동'을 개발하면 어쩔 거냐고 묻는다.

§

여기서 잠시 숨을 돌리고 진정성의 특징을 다시 떠올려보자. 진정성 있는 자아는 즉흥성, 위험 감수, 감성 발현, 창의력과 관련 있다. 진정정 있는 사회관계는 위계성, 상업성, 착취성 없는 유기적인 소규모 공동체를 중심으로 확립된다. 한편, 진정성 있는 경제는 재화와 용역을 체인 업체나 대기업이 아닌 가족이 운영하는 작은 업체로부터 근거리 공급받는 소규모 저영향(low impact) 경제다.

어떻게 이런 특색 하나하나가 진정성을 앞세운 우월감 경쟁에 동원되는지 꿰뚫어보기란 어렵지 않다. 즉흥성, 소규모 공동체 생활, 로컬 소비에도 무한대의 미묘한 차이가 존재한다. 로컬 소비가 진정하려면 얼마나 더 근거리여야 하나? 얼마나 더 위험해야 진정으로 위험한 건가? 저영향 친환경 생활은 어디까지 밀어붙여야 하는가? 진정성 있는 인간이 되거나 진정성 있게 사는 것은 결국 비순응주의나 마찬가지로 남의 시샘을 자극하는 데서 가치를 이끌어내는 지위재(positional good)다. 주변 사람들에게 진정성이 없어야 비로소 당신이 진정성 있는 인간이 된다. 여러 가지 의미에서 진정성에 대한 욕망은 쿨에 대한 욕망의 한 변주이면서 그보다 한층 더 깊고 종합적이다. 쿨이 대중사회를 거부하는 불순응이라면, 진정성은 근대성의 사회적·경제적·정치적 인프라에 총체적으로 대항하는 전방위적 반발이다.

진정성이 자기급진화 역학을 탑재한 지위재라는 사실을 일단 인식하면, 진정성 추구의 이름으로 행해지는 각종 이상한 행위들이 이해되기 시작한다. 예를 들어 공개적 감정 표출에 관한 페티시는 다이애나 왕세자비의 죽음을 계기로 대중문화 속에서 폭발적으로 발산되었고, 오프라 윈프리가 그 불씨를 이어받아 자기 집착적 감성 숭배로 타오르게 했다. 이것도 철저한 과시용 진정성의 한 형태로 이해할 수 있다. 음식의 원산지와 성분에 대한 병적인 집착, 공장식 농업과 지역농업을 선악의 이분법으로 가르는 종교에 가까운 태도 역시 마찬가지다. 지구온난화에 과잉 반응하여 항공 여행, 자동차, 육식, 화장지, 전구를 포기하고, 심지어 인간이 환경의 적이라며 아이 낳기를 포기하는 것도, 근대화의 이점과 안락함을 야금야금 점진적으로 거부하는 진정성 추구욕의 결과다. 바로 그래서 서구의 초부유층이 호주 아웃백의 가난한 원주민처럼 흙바닥에서 자는 일이 벌어진다.

진정성 욕구의 본질이 베블런이 말하는 사회적 기만임을 이해해야 비로소 진정성을 놓고 진짜냐 가짜냐를 따지는 동기가 이해된다. 그런 차이란 기껏해야 아직 무용성이 드러나지 않은 과시냐 아니면 지위 경쟁 수단으로 기능한다는 것이 민망할 정도로 확실한 과시냐의 차이일 뿐이다. 말하자면 조슈아 글렌이 지적한 진정성과 위장된 진정성의 갈등은 전통 부자와 신흥 부자, 정통 귀족과 신흥 지배층, 쿨한 사람과 쿨하려고 애쓰는 사람들 사이에 존재해온 오랜 적대의식의 재탕일 뿐이다.

그렇기 때문에 누가 '진정성'을 들먹일 때마다 당신이 위장된 진정성의 세계로 입장하게 된다는 사실 자체는 문제가 안 된다. 리바이스가 새로 선보이는 청바지를 '진정한' 청바지라고 홍보하거나, 도브간 보드카 광고가 '진정한 러시아 보드카'라는 표현을 써도, 적어도 당신은 진실을 알고 있다. 모든 것이 끝없이 과시되고, 숨겨지는 건 아무것도 없다. 그렇다. 당신은 '헛소리'의 세계에 들어와 있지만 그게 헛소리임을 알고 있고, 저들도 당신이 진실을 알고 있다는 것을 알고 있다. 위장된 진정성의 노골성은 정직해서 외려 신선하다. 거기에 청바지나 보드카를 사고파는 행위 그 이상의 것은 없다는 걸 누구나 알고 있다.

은근한 진정성은 훨씬 더 치명적이다. 이 경우 경험·재화·용역의 진정성에 의문이 제기되지 않기 때문이다. '진정한 이탈리아 요리' 광고를 믿고 식당에 몰려가는 사람들이나, 여행객으로 붐비는 시골 호숫가에 '진정한 오두막'을 빌리는 친구들을 놀릴 수는 있다. 우리가 정말 우려해야 할 부류는 따로 있다. 특별 초대를 받지 않으면 아예 갈 수도 없는 레스토랑에서 최고의 이탈리안 셰프가 짜주는 코스 메뉴로 저녁식사를 즐기는 사람들, 또는 개발 제한 구역인 온타리오 주 북부 호수 지역이나 밴쿠버 인근 걸프 아일랜드에 외딴 오두막을 소유한 사람들이다. 이들이야말로 모든 사람의 기대치를 한참 높여놓는 사람들이다. 이들의 특권은 그냥 단순한 특권이 아니라, 진정성이라는 희귀한 열매를 보란 듯 따냈다는 데 있다. 지극히 소수만이 이런 종류의 은근한 진정성을 취할 수 있으므로 노골적인 가짜 진정성 시장은 따로 존재한다. '옆집이 사면 나도 사'는 현상은 경쟁을 부추기는 '옆집' 탓이듯, 진정성 추구의 인플레 현상은 기준치를 끌어올리는 자들의 잘못이지 그것을 따라잡으려고 애쓰는 사람들의 탓은 아니다.

5장
투명성의 위험

왜 오프라 윈프리는 자꾸 가짜 회고록에 속는 걸까? 허먼 로젠블라트는 나치 강제수용소에서 생활하던 시절 매일 담장 너머로 사과를 던져주던 젊은 처자와 나중에 브루클린에서 만나 사랑에 빠지는 이야기를 자서전에 담았다. 마거릿 셀처는 로스앤젤레스 빈민가에서 성장한 경험을 회고록으로 펴냈다. 미샤 드폰세카는 나치를 피해 달아나 늑대의 보살핌을 받고 자란 놀라운 어린 시절 얘기를 책으로 냈다. 오프라 윈프리는 이 세 이야기 모두 자신의 잡지나 TV 프로그램을 통해 요란하게 소개했다. 그리고 나중에 세 저자 모두 일급 픽션 작가였던 것으로 드러났다.

그러나 일급 픽션이라면 일단 제임스 프라이의 자서전 『백만 개의 파편』(*A Million Little Pieces*)을 언급할 필요가 있다. 2007년 겨울 프라이는 '오프라 윈프리 쇼'에 출연해 자기 책에 관한 루머는 사실이며, 책 내용 대부분이 과장됐거나 완전한 허구임을 고백했다. 스모킹건(thesmokinggun.com)† 웹사이트가 "백만 개의 거짓말"이라는 제목으로 기

† 주로 형사사건 자료를 중심으로 주류 언론매체가 놓치거나 발표하지 않은

사를 올려 프라이의 자서전에 담긴 알코올중독자, 마약중독자, 범죄자로서의 과거 이야기가 "날조, 거짓, 가짜"라고 비난하자 저자가 잘못을 인정할 수밖에 없는 처지에 몰린 것이다. 심한 예를 들면 이렇다. 프라이는 자서전에 쓴 내용과는 달리 열네 차례 체포되지 않았고 형무소에서 3개월을 보내지도 않았다. 신분증 없이 비행기를 탄 적도 없고, 치아 네 개를 잃지도 않았으며, "침, 콧물, 소변, 토사물, 피의 혼합물을 뒤집어 쓴" 적도 없었다. 더 오싹한 건, 고등학교 시절 기차에 치어 사망한 동창생 멜리사 선더스의 비극적인 이야기에 가짜로 자신을 연루시키는 행위를 범했다는 사실이다.

오프라 윈프리 쇼에서 프라이는 스모킹건이 폭로한 이야기는 사실이며 자기 책에 담긴 이야기 대부분이 거짓이라고 시인했다. 오프라는 화를 냈다. "사기당한 기분입니다." 오프라가 프라이에게 말했다. "무엇보다도 당신은 수백만 독자를 배신했어요." 그녀가 화낼 만도 했다. 프라이가 수백만 독자를 얻은 건 오프라 덕분이었기 때문이다. 2005년 가을 오프라가 북클럽 코너에서 『백만 개의 파편』을 소개하자 두어 달 만에 판매량이 200만 부를 돌파했다. 인기가 최고조에 달했을 무렵에는 일주일에 17만 6,000여 부가 팔린 적도 있었다.

스모킹건의 폭로 직후 프라이는 먼저 '래리 킹 라이브'(Larry King Live) 인터뷰 쇼에 출연해 자신의 행위를 변명했는데, 이때 오프라는 방송 끝부분에 갑자기 생방송으로 전

선정적이거나 기이한 사실을 모아
폭로하는 사이트.

화를 걸어 자기가 그 책에 끌린 이유는 거기 담긴 이야기 하나하나의 사실 여부보다도 그 책에 "내재된 구원의 메시지" 때문이라며 프라이를 옹호했다. 그러나 비호도 그때뿐, 오프라는 얼마 안 가 프라이를 공격하면서 자기 방송에 나와 죄를 고백하고 왜 그런 행동을 했는지 해명하라고 요구했다.

오프라 윈프리는 자기 쇼의 단골 초대손님 '닥터 필'이 홍보하는 종류의 '자기 표출을 통한 치유'라는 진정성 숭배로 구축된 하나의 브랜드다. 자기 홈페이지에서 광고하는 것처럼 오프라는 "진실함을 전달하고, 신뢰감을 주고, 즐거움을 약속"한다. 게다가 프라이의 책이 그렇게 강력한 호소력을 발휘한 이유는―사실 바로 이게 출판사가 책을 논픽션으로 마케팅하자고 우긴 이유이기도 한데―한 인간이 마약과 범죄의 나락으로 철저히 추락했다가 재활과 치료를 통해 궁극의 구원을 얻는 과정을 있는 날것 그대로 적나라하게 묘사했기 때문이다. 오프라는 자기 북클럽 코너에서 이 책을 선정하면서, 책에서 눈을 뗄 수 없는 이유는 그 내용이 전부 "실제로 일어났던" 일이어서라고 말했다.

리처드 시클로스는 『뉴욕타임스』에 기고한 기사에서, 이 사건이 강렬한 인상을 남기는 이유는 오프라가 프라이에게 "자기 나름대로 정교하게 다듬은 진정성 훈장"을 하사했다가 거짓임이 폭로되자 화를 버럭 내며 도로 압수한 점이라고 설명한다. 이번 사건은 '진정성은 여전히 중요한가'라는 심란한 의문을 제기한다고 시클로스는 말한다. 이에 대해 그는 중요하지 않다고 답하면서, 우리가 지금 살고 있는 문화는 리얼리티를 상실한 지 오래라고 단언한다. 미국인들은 예전부터 항상 복제나 모사품, 그 외 여러 형태의 대량생산된 가짜 진정성에 마음을 빼앗겼으며, 대충 적당한 복제품으로 기꺼이 진실을 대체한다는 것이다.[1]

여기서 시클로스는 진정성을 사실관계의 진실성과 동일시하는 흔한 오류를 저지른다. 희한한 건 '역사적 정확성' 같은 어려운 관념에 개의치 않는 '감성 만점 진정성'의 여왕 오프라마저 같은 오류에 빠져 사실관계를 따진 점이다. 그녀 입장에서 더 중요한 문제는 서술자의 진정한 자기 찾기가 스토리에 반영되었느냐, 그리고 자기 표출이 그런 더 고매한 목표에 기여하느냐다. 따라서 오프라는 내용의 정확성보다 책의 메시지가 더 중요하다는 애초의 직관을 고수했어야 했다. 오프라와 그 추종자들에게 역사란 언제나 열정의 노예이고 또 그래야만 하기 때문이다. 감정이 중요하다. 감정이 최고다.

그렇다면 오프라와 제임스 프라이의 대립은 이상하다. 프라이의 책은 부정확한 사실을 기록한 허구지만, 오프라의 관점에서 봤을 때 반드시 '진정성이 없다'고 할 수는 없기 때문이다. 오프라 세계에서 진정성이란, 진정한 내적 자아는 발견되는 게 아니라 만들어진다는 루소의 생각의 현대적 버전이다. 그래서 픽션과 논픽션 구별은 의미를 상실한다. 그런 의미에서 『백만 개의 파편』은 오프라 북클럽에 완벽하게 어울리는 책이다.

프라이는 오프라에게 잘못을 시인한 후 세 쪽짜리 '독자에게 드리는 말씀'을 작성해 자기 저서 홍보 웹사이트에 올렸다. 출판사는 개정판에 이를 포함시키겠다고 약속했다. 저자는 그 글에서 자신이 그렇게 많은 사실관계를 날조하고 미화한 이유는, "책이 지향하는 더 높은 목표에 기여하기 위해서" 그리고 "마약중독자, 알코올중독자가 겪는 신체적·정신적 고투를 상세히 기록하기 위해서"였다고 주장했다. 결국 진실은 중요하지 않다는 얘기다. 중요한 것은 서술의 온전성과 그것이 중독 경험이라는 더 심오한 진실에 어떻게 기여하느냐.

알고 보면 이것은 오프라가 '래리 킹 라이브'에 전화해 말한 내용과 정확히 일치한다. 그 통화에서 오프라는 책 내용이 사실이냐 하는 하찮은 문제보다는 프라이의 이야기 중심에 있는 속죄와 구원의 메시지가 자신에게 인상적이라고 말했다. 그 같은 변명은 임의로 어디서 끄집어낸 것이 아니다. 오프라가 그 통화에서 보여준 입장은 글쓰기는 자기 이해와 치유의 수단이라는 그녀의 관점과 전적으로 일관된다. 프라이는 오프라 식의 자기도취적 문학이론에 호소하는 분명히 계산적이고 지극히 냉소적인 말로 고해성사를 마친다. "중요한 것은 제가 이 일을 통해 교훈을 얻고 더 나은 인간이 됐다는 점입니다."

이로써 제임스 프라이는 애초에 자기 책에 지지를 보낸 오프라의 진정성 숭배교에 확고한 충성을 맹세한 거나 다름

없었다. 프라이의 날조가 진정성 쇠퇴의 상징은커녕 오히려 그 반대라는 아이러니를 과연 오프라가 깨달았는지 모르겠다. 『백만 개의 파편』을 둘러싼 아우성은 진정성을 다른 무엇보다 우선시하는 문화의 한 증상이다. 하지만 그렇다면 왜 그토록 많은 사람들이 프라이의 기만에 화를 냈을까? 그 대답은 이번에도 루소에서 찾을 수 있다.

루소는 진정한 자아의 구축이 집단의 공동 노력이라는 점을 알아보았다. 여러분 인생에서 일어난 사건에 아무 옛날 서사나 멋대로 가져다 겹쳐놓을 수는 없다. 남들의 인정을 받으려면 이야기가 설득력 있고 진지해야 한다. 다른 창작물과 마찬가지로 작가에게 숨은 저의나 목적이 있다는 의심이 들면 대중은 그것을 진정성 있는 이야기로 인정하지 않는다. 제임스 프라이 사건에서도 약물중독의 실상을 드러내려는 목적보다 잘 팔릴 얘기를 꾸며내느라 거짓말을 한 거라고 느낀 사람이 많았다. 교훈은 이거다. 예술의 이름으로 이루어진 창작은 진정성 있고, 이윤의 이름으로 이루어진 창작은 사기다.

그런 의미에서 우리는 프라이 사건을 이른바 '진정성 죄악'이라는 광의의 지적 죄악으로 규정할 수 있다. 표절, 위선, 험담 등도 여기에 포함된다. 이것들은 가짜 외관과 진정한 내면 간의 괴리라는 악랄한 속성 때문에 진정성 죄악에 해당한다.

§

근절되지 않는—오히려 증가 추세인—표절 행위로 우리 문화는 골병을 앓고 있다. 근래에 있었던 유명한 사례 하나는 2006년 하버드 대학 학부생이던 카비아 비스와나산의 첫 소설(『오팔 메타는 어떻게 키스당하고, 열광하고, 삶을 얻었나』(*How Opal Mehta Got Kissed, Got Wild, and Got a Life*)라는 제목의 다소 말랑말랑한 칙릿[†])이 표절로 드러나 회수된 사건이다. 비스와나산은 적어도 남의 책 다섯 권에서 문장을 베꼈고, 그중 가장 심하게 표절한 두 권은 같은 장르의 경쟁자 매건 매카퍼티의 소설이었다. 바로 이 무렵, 방위산업 청부업체 '레이시온'의 CEO 윌리엄 스완슨이 펴낸 소책자 『스완슨의 경영 불문율』(*Swanson's Unwritten Rules of Management*)이 1944년에 쓰인 다른 이의 글을 표절한 것으로 밝혀져 이사회의 징계를 받았다.

이것 말고도 예는 무수하다. 잘 알려진 작가만 해도 스티븐 앰브로스, 앤 코울터, 댄 브라운, 도리스 키언스 굿윈, 앨런 더쇼비츠, 이언 매큐언, 크리스 앤더슨 등이 지난 몇 년 표절 혐의를 받았다. 또한 문서를 짜깁기해 리포트를 제출하는 대학생이 하루에 수천 명이다. 대학가에서 이런저런 표절 의심이 일어난 것이 벌써 수년째인데, 요즘은 아예 통제가 불가능한 수준이다.

[†]   chick lit: 20~30대 미혼 여성의 일상과
    사랑을 주제로 삼는 소설 장르.

온타리오 주 겔프 대학의 줄리아 크리스텐슨 휴스 교수
와 럿커스 대학 도널드 매케이브 교수가 2006년에 발표한
조사 결과는 한 줄기 남은 희망마저 물거품으로 만든다.[2] 휴
스와 매케이브에 따르면, 캐나다 대학생 53퍼센트가 한 해
과제물 작성 시 적어도 1회 이상 부정행위를 했다고 시인했
다. 그중 37퍼센트는 책이나 인터넷에서 베끼거나, 짜깁기하
거나, 아니면 아예 남이 작성한 과제물을 자기 것인 양 제출
했다. 대학원도 사정은 마찬가지여서 대학원생 24퍼센트가
표절을 했다고 고백했다. 캐나다 학생들이 특별히 불성실하
냐 하면 전혀 그렇지 않다. 미국, 영국의 학생들도 그에 못지
않다는 사실을 수많은 연구가 뒷받침한다.[3]

§

표절이란 정확히 무엇인가? 리처드 포스너가 『표절의 문화
와 글쓰기의 윤리』(*The Little Book of Plagiarism*)에 쓴
대로, 표절이란 일반적으로 남이 쓴 글을 자기 글인 척 가져
다 쓰는 글 도둑질로 이해된다.[4] 그러나 이 같은 정의는 두
가지 점에서 오해를 일으킨다. 첫째, 표절은 글에 한정되지
않는다. 예술사는 음악 표절, 미술 표절의 사례로 가득하다.
둘째, 표절을 도둑질이라고 지칭하면, 표절이 형법상의 절도
죄냐 하는 것부터 시작해 온갖 의문이 제기된다.

표절은 사례에 따라 "글 도둑질" 그 이상일 수도 있고 그

이하일 수도 있지만, 그보다는 은폐나 기만을 목적으로 하는 지적 불성실의 한 형태로 봐야 한다. 표절을 저지른 자가 과시하려 드는 명민한 지성이나 예술적 능력은 본인 내면의 능력과 감성을 반영하지 않기 때문이다.

표절의 형태는 다양하지만 한 가지 공통점이 있다면 자기를 거짓되게 표현한다는 점이다. 사실 많은 면에서 표절은 위작의 반대다. 위작자는 자기 것을 남의 것인 양 하는 데 반해, 표절자는 남의 것을 자기 것인 척한다. 표절이나 위작은 돈 문제이면서 도덕의 문제이기 때문에 관심을 끈다. 우리는 도덕의 문제를 성실성, 고유성, 진실성, 독창성 등의 이름으로 부르지만, 동력이 되는 원칙은 이른바 '진정성의 윤리'다. 진정성은 무엇이 표절이냐 아니냐에 대한 판단을 돕는 역할을 한다. 독창성이 문제될 때, 문제된 작품의 원작자가 누구인지가 중요할 때 우리는 표절 문제를 따진다. 교과서나 일부 법률 또는 과학실험 분야, 아니면 심지어 렘브란트 작업실, 앤디 워홀의 '팩토리' 스튜디오 같은 데서 이루어진 공동 예술 작업의 경우 표절은 문제가 덜 된다.

표절은 관람객의 참여를 요구한다. 표절이 성립되려면 기만이나 은폐의 시도가 있어야 하고, 그와 함께 기만당했는지 여부를 따지는 관람객이 필요하다. 포스너의 지적대로, 아마도 표절은 우리의 기대를 저버려서 규탄받는 기만행위일 것이다. 하지만 사람들의 기대치는 다양하다. 특정 사례에 관해 늘 이견이 있을 뿐더러 전반적인 기준도 세월이 흐르면서 변한다. 표절이 창조적 개인을 찬양하는 낭만주의 경향에서 등장했다는 주장도 종종 보이지만, 정확한 이야기는 아니다. 원작자와 창의성에 대한 관점이 낭만주의의 유산에 의해 형성(또는 왜곡)된 것은 맞지만, 표절의 형이상학적 본질은 그보다 전에 모습을 드러냈다. 리처드 포스너는 표절이라는 용어 자체가 납치나 약탈을 뜻하는 고대 라틴어에서 유래하며, 고대 로마인들이 노예의 절도 행위를 일컫는 말로 널리 사용했음을 상기시킨다. 그러나 17세기에 이르러 표절은 유럽에서 지적·예술적 좀도둑질을 가리키는 용어로 정착했다.

토론토 대학 앙드레 곰베이 철학 교수는, 표절이 사람을 평가하는 일반적인 수단으로 근대 초기에 언어 속에 스며들었다고 주장한다. 곰베이는 서양철학의 고전인 데카르트의 『성찰』에서 그와 같은 요소를 담은 확정적인 문장을 찾아낸다. 곰베이는 데카르트가 신의 존재를 증명하는 두 가지 증거 가운데 첫 번째 증거를 제시하는 '제3성찰'에 주목한다. 데카르트가 내세우는 증거는 우주에는 지적 설계자가 있다는 이른바 '설계 논증'의 한 변주로서 대략 다음과 같다. 완전성의 관념은 불완전하고 유한한 존재인 인간의 지적 능력만으로는 생각해낼 수 없다. 따라서 나를 창조한 존재가 내 안에 그와 같은 완전성 관념을 심어놓았음이 분명하며, 그런 관념을 내게 불어넣어줄 수 있는 유일한 존재는 스스로 완전한 존재, 즉 신이라는 것이다.

이것은 철학과 교수들이 학부생을 괴롭힐 때 연습문제

로 자주 사용되는데, 이 논리에 설득되는 사람은 없다. 그러나 신의 존재를 증명하는 논거로서는 설득력이 없다 하더라도, 곰베이는 여기서 산뜻한 원리 하나를 도출해낸다. 데카르트는 '창조물의 기량이 뛰어날수록 창조자의 기량도 뛰어나다'고 주장하고 있다는 것이다.[5] 곰베이가 봤을 때 이 원리는 자아와 창조 행위의 관계에 관하여 새로운 이해를 제시했다. 우리는 뛰어난 작품을 보면 작가도 거기에 해당하는 창의력과 지력이 있으리라고 전제한다. 데카르트 식으로 표현하면, 우리는 창조물의 외부적·객관적 실재성과 창조자의 내면적·형식적 능력 사이에 일정한 관계가 존재한다고 믿는 것이다.

이것이 신의 존재를 증명하느냐와 무관하게, 곰베이가 말한 원리가 표절에 대한 직관에 어떻게 적용되는지 이해할 수 있다. 대학에서 학생들 과제물을 채점해본 사람은, 표절한 과제물은 몇 가지 일정한 방식으로 티가 난다는 것을 안다. 어떤 때는 잘라 붙이기를 너무 심하게 해서 문체, 어조, 심지어 폰트까지 여기저기서 바뀐다. 또는 인용을 제대로 하기는 했는데 강의 중에 사용한 교재와는 다른 판본을 사용했다든지 하는 경우도 있다. 하지만 표절임을 가장 확실히 드러내는 징조는 너무 잘 쓴 경우다. 내내 B-나 받던 학생이 갑자기 출판해도 손색이 없을 만큼 훌륭한 글을 써냈다면, 아마도 벌써 다른 사람이 출판한 논문일 확률이 크다. 왜냐고? '창조물의 기량이 뛰어날수록 창조자의 기량도 뛰어나'니까. 평균적인 학부생이 학술지에 실릴 만한 철학 논문을 쓸 만큼 깊은 지적

조예를 갖추었을 리는 없기 때문이다.

곰베이는 지적 기만으로서의 표절이라는 관념이 17세기에 불쑥 완전한 모습으로 등장했다고 주장하지 않는다. 그로부터 100년 전에도 영국 정치가 필립 시드니 경이 "나는 다른 사람의 재치를 소매치기"하지 않는다고 말한 바 있고, 1세기 로마의 시인 마르티알리스는 동료 시인의 표절을 상당히 근대적인 방식으로 비난했다. 그러나 17세기에 사고, 행위, 자아를 바라보는 우리의 태도에 큰 변화가 있었다고 본 곰베이의 의견은 확실히 옳다. 그 변화는 우리가 표절이라 일컫는 지적 기만행위에 대한 우려의 증가와 궤를 같이 한다.

§

무엇이 정직하고 성실한 젊은 학생들을 게으른 거짓말쟁이로 만드는가? 일부 교육전문가들은 점점 경쟁이 치열해지는 대학문화가 표절이라는 결과를 야기했다고 말한다. 경쟁 압박이 심해지고 학점이 중요해지니 부정행위의 유혹이 커진다. 또 전반적인 문화가 그런데 학생들만 탓할 수는 없다고 말하는 사람도 있다. 생각해보면 대단히 성공한 사람들 중에도 표절을 범했다가 발각된 경우가 꽤 있다. 그럼에도 그들이 계속 승승장구하는 것은 사회가 그들에게 F학점을 주지 않았다는 얘기다. 그러니 학생들에게 학문의 가치를 설교하거나 '부정행위는 스스로를 부정하는 행위' 운운해봤자 별 소용이 없다. 사실 요즘은 표절이 너무 심하게 횡행해서, 학생들은 (그리고 슬픈 일이지만 교수들도) 별로 큰일로 여기지도 않는다. 학생들이 정직성을 잃어가는 이유는 사회가 표절 같은 부정직한 행위를 용인하는 데 있다.

그러나 표절 만연 현상의 가장 확실한 원인은 기술 발전이다. 문헌의 대규모 디지털화와 구글 같은 검색엔진의 등장은 타인의 글을 너무도 쉽게 참고할 수 있게 만들었다. 옛날에는 희귀한 학술지나 책을 복사하려면 손으로 직접 타이핑을 해야 했고, 직접 작성하는 것만큼이나 노력이 들었다. 하지만 디지털 문화는 글쓰기 작업을 복사해 붙이기 작업으로 바꿔놓았다. 그런가 하면 또 기술 발전 덕분에 인터넷 검색으로 표절범을 잡아내는 일이 한결 쉬워졌다. 과거에는 어느 학생이 표절했다는 의심이 들면, 교수는 도서관에 가서 직접 자료를 뒤지거나 동료 학자들에게 의심이 가는 과제물을 보여주는 방식으로 확인을 했다. 지금은 과제물에 의심스러운 부분이 있거나 읽고 있는 책에 어디서 본 듯한 표현이 담겨 있으면, 그 부분을 구글에서 검색하면 ─ 짜잔 ─ 여러분도 '스모킹건'에 올릴 만한 아이템을 손에 넣게 된다.

그렇다면 표절이 쉬워진 이유는 알겠는데, 왜 그토록 많은 사람들이 실제로 표절을 하겠다고 마음먹는 걸까? 학생이나 문인들이 갈수록 부정직해지기 때문일까? 나는 그렇지 않다고 생각한다. 정직성이란 파란색 눈동자냐 아니냐를 따지듯 누구는 있고 누구에겐 없는 그런 게 아니라는 점을 인식하는 것이 중요하다. 어떤 행위나 언명에 '정직하다'라는 형용사는 뒤따르는 위험이나 보상, 사회적 맥락에 따라 무척 예민하게 사용된다.

　　요점은 누구도 항상 100퍼센트 정직할 수 없다는 것이다. 누구나 상황에 따라 거짓을 말하거나 진실을 은폐할 수 있다. 사실 많은 연구가 보여주듯이 사람들은 거짓말을 꽤 많이 하면서 산다. 사소한 자기기만은 제외하고, 하루 평균 서너 차례 거짓말을 한다. 이런 일상적인 거짓말은 TV 드라마의 소재가 되기도 한다. 범죄 드라마 「라이 투 미」의 주인공 팀 로스는 사람들의 미세한 표정을 분석해 거짓말을 하는지 알아내는 과학자 역할을 맡고 있다. 사람이 거짓말을 할 때 얼굴에 스치는 거의 알아볼 수 없을 정도의 미세한 표정 변화를 해석하는 것이다. 드라마에 나오는 기법은 가짜가 아니라 표정 연구와 거짓말 감지 분야의 개척자 폴 에크먼 박사의 연구를 바탕으로 삼았다.

　　다른 형태의 부정행위나 마찬가지로 표절도 '기회의 범죄'다. 동기가 존재하고, 위험이 적고, 이익이 크면, 가장 곧은 사람조차도 저지른다. 포르노그래피와 비교해보면 알기 쉽다. 요즘 15세 청소년들이 가령 15년 전보다 더 성욕이 큰가? 그렇지 않을 것이다. 10대 소년들이 느끼는 성적 욕구불만의 수준은 예나 지금이나 비슷할 것이다. 그렇다면 5~6년 전과 비교해 10대 소년들의 포르노 소비가 왜 그리 부쩍 늘었을까? 이것도 전반적인 문화의 문제라고 해야 할까? 10년 전에 비해 요즘 문화가 더 외설스러워진 걸까?

그렇지 않은 게 확실하다. 변한 게 있다면, 포르노 소비의 위험과 보상을 저울질했을 때 보상이 더 커졌다는 점이다. 인터넷이 없던 시절, 포르노를 보려면 가게를 방문하고, 상품을 구매하고, 그런 다음 그걸 볼 장소를 찾아야 했다. 가게 주인과 대면하는 민망함, 잡지나 비디오에 드는 돈, 배우자나 자녀에게 들킬 위험을 생각하면 대다수 일반인에게 너무 비용이 컸다. 그러나 지금은 포르노를 구하기도 쉽고, 거의 무료이고, 침대 매트리스 밑에 숨기지 않아도 된다.

대학에서 일어나는 표절에도 비슷한 원리가 작용한다. 대다수 학생에게 최고의 죄악은 부정직이 아니라 게으름이다. 게으른 친구들이 고도로 경쟁적인 환경에 놓이면, 도서관에 가는 수고를 하는 대신 빠른 성취를 위해 잔머리를 굴리는 건 당연한 귀결이다. (여기서 시험문제를 하나 내보자: 표절하는 대학생과 스테로이드를 사용하는 운동선수를 비교하고 대조하라.)

기술 발전은 환경을 바꾼다. 과거에는 부정행위를 시도하려는 학생은 몇 가지 심각한 장애물을 고려해야 했다. 우선 표절할 자료를 찾는 것부터 쉽지 않았다. 도서관에 있는 문헌들은 너무 훌륭했다. 학술지나 책에서 베껴 냈다가는 실존주의 학회에 온 논리학자마냥 금방 눈에 띌 것이 뻔했다. 돈이 궁한 대학원생으로부터 과제물을 구입하는 방법도 있었지만, 돈도 들 뿐더러 마치 포르노 가게에 가는 듯한 창피함이 있었다. 그 대학원생이 다음 학기 강의에 조교로 들어올지도 모르는 일이다. 그렇다면 결국 밤을 새서라도 직접 쓰는 게 최선이다.

지금은 이 모든 장애물이 사라졌다. 인터넷은 잘라 붙이기에 최적인 그저 그런 수준의 과제물로 가득하다. 그보다 좀 더 질이 좋은 자료를 찾는 학생들은 익명으로 빠르고 저렴하게 맞춤형 과제물을 생산해내는 온라인 과제물 공장을 찾는다. 주문한 리포트는 아침에 이메일로 받으면 되는데 술이나 마시러 가지 밤샘을 왜 하겠는가? 사정이 이러하니, 학문적 정직성의 가치를 설교해봤자 소용이 없다.

§

학생들은 그렇다 치고, 그럼 전업 작가의 경우는 어떨까? 작가들의 표절은 이해하기가 조금 힘들다. 물론 학생들과 마찬가지로 게으름, 경쟁, 마감 압박이라는 문제에 시달리지만, 위험성은 훨씬 크다. 대학생들의 과제물은 일반인이 거의 읽지 않고, 위험과 보상이 정비례하지 않아서 표절의 보상은 크고 걸릴 위험은 작다. 그러나 문학 분야에서는 보상이 클수록 위험도 함께 커진다. 카비아 비스와나산의 경우처럼 원고료 선금을 50만 달러나 받고 드림웍스에 영화 판권도 팔았다면 표절은 거의 틀림없이 밝혀지게 돼 있다. 다시 말해 표절 작가들은 손쉽게 성공하려다가 꼭 실패하게 되는 자가당착에 빠진다. 유명해질수록 표절이 밝혀질 확률도 높아지기 때문이다.

그러나 작가들이 표절을 하는 이유는 단순히 영예와 재산을 쉽게 얻으려는 유혹 때문만은 아니다. 영화 「오징어와 고래」를 보면 월트(로라 리니와 제프 대니얼스의 장남 역)가 학교 장기자랑 대회에서 창작곡을 불러 우승한다. 그러나 그가 노래한 곡은 핑크 플로이드의 앨범 「더 월」에 담긴 록의 고전 'Hey You'라서 보는 사람을 괴롭게 한다. 영화의 시간적 배경상 그 앨범은 나온 지 얼마 안 된 시점이지만, 어쨌든 누가 그 사실을 알아채고 고자질하는 건 시간문제라는 사실을 관객은 알고 있다.

그런데 월트가 자기가 한 짓이 들통난 뒤 뭐라고 한 줄 아는가? 상금이 탐나서가 아니라 좋아하는 여학생, 부모, 동급생들에게 깊은 인상을 주고 싶어서 노래를 훔친 거라고 털어놓는다. 사실 월트는 자기 행위를 잘못으로 인정하지도 않는다. 자기도 쓰려면 쓸 수 있는 곡이라는 것이 이유다. 즉, 자신의 깊은 감정과 창의적 충동을 '진정성 있게' 표현하기 위해 그 노래를 불렀으므로 핑크 플로이드가 그 곡을 먼저 썼다는 사실은 중요하지 않다는 것이다.

이 에피소드는 그저 우습기만 한 게 아니라(관객에게 극도로 불편한 느낌을 유발하는 상황은 어느 정도까지는 우스울 수 있다) 창작이라는 작업의 유감스러운 현실의 정곡을 찌른다. 모든 작가는 (그리고 음악가, 미술가, 심지어 과학자도) 자신이 조금만 먼저 생각해냈더라면 정확히 그렇게 만들었을 것 같은 너무나 완벽하게 구축된 결과물을 맞닥뜨리는 순간이 있다. 그럴 때 그게 자기 작품인 척하는 행위는 표절이 아닌, 마치 진정한 자신의 일부인 무언가를 전용하는 것처럼 느껴진다.

이는 문학평론가 해럴드 블룸이 '영향에 대한 불안'(the anxiety of influence)†이라고 칭한 일종의 오이디푸스 콤플렉스에 준하는 현상의 한 측면이다. 다른 예술가들의 영향을 피할 수 없다, 한발 늦었다, 쓸 만한 말은 다른 사람이 벌써 다했다, 이런 식의 불안감은 모든 예술가가 한두 번씩은 다 겪고 지나간다. 그렇다면 이런 가능성이 있다. 표절이 증가하는 원인은 사람들이 부정직하거나 허위의 도덕성을 우려하지 않아서가 아니라 역설적으로 그것을 너무 과하게 우려하기 때문일 수 있다. 우리는 독창성을 너무 중시한 나머지 빌리거나 파생된 아이디어를 얕본다. 서로 원작자라고 주장하며 싸우는 것도 재정적 보상과 지위가 걸린 문제라는 점 외에도, 우리가 창의성을 찬양하고 남의 책이나 발명을 자기 것인 양하는 행위는 엄청난 불의라고 믿기 때문이다.

문제는 독창성이 요구될수록 점점 더 독창적이기 어려워진다는 데 있다. 그래서 우리는 거짓말을 하거나 아이디어의 출처를 감추게 된다. 남들은 모르는 자기만의 비법도 없는

---

†   해럴드 블룸의 저서 *the anxiety of influence: a theory of poetry* (New York: Oxford University Press, 1973)로 널리 알려지게 된 표현. 한국어판은 『영향에 대한 불안』(문학과지성사, 2012).

사람이 무슨 비전을 갖춘 CEO란 말인가? 자기보다 훨씬 나이 많은 작가들의 아이디어를 훔치는 어린 하버드대생이 대체 어떻게 자기 세대의 목소리를 대변하겠다는 건가? 독창성 요건은 이제 도저히 충족시키기 어려운 지경에 이르렀다. 그러나 우리는 누구나 좋든 싫든 우리가 살아가는 문화 속에서 파악할 수 없을 만큼 복잡한 방식으로 온갖 영향을 받는 존재다.

지난 10여 년 고유성, 창의성, 표절, 진정성 등에 대한 우리의 직관이 디지털 네트워크 소통이라는 신기술에 의해 재설정되면서 문화에 근본적인 변화가 일어났다. 지적 재산권법이 갑자기 힙해지고 섹시해졌다. 요즘 애들이 뭐에 흥분하느냐고? 정답은 저작권이다.

§

이 장을 집필하는 동안, 배우 크리스천 베일이 「터미네이터: 미래전쟁의 시작」 촬영장에서 더러운 욕을 내뱉으며 성질을 부리는 모습이 녹화되어 인터넷에 올라간 일이 뉴스에 나왔다. 촬영감독 셰인 헐버트가 실수로 촬영 중에 영화 장면 안으로 들어와 장면을 망쳤다고 베일이 욕설을 퍼부은 것이다. 그즈음 유튜브 동영상 하나가 인기를 모았는데, 일곱 살짜리 소년 데이비드가 아빠가 모는 자동차 뒷좌석에 앉아 치과에서 집으로 돌아가는 장면이었다. 데이비드는 치과에서 놔준

211

마취제에 취해 아빠에게 "이게 현실이에요?", "왜 이런 느낌이죠?" 같은 질문을 연발한다. 그러고는 자기 손가락이 네 개뿐이라는 둥 헛소리를 하다가 갑자기 일어나 비명을 지르더니 시트에 털썩 주저앉아 나른하게 몸을 기댄다.

　　나름대로 우습고 좀 으스스하기도 한 이 두 동영상은 엄청난 양의 매시업(mashup)을 탄생시켰다. 유저들은 베일의 욕설을 휴이 루이스의 곡 'Hip to Be Square'(베일의 전작 「아메리칸 사이코」를 암시)와 합성하거나, 힙합 리듬에 맞춰 믹싱하거나, 꼭두각시 인형이나 액션피겨를 이용해 리메이크해서 블로그, 비디오 공유 웹사이트 등에 올렸다. 한 아마추어 연기자는 무더기로 쌓아놓은 도너츠에 대고 욕을 퍼부으며 베일의 행위를 그대로 재현하기도 했다. 데이비드의 동영상은 다양한 1960년대 애시드록(acid rock) 음악에 맞춰 합성됐고, 다스 베이더 코스튬을 입은 사람이 소년을 그대로 흉내 낸 동영상도 등장했다. 그중 가장 인기 있었던 매시업은, '크리스천 베일이 데이비드를 치과에 데리고 가다'였다.

　　인터넷과 저비용 디지털 편집 프로그램 덕분에 창작자와 소비자, 대중사회와 로컬 시장, 더 나아가 상업/비상업 문화의 경계가 완전히 무너졌다. 초고속 인터넷과 파일 공유 네트워크 덕택에 대학생 기숙사 방은 방송 스튜디오가 되고, 디지털 기술은 예술 창작의 민주화에 기여했다. 수백만 인간들이 사방에 넘쳐나는 이미지, 상징, 음향, 문서 등을 원재료 삼아 신나게 찢고 섞고 구운 뒤, 그렇게 생성한 문화적 결과물에 대해 권리를 주장한다.

　그 과정에서 소셜 네트워킹 서비스나 그밖에 신종 의사소통 방식은 사생활과 개인정보에 관한 우리의 이해를 바꿔놓았고, 사람들은 자발적 노출이라는 일종의 대규모 사회실험을 행하는 중이다. 그와 동시에 이와 같은 문화적 변동은 '진정한 자기'라는 관념, 특히 완전한 투명성이 좀 더 친밀하고 동등한 개인관계로 이어진다는 루소 식의 판타지에 이의를 제기한다.

　기업이나 정부가 이 현상의 의미를 깨닫는 데 꽤 시간이 걸렸다. 1990년대 중반쯤 마침내 상황을 파악한 기업과 정부는 큰 충격을 받았다. 특히 저작권 덕택에 부를 늘려온 기업들은 우려를 감추지 못했다. 지구상 어디에서나 제로에 가까운 비용으로 자료를 저장, 변경, 전송할 수 있다는 점에서 경영자들에게 그리도 매력적이던 인터넷이, 알고 보니 지적 재산권을 강행할 수 없게 만들고 있었다.

　이것이 바로 저작권자(일부 미술가, 뮤지션, 작가도 있지만 대다수는 디즈니나 워너 같이 저작권으로 부자 된 대기업들)와 수동적인 소비자로 더는 만족하지 못하는 콘텐츠 사용자 간에 벌어진, 이른바 '저작권 전쟁'의 어지러운 초창기 상황이었다. 콘텐츠 사용자들은 문화 요소들을 원하는 대로 재합성·재사용·재활용하여, 그렇게 만든 '창작물'을 친구들과 공유하거나 인터넷에 올리고 가능하면 수익도 낼 권리가 있다고 느꼈다.

수만 가지 예가 있지만 그중 유명한 사례로, 버락 오바마가 대통령 선거운동을 하던 시기에 셰퍼드 페어리라는 아티스트가 제작한 '희망' 포스터가 있다. 이 포스터는 순식간에 오바마 후보의 대표적인 이미지로 대두되면서 티셔츠, 머그, 배지 할 것 없이 온갖 것에 담겼다. 그 이미지는 AP통신과 일하는 프리랜서 사진작가 매니 가르시아가 찍은 오바마 사진을 바탕으로 제작한 것이다. 선거가 끝나자(그리고 페어리가 작업한 이미지가 수익을 내기 시작하자) AP는 페어리가 AP의 저작권을 침해했다고 주장했다.

블로그와 신문에 이 사건이 보도되자 페어리는 예상대로 표절 비난을 받았다. 그러나 저작권 침해와 표절이 자주 겹치긴 해도 그 두 가지가 반드시 동일한 것은 아니다. 저작권자는 해당 저작물을 복제하는 등의 이용을 허가하거나 금지할 권리를 보유한다. 저작권은 지적 재산권에 속하지만, 저작권자에게 재산권이 부여되는 것은 아니다. 사실 저작권이란 저작권자가 저작물을 복제, 공연, 전송하거나, 번역이나 각색 같은 2차적 저작물을 작성하거나, 또는 그와 같은 사용권을 출판사나 배급사 같은 제3자에게 허가할 수 있는 독점적인 법적 권리다. 여러분이 지금 읽고 있는 이 책을 펴낸 출판사는 이 책에 대한 배타적 권리를 보유하고 있어서, 어느 누구도, 심지어 저자인 나조차도 출판사의 허가 없이는 이 책을 복제할 수 없다. 마이클 잭슨은 비틀즈 곡 대부분이 담긴 저작물 목록의 공동저작권자여서, 1997년 나이키 광고에 쓰인 비틀즈의 곡 '레볼루션'의 사용 허가도 그가 내렸다.

미국에서 저작권 보호 기간은 저작자의 생존 기간과 사망 후 70년이고(캐나다는 50년), 그 기간이 경과하면 저작권이 소멸되어 누구나 자유롭게 복제할 수 있다. 저작권 보호 기간에도 연구, 비평, 뉴스 보도, 풍자, 패러디 등의 목적으로 저작물을 사용하는 것이 가능하다. 이와 같은 '공정 이용'(fair use) 규정이 존재하는 까닭에 학자는 논문에 타인의 저작물을 인용할 수 있고, 평론가는 신문에 서평을 기고할 수 있다. 공정 이용이라는 예외 규정이 없으면 저작권자들은 저작물에 대한 공개적인 논의와 토론을 완전히 차단할 수 있다.

표절과 저작권 침해가 종종 혼동되는 이유는, 표절자들이 저작권에 의해 보호되는 창작물을 표절하기 때문인 경우가 많다. 그럼에도 표절이라 해서 전부 저작권이 살아 있는 저작물을 사용하는 건 아니며, 모든 저작권 침해가 표절에 해당하는 것도 아니다. 저작권이 소멸된 작품을 베끼면 표절은 맞지만 저작권 침해는 아니다. 반면에 내가 책을 쓰면서 남의 글을 인용할 때 인용부호도 달고 출처도 밝혔지만 그런 인용이 수천 개가 넘으면, 표절은 아닐지 몰라도 '공정 이용'의 범위를 벗어나므로 저작권 침해가 된다. 간단히 말해서 저작권 침해는 법률의 문제고, 표절은 도덕의 문제다.

그러나 이 같은 이슈의 이면에는, 문화는 궁극적으로 누구의 것이냐 하는 더 복잡한 문제가 놓여 있다. 저작권자가 침해를 주장하고 작가가 표절을 항의할 때, 그 근거는 소유권 또는 원작자의 권리다. 그들은 저작물과 맺고 있는 특권적 관계를 기반으로 글과 이미지와 상징물이 유통되는 방식을 통제할 권리를 주장한다. 그런 주장은 창의성에 제동을 걸고, 혁신을 억제하고, 신기술의 민주적인 잠재력을 허비한다. 이에 대해 저작권 개혁운동가 로렌스 레식 법학교수는 "우리의 자유—창조할 자유, 구축할 자유 그리고 궁극적으로 상상할 자유가 걸린 중대사"라고 말한다.[6]

레식은 기술 진화가 초래한 광범위한 문화 변동 논의를, 읽기전용(Read Only) 문화에서 읽기/쓰기(Read/Write) 문화로의 변동이라는 틀로 설명한다. 읽기전용 문화는 대중매체 또는 다소 조롱 섞인 표현인 '주류매체'가 지배하는 문화로, 3Ø대 이상에게는 친숙하다. 읽기전용 문화는 신문과 잡지, TV 방송국과 대형 음반기획사 및 영화사가 시장을 주도하는 대중문화다. 생산자와 소비자가 확연히 구별되며, 일대다(one-to-many) 방식으로 일방 전송되는 것이 보통이다. 단점이 많아 보이지만 구식 읽기전용 문화에는 중요한 장점도 있었다. 특히 전문성과 신뢰성이 중시되었고, 품질 관리와 책임성을 담보할 수 있는 효과적인 장치가 있었다.

그러나 주류매체는 난관에 봉착했다. 특히 신문은 블로그, 뉴스 제공 웹사이트, 가십 사이트 그리고 크레이그스리스트(Graigslist)나 이베이 같은 항목별 안내광고서비스 사이트들 때문에 경쟁에서 밀려 멸망해가고 있다. 인쇄매체만 고생하는 게 아니다. 음반사들도 음악 파일 공유 서비스, 아이튠스, 온라인 라디오에 의해 타격을 입었고, TV는 유튜브와 훌루†에 시청자를 빼앗겼다. 구식 대중매체의 전반적인 사업 모델이 엄청난 압박을 받고 있고, 신문업의 경우는 완전히 박살이 났다.

이들은 회생할 가능성이 희박하다. 단순히 옛 비즈니스 모델을 신종매체에 적응시켜 인터넷으로 옮겨간 독자나 시청자에게 유료 서비스를 제공하는 방법을 찾는 것만으론 문제 해결이 어렵다. 문화의 구조 자체가 바뀌었기 때문이다. 우리는 이미 읽기/쓰기 문화로 갈아탔고, 새 문화는 완전히 다른 가치와 규범에 따라 움직인다. 읽기/쓰기 문화에서 생산자와 소비자의 구분은 사라진다. 사람들은 마음껏 편집, 리믹스, 리메이크할 자유를 구가한다. 읽기전용 문화와는 달리 읽기/쓰기 문화는 아마추어리즘, 공유, 공동 작업의 가치를 인정한다. 강의가 아니라 대화다. 품질 관리는 오픈소스 편집과 다중 원고 모형에 의해 유지된다.

이게 마치 완전히 새로운 현상처럼 보여도, 읽기전용에서 읽기/쓰기 문화로의 전환은 사실상 19세기 말까지 문화를 지배하던 표준으로 되돌아간 것이라고 로렌스 레식은 강조한다. 원래 존재하던 읽기/쓰기 문화가 20세기에 읽기전용

---

†   훌루닷컴: 인기 드라마와 영화 등을
전문 콘텐츠 제작자가 올리는 합법적인
동영상 스트리밍 서비스를 제공하는
사이트로, 저작권 문제가 발생할 수 있는
유튜브와 비교되며 인기를 끌고 있음.

문화로 바뀐 것도, 이미지를 저장, 복제하거나 대중에게 판매, 방송하는 일을 가능하게 한 기술혁명 덕택이었다. 미국이라는 인종과 문화의 거대한 용광로 안에서 번성하던, 요즘의 '오픈소스'를 닮은 잡탕 민속문화를 자동피아노, 축음기, 라디오, 영화가 밀어냈다. 새로운 대중문화는 문화를 인민의 손에서 빼앗아 그 통제권을 엘리트 전문가 집단이나 문화귀족에게 넘겼다. 지난 몇 세기를 되돌아볼 때 2차 세계대전 이후 찾아온 읽기전용 문화의 전성기는 상대적으로 짧았다. 말하자면 아날로그 매스미디어의 임시적이고 예외적인 기술 도약 덕분에 가능했던 일탈 현상이었다. 이제 디지털 혁명은 공유와 협동의 창조 공동체를 중심으로 구축되는 좀 더 민주적인 문화로 우리를 회귀시킨다.

주류문화라는 공룡의 멸종에 모든 사람이 기뻐하는 것은 아니다. 앤드류 킨의 『인터넷 원숭이들의 세상』(*The Cult of Amateur*)은 읽기/쓰기 문화를 훌륭하게 공격하는 책이다. 저자는 웹2.0 어플과 서비스, 블로그와 유튜브, 파일 공유와 위키피디아를 설득력 있게 비판한다. 그가 보기에 레식이 그리도 아끼는, 아마추어가 주도하고 협업으로 이루어지는 읽기/쓰기 문화는 사실상 무지, 이기심, 몰취향, 폭민적 행태가 판을 치는 쓰레기통이라는 것이다. 저자는 옛 읽기전용 문화의 제도적 전문성, 성실성, 신뢰성이 상실된 것을 한탄하면서, "원숭이들"에 장악당한 세상을 슬퍼한다.

기자, 뉴스앵커, 편집자, 음반사, 헐리우드 영화사 같은 전문가와 문화지킴이들에게 이제 작별을 고하라. 아마추어 찬양이 만연한 오늘날, 원숭이들이 모든 것을 장악했다. 그들이 쉴 새 없이 쳐대는 타이핑이 미래를 창조한다. 우리는 그 작품이 마음에 안 들지 모른다.[7]

킨은 현 상황을 마음에 들어 하지 않는다. 그가 보기에 새 미디어에 '민주성'은 없다. 허위 동영상과 게릴라 마케팅을 동원해 거짓과 프로파간다를 살포하는 행위, 온라인에 가짜 계정을 파서 특정 상품이나 이슈를 지지하는 척하는 행태야말로 민주주의에 흠집을 내는 짓이다. 온라인의 익명성이 악용되어 군중의 민주적 지혜보다는 괴팍한 폭민성, 냉소적이고 소아병적인 정치문화, 시민사회의 퇴보를 가져왔다는 게 킨의 주장이다.

인터넷이 민주주의에 해악을 끼친다는 주장을 가장 날카롭게 펼치는 인물은 시카고대학 법학교수 카스 선스타인이다. 최근 들어 선스타인은 오로지 내가 관심 있는 주제만 확실하게 접할 수 있는, 지극히 개인적인 요청에 따라 맞춤형으로 설정된 정보 수신 방식을 우려한다. 사람들은 지루하거나, 화를 돋우거나, 짜증나는 정보들은 차단해버린다. 이 같은 방식의 '내 맘대로 뉴스'[†]는 집단극화(group polarization) 현상을 초래함으로써 민주주의를 해한다는 것이 선스

† Daily Me: 젊은이들이 뉴스 사이트를 찾아다니며 스스로 인터넷 신문을 편집해본다는 의미의 조어.

타인의 견해다. 집단극화란 비슷한 의견을 가진 사람들이 자기들끼리만 소통하면서 계속 이념의 강화를 경험하다가 극단으로 치닫게 되는 현상을 말한다.

집단극화 현상은 실제로 온갖 영역에서 벌어지고 있다. 이를테면 왜 인문학 분야는 좌파 쏠림이 심한지, 왜 남자 대학생 사교클럽에는 성차별 태도가 만연하는지, 왜 기자들은 하나같이 술꾼인지도 집단극화 현상으로 설명이 가능하다. 실생활에서 집단극화 현상은 (적어도 민주주의에는) 별 문제가 되지 않는다. 매일 다양한 집단에 속하는 많은 사람들을 접하면서 극단적으로 쏠리는 경향이 완화되기 때문이다.

선스타인은 인터넷상에서의 집단극화를 특히 걱정한다. 블로고스피어는 일련의 반향실처럼 작동하고, 모든 관점이 반복 강조되면서 히스테리에 가까운 고성으로 증폭된다. 선스타인은 정치가 온라인으로 옮겨감에 따라 공론장은 편파와 극단으로 치달을 것이라고 예상한다. 가령 좌파 성향의 블로그 '데일리 코스' 구독자의 80퍼센트가 민주당 지지자이고 공화당 지지자는 1퍼센트 미만이라고 그는 지적한다. 이런 현상은 결과적으로 "시민의식뿐 아니라 상호이해에 심각한 걸림돌이 될 것"이라고 선스타인은 주장한다.[8]

뉴미디어에 대한 킨이나 선스타인의 반응은 묘하게 논리가 뒤집어져 있다. 진보 논평가들은 지난 수십 년간 읽기 전용 문화 대중매체의 반민주성을 비판해왔다. 신문과 방송국이 세상을 매우 선택적이고 편파적으로 조명하며, 겉으로는 토론을 장려하는 듯해도 실은 현상 유지를 위해 가짜 논쟁을 보여준다는 이유에서다. 세상이 얼마나 변했는지 상기하는 의미에서 언급하자면, 노엄 촘스키의 동명의 저서를 바탕으로 제작된 1992년 다큐멘터리 영화 「여론조작」이 비판하는 미디어 편파성의 주범이—아 글쎄—『뉴욕타임스』였다는 사실을 기억하는가. 그랬는데 인터넷이 등장해 나무 먹는 하마인 종이신문을 멸종시킬 태세이자, 이제 너도나도 일제히 들고 일어나 민주주의에 미칠 결과를 염려한다. 좌파가 뉴미디어의 등장에 얼마나 분별을 잃었는지 보여주는 징조가 있다. 2009년 초에 미국 의회는 연방보조금 지급, 신문사의 비영리단체 전환 개혁안 등 인쇄매체 지원 방안을 진지하게 고려했는데, 제일 황당한 건 신문사들이 온라인 가격 카르텔을 형성할 수 있게 독점금지법을 면제해주는 방안까지 거론됐다는 점이다.

이런 오류는 아이디어 시장의 작동 방식을 잘못 이해한 데서 비롯된다. '데일리 코스' 구독자의 80퍼센트가 민주당 지지자라는 사실은 전혀 걱정거리가 못 된다. 그건 마치 맥도널드 손님의 80퍼센트가 햄버거를 좋아한다고 걱정하는 거나 다름없다. 데일리 코스나 맥도널드가 제공하는 상품으로 미루어 오히려 그런 결과가 안 나오면 이상한 일이다. 진짜 우려해야 할 일은, 민주당 지지자의 80퍼센트가 데일리 코스만 읽을 경우다. 총인구의 80퍼센트가 맥도널드 햄버거만 먹으면 심각한 공중보건문제가 발생하게 되는 것처럼 말이다.

물론 현 상황이 그 지경에 이르렀다는 증거는 전혀 없다.

　2008년 초, 퓨 자선재단이 지원하는 싱크탱크 '우수저 널리즘 프로젝트'가 뉴스미디어의 현황에 대한 제5차 연례 보고서를 발표했다.[9] 보고서의 분석은 판매 부수, 수익, 직원 수의 전반적인 감소 추세를 재확인했다. 한편 독자의 태도를 살펴보면 신문의 편향성이 심해졌다고 느끼는 독자가 대다수이고, 응답자의 68퍼센트가 특정한 관점이 없는 뉴스 출처를 선호한다고 보고했다. 또한 뉴스에 주로 나오는 이슈(이라크 미군 증강 배치, 버지니아공대 총기 난사 사건 등)와 대중이 원하는 뉴스(교육, 교통, 종교, 보건 분야의 이슈) 사이에 실질적 단절이 존재한다고 밝혔다. 그래서 독자는 온라인으로 편파성 적은 뉴스를 직접 찾아나서는 것일 뿐, '내 맘대로 뉴스'라는 자기도취에 빠진 건 아니라는 뜻이다. 사람들이 기존 편견을 재확인받으려는 목적으로 온라인 미디어를 소비한다는 근거는 없다. 사실 사람들이 온라인으로 옮겨가는 이유는 편향성이 덜해 보이는 정보, 다른 데서는 찾아볼 수 없는 뉴스를 찾기 위함이다. 주류매체는 사망할지 모르나, 민주주의는 아마 그 때문에 결과적으로 더 건강해질 것이다.

　그렇지만 읽기/쓰기 문화에도 주류매체의 생사나 민주주의에 미치는 즉각적인 영향을 넘어서는 심각한 문제가 존재한다. 사실 선스타인이 염려하는 내 맘대로 뉴스나 킨이 우려하는 아마추어리즘 찬양은, 자기도취와 정서적 '진실감'에 푹 젖은 오프라 스타일의 진정성과 뿌리를 같이 한다. 이 세상에서 진실은 실재와의 관련성을 잃어버렸다. 각자의 '진실'은 모두 타당하며, 유일하게 중요한 것은 고립되고 자족적인 자아, 즉 당신과 당신이 느끼는 감정뿐이다.

웹2.0 혁명의 도덕적 구심점은 오프라의 감성숭배에도 묻어나듯 "경험에 대한 순진성의 승리, 계몽이라는 상식과 지혜에 대한 낭만주의의 승리"[10]를 예고한 루소의 '자연상태' 관념이라는 것이 앤드류 킨의 견해다. 그는 시사주간지 『타임』이 선정한 2006년 '올해의 인물'만큼 그런 승리를 기막히게 대변하는 것도 없다고 말한다. 그해 올해의 인물은 '당신'(You)이었다. 글로벌미디어를 장악하고 새로운 디지털 민주주의의 틀을 짜는 수백만의 독립적인 인터넷 사용자를 뜻한다. 누구나 자기 얘기를 중계방송하고 혼자 프로듀서 역할도 하고 관객 역할도 하는 현상은 자기 숭배의 피할 수 없는 결과다.

인터넷 시대 초창기에 꽃피운 사이버자유주의를 시발점으로, 디지털 기술의 등장이 대중사회의 족쇄에서 해방된 개인에 관한 온갖 상상력을 자극한 것은 틀림없는 사실이다. 그러나 읽기/쓰기 신문화의 궁극의 목표가 고립, 고독, 나르시시즘이라는 선스타인이나 킨의 비판은 틀렸다. 사실 자아는 왕이 아니다. '접속'이 왕이다. 그리고 진짜 사회혁명(과 진정성에 대한 진짜 헌신)은 '내 맘대로 뉴스'의 자기 몰두에서가 아니라, 소셜 네트워킹을 하는 지극히 투명한 '우리' 안에서 찾을 수 있다.

§

1785년 철학자이자 사회개혁가 제러미 벤담은 파놉티콘이라 명명한 신종 감옥의 설계를 소개한다. 도넛처럼 생긴 원형 건물 중앙에 감시탑이 있는 구조다. 원형 본채에 설치된 각 수감실은 앞뒷면이 유리창이다. 백라이트 조명이 수감자들을 비추고, 감시탑 창문에는 블라인드가 처진다. 그렇게 하면 죄수들의 일거수일투족은 항시 노출되는 반면, 감시탑에 배치된 간수의 움직임은 노출되지 않는다. 죄수는 언제나 감시받는 상태에 놓이지만 실제로 언제 관찰당하는지 모른다. 그러면 죄수 입장에서는 항시 감시당한다고 상정하고 행동을 조정하는 수밖에 없다.

벤담이 보기에 파놉티콘은 기존 형무소에 비해 확실한 개선점이 있었다. 우선 필요한 간수의 숫자를 줄일 수 있어 비용이 크게 감소한다. 사실상 건축물 자체가 간수의 역할을 하며, 죄수들 스스로 행동을 조심하게 된다. 그러나 벤담이 더 중요하게 여긴 점은 범죄자, 하층민, 낙오자, 변태, 기타 반사회적 인격장애자들이 숨을 곳을 못 찾게 만드는 파놉티콘이 그들을 교화시키는 데 이바지하리라는 희망이었다. 파놉티콘 덕택에, "도덕적으로 교화되고, 건강이 유지되고, 산업이 활성화되고, 가르침이 확산되고, 대중의 부담이 줄고, 경제의 기반이 확고해지고, 빈민구제법의 난제가 해결된다. 이 모든 것이 건축을 바꾸는 간단한 아이디어로 가능하다"는 것

이다.[11]

우리 사회가 빠른 속도로 일종의 '정보의 파놉티콘'이 되어간다는 사실은 이미 확실해진 지 한참 됐다. 감시와 감독을 위한 첨단기술 도구들이 형무소 건물을 대신하고 있을 뿐이다. 벌써 1999년에 썬 마이크로시스템즈 CEO 스콧 맥닐리는, 새로 출시된 제품에 사생활 보호 장치가 마련되어 있느냐는 기자의 질문에 짜증을 내면서, 온라인 세상에서 사생활은 이슈가 못 된다고 선언한 바 있다. 그는 "사생활이란 어차피 없다"면서 사람들이 그 점을 "그만 포기하고 잊어"버릴 필요가 있다고 덧붙였다. 맥닐리의 퉁명스러운 대답은 기업, 정부, 정보기관이 인터넷에서 점점 더 많은 개인정보를 찾아내 공유하는 실정을 우려하는 소비자보호 운동가, 사생활 보호 감시단체, 미디어 평론가들을 겨냥한 것이었다.

지난 10여 년을 되돌아보면 맥닐리의 상황 분석은 옳았던 것으로 드러난다. 그러나 대다수가 예측했던 방식과는 조금 달랐다. 도시 곳곳에 폐회로감시카메라가 깔린 지금, 우리가 철저한 감시사회에 살고 있고 일부 감시체계가 빅브라더를 닮은 것도 틀림없는 사실이다. 한편 구글이 친구끼리 위치를 공유하는 위치 찾기 서비스 구글래티튜드를 처음 도입했을 때 일부에서는 의례적으로 거부를 표했다. 어느 신문은 '바람피우는 남편들 조심해야' 같은 내용의 기사를 싣기도 하고, 또 직장에서 그런 기술을 이용해 직원을 감시하는 체제를 갖추는 건 아닌가 하는 우려가 나오기도 했다.

도시 곳곳을 360도 입체 이미지로 촬영해 제공하는 구글스트리트뷰 서비스도 비슷한 프라이버시문제를 야기했다. 그러나 대체로 래티튜드와 스트리트뷰에 제기된 우려는 잠시 관심을 끌었을 뿐 사람들은 이내 무감각해졌다. 사생활 보호라는 해안절벽이 이번에도 또 어쩔 수 없이 파도에 몇 미터 깎여나갔구나 하는 일종의 체념이었다. 구글은 알고 봤더니 단순한 검색엔진이 아니었다. 그것은 '감시엔진'이었다. 사실 인터넷 전체가 이제 하나의 거대한 감시엔진으로 변해가고 있다. 그러나 빅브라더가 우리를 감시하는 게 아니다. 그렇다고 해서 이것이 문화방해(culture jamming)† 쪽 친구들이 즐겨 말하듯 수백만의 '리틀브라더'들이 감시자들을 감시하며 정부와 기업을 견제하는 '상향식 감시'의 신문화인 것도 아니다. 각종 장치를 하나씩 둘씩 선뜻 수용하다 보니 어느새 상호 감시하는 상태를 허용해버리게 되는 은근한 방식은 생각보다 훨씬 치명적이다.

요즘 아이들이 온라인에 개인적인 일기를 올리거나 페이스북, 트위터 등의 소셜 네트워킹 서비스를 이용할 때 사생활 보호에 지나치게 느슨한 태도를 보인다는 지적은 이제 진부하다. 얼마 전만 해도 극히 사적으로 여겨지던 견해, 사진, 동영상 등을 별 생각 없이 인터넷에 올리는 바람에 커플이 헤어지거나, 친구관계가 깨지거나, 직장을 잃었다는 이야기는

---

†   풍자와 역설, 냉소와 비꼼 등의 수사법을
        이용해 대중매체와 주류문화에 훼방을
        놓는 방식으로 사회변혁을 도모하는
        반소비주의 사회운동.

이제 유별난 이야기가 아니다. 일상에서 겪는 지극히 친밀한 순간이나 평범한 일, 또는 민망했던 경험들을 아무렇지도 않게 노출하는 사람이 수천만이다. 무엇보다 이것은 세계를 향해 철저히 투명한 자아를 꿈꿨던 루소의 이상을 똑 닮았다. 우리는 현재 열렬히 진행 중인 이 철저한 온라인 자기 노출을 대규모 진정성 실험이라고 생각해볼 수 있다. 감추는 것 없이 결점까지 모두 내보인다. "나는 그냥 이런 사람이니, 있는 그대로 인정해달라"고 말하는 듯하다.

진정성이라는 용어가 흔히 사회규범이나 남들의 취향에 맞춰 자기 검열하지 않고 솔직하게 생각을 말하는 사람에게 쓰인다는 점에서, 이 경우에도 진정성은 적당한 표현이다. 우리는 괜히 진지한 척 가면을 쓰지 않고 정말 어떻게 느끼는지 즉흥적으로 말하는 사람들을 멋지다고 여긴다. 예컨대 존 매케인이 가장 '진정성 있는' 미국 정치인 타이틀을 얻은 것도 바로 그 때문이다. 매케인이 2000년 처음 대선 후보로 나섰을 때, 그리고 2008년에 재도전했을 때, 그가 타고 다니던 선거 유세 차량을 '돌직구 특급'(Straight Talk Express)이라 불렀다. 그는 선거운동 중에 다른 어떤 정치인보다 열린 매체 전략을 선호하고 가식 없이 솔직한 발언을 해 기자들을 자주 놀라게 했다.

그렇다면 존 매케인이 역할 모델인 세상, 철저한 솔직함과 공개성이 다른 무엇보다 중요한 미덕으로 여겨지는 세상에 사는 것은 어떤 느낌일까? 어떤 의미에서 우리가 지금 목

227

격하고 있는 것은 사적 영역을 서서히 지속적으로 침식하는 정보기술의 효과에 관한 대규모 사회실험이다. 디지털 소통기술은 장점도 많지만, 공과 사의 구분을 지우고 신중함, 예의, 상식의 규범을 제거하는 사회적 용해제로 기능한다. 우리는 벤담의 감옥, 즉 파놉티콘 식으로 감시당하는 전체주의 체제에서 살고 있지 않다. 아니, 우리가 도달한 곳은 그보다 훨씬 더 우려스러운 곳이다. 지금 우리 삶 전체가 가십이라는 폭로 형식이 지배하던 고교 시절의 감옥을 닮아 있다.

§

이제까지 가십은 좋지 않게 여겨졌고, 특히 40대 이후 세대는 가십을 여전히 큰 사회적 결례로 여긴다. 가십은 보통 남의 사생활을 악의적으로 이야기하는 행위로 정의되며, 주로 심심한 여자들이 친구나 이웃과 차를 마시거나 쇼핑하며 주고받는 사소한 수다의 이미지로 조롱당한다. 이런 성차별적 이미지에 근거가 아주 없는 것도 아니다. 가십은 일반적으로 약자가 강자를 상대로 행하는 조종 행위의 한 형태로, 수세기에 걸쳐 여성, 특히 궁중이나 기타 공권력 부근에 있는 여성들에게 남성의 전통적 권위에 맞서는 대안적이고 전복적인 힘이 되어주었다. 남자들의 깊은 비밀을 알고 있는 여성들은 강력한 지배자나 심지어 무서운 독재자를 상대로 은근하면서도 실질적인 영향력을 다소나마 행사할 수 있었다.

그러나 가십을 옹호하는 논거 중에 종잡을 수 없고 괴상하고 흐릿한 인간 본성의 진실을 보여주는 것이 하나 더 있다. 철학자 로널드 드 수자는 이렇게 말한다. "가십은 본질적으로 민주적이다. 공공이슈보다 사생활에 관심이 많고, 도구성이나 목표지향성이 없다는 점에서 '나태'하지만, 그럼에도 가십은 다른 탐구방식이 효과적으로 이행하지 못하는 방식으로 삶에 관한 우리 의식 확장에 기여할 수 있다."[12]

이것은 가십이 전통 위계질서를 전복시킨다는 논거에 상응한다. 사생활 영역을 일반 대중에게 열어 보임으로써 가십은 평등과 사회평준화의 도구가 될 수 있다. 가십은 결점 없는 사람 없고, 불쾌하고 괴상한 버릇, 욕망, 신념, 성격 하나씩 지니지 않은 사람 없고, 다들 자괴감, 소심함, 허영심에 시달린다는 것, 다시 말해 우리는 누구나 매우 평범한 인간임을 상기시켜준다. 남보다 잘난 척하는 과시에서 거품을 빼준다는 점에서 우리는 가십을 '진정성의 미덕'이라 불러야 할지도 모른다.

이 미덕이 어떻게 작용하는지 보여주는 하나의 예로서, 드 수자는 성행동에 관한 획기적인 「킨제이 보고서」를 일종의 체계적 가십이라고 설명한다. 「킨제이 보고서」가 대단한 이유는 자위, 사도마조히즘, 혼외정사, 동성애처럼 누구나 비정상이고 도착적으로 여기던 행위가 실은 지극히 널리 확산된 '정상적' 행위임을 미국사회에 밝혔다는 점이다. 만일 모든 종류의 의미 있는 진실들이 전부 공개된다면, 이른바 '사생활'에 관한 뒷담화를 퍼뜨려 누구를 해하기란 점점 더 어려워질 것이라고 드 수자는 주장한다. 그와 같은 진정성 유토피아에서는 수치도 위선도 더는 존재하지 않을 것이다.

사실 지난 15년 동안의 인터넷 대확산이 남긴 사회적 여파 중에 약간 심란한 부분이 있다면, 도대체 세상에 얼마나 성일탈(sexual de-viance)이 만연해 있는가 하는 깨달음이다. 생각보다 만연해 있으니 그런 행동이 정당화된다거나 불법화하지 말자고 주장하려는 게 아니다. 다 알았다고 해서 다 용서해줄 수는 없다. 하지만 적어도 이런 종류의 지식이 널리 퍼진다면 우리는 괜한 기만과 위선으로 인간관계를 망치지 않아도 된다.

여러 가지 의미에서 우리는 드 수자가 말하는 유토피아에 가까이 다가가고 있다. 온라인에 모든 것을 노출하는 경향은 정보의 링크 및 배포의 용이성과 맞물려 인터넷을 하나의 거대한 가십난으로 만들어버렸다. 10년도 더 전에 스콧 맥닐리가 말했듯이 인터넷에 사생활이란 없다. 그런데도 우리는 "그만 포기하고 잊어"버리라는 그의 조언을 수용하지 못했다. 비밀이나 거짓이 완전히 존재하지 않는 유토피아 상태에 아직 도달하지 못한 채, 여전히 인터넷에 밝혀진 사생활 때문에 해고당하고, 이혼하고, 우정이 깨지고, 소송에 휘말리는 등 온갖 괴로움과 민망함에 시달리고 있는 것이 현실이다. 혹시 우리는 과도기에 살면서 한 발은 구시대에, 다른 한 발은 새 시대에 걸치고, 두 가지 상반된 가치관 사이에서 심리적 갈등을 겪는 것일 수 있다. 모든 사람에 대해 모든 것을 손쉽게 알아낼 수 있는 미래, 그럼에도 그런 공개성을 전혀 이상하거나 불쾌하게 생각하지 않는 이상야릇한 미래로 우리를 이끌 장본인은 어쩌면 밀레니엄 세대, SNS 이전 시절을 모르는 Y세대일 것이다.

아니면, 철저한 공개와 진정성을 동일시하는 관념에 오류가 있는지도 모른다. 왜 투명성이 애초에 미덕으로 간주됐는지 다시 떠올려보자. 인간의 깊은 생각, 감정, 희망을 남이 나를 어떻게 인지하느냐 하는 것과 일치시키고 싶어 했던 루소를 기억하는가. 즉, 진정성 프로젝트는 외관과 내면을 일치시키고, 나다워지고, 그런 나를 남들도 있는 그대로 인정하게 만드는 것이다. 그렇지만 이것은 단순히 나에 관한 팩트만 공개한다고 성취되지 않는다. 그보다는 오랜 기간 고된 노력이 드는 예술적인 자기 창조 과정을 거쳐 달성하는 도덕적 성취여야 한다.

페이스북에 자기 정보를 무차별적으로 노출하는 습관은 그런 성취와는 전혀 무관하다. 투명성과 공개성이 가치 있으려면, 거기에는 자발적이면서 다소 신중한 면이 곁들여져야 하기 때문이다. 까놓고 얘기하자. 비밀이란 내가 그걸 지키느냐 여부보다도 누구에게 털어놓느냐가 포인트다. 내가 과거에 저지른 창피한 행동이나 숨겨왔던 비밀을 털어놓음으로써 상대방과 나 사이에 신뢰가 생기고 친밀감이 촉진된다. 누구를 막 사귀기 시작할 때 (요즘은 어떤지 모르겠지만) 서로 사진앨범을 보여주는 것도 바로 그래서이다. 시트콤 「사인펠드」에도 나오듯 친구가 비밀을 털어놓으며 아무리 '너만 알라'고 당부해도 그 비밀을 내 배우자나 애인에겐 당연히 '말해야만 한다'. 진지한 부부나 연인관계의 기본 원칙이다.

솔직함, 신뢰, 친밀, 신중, 이런 것들은 성숙한 사람의 덕목이다. 그래서 드라마 「가십걸」의 배경이 고등학교인 것이다. 이들 덕목은 또한 자유민주주의의 공공 덕목이다. 자유민주주의는 공공이익에 관련된 사안과 사적이어야 하는 사안 사이에 계속 진화하는 분명한 경계선이 있음을 전제로 확립된다. 손쉽게, 즉각, 도처에서 감시가 이루어지면서—가십사회가 등장하면서—생긴 문제점은, 모든 정보의 완전한 공유가 기본이 돼버리면 사생활 보호를 고집하는 사람은 자칫 일 안하고 농땡이를 부리거나 배우자 몰래 바람피울 권리를 변호하려는 것처럼 들린다는 점이다.

따라서 프라이버시를 옹호하려면 우리는 왜 프라이버시가 그 자체로 소중한지 이해할 필요가 있다. 특히 사생활의 공고한 존중이 우리가 당연시하는 각종 자유를 지탱한다는 점을 알아야 한다. 로렌스 레식이 벌써 여러 해 주장해온 바와 같이, 미국과 캐나다는 구소련이나 남아공 아파르트헤이트 치하보다 잠재적으로 더 엄격한 국내 통행관리 체계를 갖추고 있다. 운전면허증을 말하는 것이다. 이 신분증은 당신이 누구이고, 어디 출신이고, 전과는 없는지 등의 자세한 사항을 알려준다. 국가는 운전면허증이라는 간단한 장치를 통해 원하면 얼마든지 국민을 상대로 심각한 내부 통제를 강제할 수 있다. 공무를 수행하는 자가 요구하면 국민은 신분증을 보일 의무가 있다는 법률 하나만 통과시키면 된다.

그러나 그런 통제의 대가는 엄청날 것이다. 이동할 때마다 신고를 강제하고 곳곳에 검문소를 설치하는 일은 정치적·재정적 비용이 너무 많이 든다. 레식이 지적한 대로, 그와 같은 고비용의 장벽이 정치적·심리적 자유를 지켜주고 있다. 법으로 강제하는 것이 너무 번거로워서 생기는 다행스러운 현상이다.

그러면 사람들은 왜 걸릴 염려가 없을 때에도 법과 도덕을 지킬까. 이마누엘 칸트는 의무를 이행하려는 의지에서 비롯된 행위와 의무에 부합하는 행위를 구분했다. 전자는 그렇게 하는 것이 옳기 때문에 하는 행위이고 후자는 들키면 곤란하니까 하는 행위다. 칸트는 전자만을 도덕적인 행동으로 여겼다. 그러나 더 중요한 것은, 행위의 준칙(철학자들은 이를 의무적 제약조건이라고 부르기도 한다)을 준수하는 방식이 일종의 자유일 수 있다는 칸트의 견해다. 여기서 그가 말하는 자유는 바람을 피우거나 고용주를 속일 자유가 아니라, 도덕률을 준수하려는 자율적인 의지를 의미한다. 궁극적으로 사생활 보호는 자율, 판단력, 개인 책임을 믿는 사람들, 감시당해서가 아니라 의무의식과 도덕판단에 따라 법규를 준수하고 선행을 하는 사람들이 이루는 문화 속에서 가치를 발휘한다.

    법만이 아니라 개인의 영역에서도 마찬가지다. 가까운 시일 내에 항시적 감시에 드는 비용은 거의 제로로 내려가 기업은 열의 없는 직원을 감시하고 배우자들은 서로 외도를 감시할 수 있게 될 것이다. 그로 인해 나태와 외도가 사라질 수도 있겠고, 일정한 공공이익이 초래될 수도 있을 것이다. 하지만 달리 뾰족한 수가 없어서 자기 직무를 이행하고 바람을 안 피운다면 그건 한심한 일이다. 그렇게 되면 사생활 보호의 종말은 곧 문화적 성숙성의 종말이 될 것이다. 감시는 범죄자에게나 필요하고, 쓸데없는 가십은 애들이나 하는 짓이다. 사생활 보호를 "그만 포기하고 잊어"버리는 것은 자유민주주의의 꿈을 포기하고 잊어버리는 것을 의미하게 될 것이다.

6장

진정성 있는 제계 한 표를

캐나다인들은 민주주의를 강력히 신봉한다. 영국으로부터 물려받은 오랜 헌정 유산에 의해 개인의 권리, 법치주의, 소수자 존중을 중시하며, 보편선거로 선출된 의회를 통한 대의민주주의에 충실하다. 캐나다인들은 심지어 다른 나라에도 민주주의를 확산하려고 상당한 시간, 노력, 금전을 소비한다. 지난 몇 해 동안 캐나다는 동유럽에서 일어난 시민저항, 특히 우크라이나의 오렌지 혁명†에서 독립 옵서버로서 핵심 역할을 했다.

그렇다, 캐나다 사람들은 다른 나라의 민주주의에 매우 헌신적이다. 그런데 정작 캐나다 현지에서는 요즘 민주주의 절차에 대한 혐오가 극심해진 나머지, 선거철만 되면 언론은 캐나다가 아프가니스탄 전쟁에서 행한 역할이나 캐나다연방

---

†   Orange Revolution: 2004년 우크라이나
       대통령 선거 당시 여당의 부정 선거를
       규탄하는 시위가 벌어졌다. 시위 참가자들은
       야당을 상징하는 오렌지색 옷을 입거나
       목도리를 두르고 오렌지색 깃발을
       들고 거리로 나왔다. 대법원의 재선거
       판결을 이끌어낸 민주주의 시민혁명으로
       평가받는다.

내에서의 퀘벡 주의 지위 같은 진짜 중요한 이슈보다는 선거에 무관심한 시민들에게 초점을 맞춘다. 그들은 나쁜 시민은커녕 '소외된 유권자', 허위 민주주의를 거부하는 고결한 기권자로 비추어진다.

이것은 캐나다만의 문제는 아니다. 아주 드문 경우를 제외하고는 거의 모든 서구 민주사회에서 투표율이 지속적으로 하락하는 추세다. 이 현상을 흔히 '유권자의 무관심'이라 부르지만, 정치인과 정치시스템을 향한 훨씬 더 능동적인 반감에 그 뿌리가 있는 듯하다. 투표하지 않는 사람들 얘기를 들어보면 정치에 그냥 관심이 없다고 말하는 사람은 드물다. 거의 모든 사람이 사회 이슈, 정당, 지도자, 시스템에 관해 일정한 견해를 갖고 있다. 단지 그 견해에 긍정적인 부분이 하나도 없을 뿐이다.

사람들의 불만에는 한 가지 공통된 테마가 있다. 민주주의제도가 제공하는 선택지는 허상이라는 것이다. "정당 간에 아무런 실질적 차이가 없다"는 비판은 전형적이다. "기존 정당 중에 내 마음에 드는, 내 의견을 대변하는 정당이 하나도 없다"는 불만도 흔히 들을 수 있다. 이 주제는 변주된다. 정치가는 새로운 아이디어를 꺼리고 약속한 바를 전혀 이행하지 않는 거짓말쟁이에 위선자다. 당연한 결과다. 요즘 정치란 자기 직능을 사기업 마케팅쯤으로 생각하는 정치 홍보 전문가(스핀닥터)와 여론조사관들에게 좌우당해 천박하게 이미지에만 집착하기 때문이다.

지금은 명예를 잃은 미국 전 상원의원 존 에드워즈의 사례를 생각해보자. 2007년 봄 민주당 대선후보 경선에 나선 에드워즈는 베벌리힐스의 어느 미용사에게 두 차례 커트 비용으로 지불한 800달러를 다시 선거자금 계좌에 환불해야 했다. 보통사람이라면 매번 커트 비용으로 400달러(약 48만 원)를 쓴다는 폭로에 민망해 할 테지만, 의외로 에드워즈는 자기 머릿결에 과도한 자부심을 품었다. 그래서였는지 앞서 2004년에 존 케리의 러닝메이트로 출마했을 때도, 공화당은 에드워즈를 "브렉 걸"(70년대에 유명했던 브렉(Breck) 샴푸 광고에 나와 윤기 나는 머릿결을 뽐내던 모델에 빗댄 표현)이라 부르며 조롱한 바 있다.

캐나다인들은 정치나 삶의 다른 여러 측면에서 이웃사촌 미국인들보다 도덕적으로 우월하다고 생각하길 즐긴다. 캐나다 사람들은 에드워즈의 사례를 보며 이미지에 집착하는 천박한 미국 정치문화를 비웃었지만, 사실 그 무렵 캐나다 언론은 보수당 스티븐 하퍼 총리의 전속 이미지 컨설턴트 겸 심령술사 미셸 먼틴에 관해 의혹을 제기하기 시작했다. 하퍼 총리가 이미지 컨설턴트를 고용했다는 사실은 2006년 그의 집권 이후 비판자들이 계속 해오던 얘기, 즉 그가 미국식 체제를 매우 좋아하고, 특히 미국 대통령이 누리는 위용과 존경을 부러워한다는 의심을 재확인해주었다.

이런 이야기들은, 지도자들이란 머리나 멋지게 드라이하고 무대에 등장해 연설 원고 작성자, 스핀닥터, 마케팅 전문가, 여론조사관, 이미지 컨설턴트로 구성된 팀이 연출하는 대로 쉴 새 없이 지껄이며 연기하는 인간들이라는, 요즘 대다수가 갖고 있는 정치에 대한 인식을 재차 강화한다. 정치가를 보조하는 이런 인력은 지금껏 무대 뒤편에 머물러왔지만, 이제는 누구나 그들의 존재를 잘 알고 있다. 예컨대, 조지 W. 부시가 천재적인 선거전략가 칼 로브 덕택에 두 번이나 당선됐다는 사실을 모르는 사람은 없다. 정치컨설턴트 제임스 카빌은 자기 선거팀이 빌 클린턴을 어떻게 두 차례나 대통령에 당선시켰는지에 관해 여러 권의 책을 펴냈다.

이미지에 신경 쓰는 정치인에 관한 이야기는 셀 수 없이 많다. 앨 고어는 2004년 대선을 앞두고 『무엇이 아름다움을 강요하는가』(*The Beauty Myth*)의 저자 나오미 울프에게 스타일에 관한 조언을 부탁했다가 구설수에 올랐고(울프는 고어에게 갈색 계열의 옷을 입으라고 조언했다), 빌 클린턴은 LA 국제공항 활주로에 대통령 전용기를 한참 세워놓고 벨기에 출신의 스타 헤어디자이너 크리스토프를 시켜 200달러짜리 미용서비스를 받았다. 하지만 이런 현상들은 전혀 새로울 것이 없는 일이다. 작가 조 맥기니스가 1968년에 펴낸 『대통령 홍보하기』(*The Selling of the President*)는 리처드 닉슨의 대선운동을 전략적으로 관리한 사람이 젊은 TV 프로듀서 로저 에일스였음을 밝혀 사람들을 놀라게 했다. 에일스는 나중에 폭스뉴스채널이 설립되면서 CEO에 오른다. 그로부터 47년이 지나 오바마의 대선운동에 관한 책이 집필

되자, 하버드대 모 경영학 교수는 그게 마치 새로운 관찰이나 되는 양 책 제목을 '대통령 마케팅'으로 하라고 제안하기도 했다.[1] 이미지 정치에 대한 비난도 실은 새로운 게 아니다. 조 맥기니스는 "요즘 흔히 한 남자나 여자를 '전국에 광고되는' 하나의 상표로 만드는 속성들은 사실상 인간적인 공허에 속한다"고 설명하는데, 여기서 그는 1961년 대니얼 부어스틴이 펴낸 베스트셀러 대중문화 비판서 『이미지와 환상』(*The Image*)를 인용하고 있다.[2]

아마 시대를 막론하고 정치가는 자신이 대중 앞에서 어떻게 보이는지에 항상 신경을 써왔을 것이고, 사람들은 그들의 그런 모습을 늘 조롱했을 것이다. 카이사르도 연단에 오를 때마다 토가의 매무새에 신경을 쓰다 놀림을 받았을지 모르는 일이다. 하지만 정치가 또 하나의 단순한 소비재로 변질된 이유가 변화한 대중매체라는 점은 의심의 여지가 없다. 라디오의 등장도 나름대로 혁명적이었지만, 텔레비전만큼 정치의 실행 방식을 변화시킨 요인도 없다. 시사주간지 『타임』 칼럼니스트 조 클라인은, "텔레비전이 일으킨 연쇄반응이 정치의 본질을 바꿔놓았다"고 말한다.[3]

TV는 정치를 여러 측면에서 변화시켰다. 첫째, TV는 남녀 정치인의 이미지를 만들어냈고, 그 때문에 카메라 앞에서 적절히 행동할 줄 아는 능력이 가장 중요한 자질로 부각됐다. 사람들은 흔히 휠체어에 앉은 프랭클린 루스벨트는 요즘 같으면 대통령에 당선될 꿈도 못 꾸었을 거라고 말하는데,

1930년대에 TV가 존재했다면 아마 대통령은커녕 뉴욕 주지사도 못 됐을 것이다. 1960년 대선 당시 존 F. 케네디를 상대로 토론하던 리처드 닉슨을 참패시킨 것은 다름 아닌 텔레비전이었다는 사실은 누구나 아는 얘기다. 1차 TV 대선후보 토론에서 닉슨은 몸이 안 좋아 창백하고 꾀죄죄한 얼굴로 토론 내내 진땀을 흘렸다. 검증된 바는 아니지만, 그날 토론방송을 라디오로 청취한 사람은 닉슨이 우세했다고 여긴 반면 TV로 시청한 사람은 케네디에게 더 높은 점수를 주었다는 얘기가 있다. 그날 토론 이후 케네디의 지지도가 처음으로 닉슨을 앞섰다. 그리고 케네디가 승리하자 젊음, 카리스마, 이상주의 — TV 전성시대의 전형적인 덕목들이다 — 의 승리라는 해설이 붙었다. 릭 펄스틴이 『닉슨랜드』(*Nixonland*)에서 말한 대로, "투표 결과는 거의 막상막하로 나왔는데도 텔레비전만 보면 마치 존 F. 케네디가 압도적인 승리를 거둔 것처럼 보였다".[4]

둘째, TV는 정치판으로 엄청난 액수의 돈을 유입시켰다. 정치인들은 TV가 생기기 전에는 타운홀 미팅이나 집회에서 유권자를 직접 만나든지, 아니면 개별 인쇄매체나 라디오를 통해 간접적으로 대중을 접했지만, TV가 등장하면서 수백만 유권자와 직접 동시에 소통하는 일이 가능해졌다. 그러나 TV에 선거광고를 내보내려면 엄청난 비용이 들므로, 지지자로부터 수백만 달러의 지원금을 척척 받아내는 능력은 정치인이 갖춰야 할 또 다른 자질이 됐다. 한편 돈 냄새를 맡고 모여든 온갖 정치 기생충들이 신종 미디어 생태계에 들끓기 시작했다.

끝으로 TV는 정치인과 그들을 대변하는 스핀닥터들이 정치토론에 임하는 방식을 바꾸어놓았다. TV토론에 참여해본 사람은 금방 깨닫는 사실이지만 TV란 뉘앙스, 깊이, 섬세한 구분을 싫어하는 지적으로 우악스러운 매체다. TV는 첨예한 대립을 좋아한다. 정치 프로그램이 시사토론에 진보와 보수인사를 초대할 때, 방송 PD들은 양편의 동의나 양보를 기대하지도 않고 원하지도 않는다. 갈등이야말로 시청자에게 전달되는 메시지이며, 논쟁에서 승리자는 있을지 몰라도 (고등학교 토론대회에서 점수를 따내는 식으로) 그 승리와 견해의 옳고 그름은 무관하다. 미디어에 출연하는 평론가들은 정치토론을 권투시합쯤으로 취급하면서 누가 몇 점을 득점했는지, 토론자들이 과연 'KO펀치'를 날릴 수 있었는지에 중점을 두고 토론을 분석한다.

TV토론의 영향력이 커지자 토론 참석자들은 점점 더 위험을 기피하게 됐다. 특히 대통령이나 총리직이 걸린 경우 토론의 목표는 승리가 아니라 심각한 실수 없이 살아남는 것이다. 조지 H. W. 부시의 부통령을 지낸 댄 퀘일의 실수는 누구도 되풀이하고 싶어 하지 않는다. 그는 우선 포테이토라는 단어 끝에 e를 덧붙이는 맞춤법 실수를 했고, 1988년 선거운동 기간에 로이드 벤슨과의 TV토론에서 자신을 존 F. 케네디에 비교하는 실수를 범했다. 그때 벤슨은 희미한 미소를 지으며 다음과 같은 말로 퀘일을 당황시켰다. "상원의원님, 저는 케네디를 위해 일했습니다. 저는 케네디를 잘 압니다. 케네디는 제 친구였어요. 상원의원님은 절대 케네디가 아닙니다." 이러니 TV 시대의 정치란 준비된 원고, 천편일률적인 답변, 외워서 전달하는 요점으로 가득한, 대본대로 따라하는 이벤트가 될 수밖에 없다. 지도자가 되겠다는 사람들의 TV토론을 보고 있으려면 너무 멍청하고 답답해서 내 머리에 내 손으로 못이라도 박고 싶은 기분이 드는 것도 바로 그 때문이다.

§

시간이 갈수록 이 문제는 악화일로다. 지난 수십 년간 새로운 매체, 테크놀로지, 마케팅 기법 등이 등장해 지상파 텔레비전 방송을 보충해왔다. 케이블 방송은 우리에게 24시간 뉴스를 전달하고, 새로운 정보기술과 데이터베이스는 편향여론조사(push polling)[†], 시장 세분화, 추적여론조사[‡]를 가능하게 했다. 이제 우리는 인터넷 덕분에 저널리즘 자체의 근본적인 변화를 목도하고 있다. 블로그를 통해 누구나 즉석에서 전문가가 될 수 있고, 카메라가 장착된 휴대폰 덕분에 누구나 그 자리에서 리포터로 변신할 수 있다. 성능 좋은 컴퓨터와 값싼 편집 소프트웨어는 노트북 컴퓨터를 영화 스튜디오로 바꿔

[†]   여론조사를 가장해 유권자들의 인식에
       영향을 주려는 목적으로 이루어지는
       선거운동 기법.

[‡]   일정 기간 매일 여론조사를 실시해 여론의
       변동을 추적하는 기법.

놓았으며, 무료 유튜브 계정을 통해 누구나 직접 제작한 비방 광고를 삽시간에 퍼뜨릴 수 있다. 아마도 유명 연예인을 제외하면 정치인들만큼 카메라 앞에서 많은 시간을 보내는 사람들은 찾아보기 어려울 것이다. 그런 의미에서 정치는 프랑스 사회비평가 기 드보르가 논한 "스펙터클의 사회"에 철저하게 뿌리박고 있다.

드보르는 마르크스의 상품물신숭배 이론을 기반으로, 진정성과 능동성을 지닌 삶이 이미지, 표상, 수동적 소비로 매개된 소외된 삶으로 바뀌는 것이 근대사회의 특징이라고 주장했다. 요점은 삶에서 이미지 소비가 중요한 비중을 차지하게 됐다는 것이 아니라, 삶 그 자체를 표상들을 통해서 살아내게 됐다는 데 있다. 드보르는 이렇게 말한다. "스펙터클은 이미지들의 집합이 아니라 이미지들에 의해 매개된 사람들 간의 사회적 관계다."[5]

TV가 정치에 가져온 세 가지 변화, 즉 이미지에 초점이 맞춰지고, 돈과 매스마케팅 기법이 중요해지고, 24시간 뉴스가 등장한 점을 총체적으로 살펴볼 때, TV와 그 뒤를 잇는 미디어들이 정치의 본질을 바꾸어놓았다는 조 클라인 같은 비평가들의 말은 확실히 옳다. 북미와 유럽 사람들 다수가 (해리 프랭크퍼트가 말하는 협의의) '헛소리'로 점철된 민주적 절차에 완전히 정이 떨어진 것 또한 사실이다. 정치에서 우리가 원하지만 얻지 못하고 있는 것은 바로 진정성이다. 그 진정성은 곧 정치인과의 결속감이다. 즉, 매개되지 않고, 홍보되지 않고, 추적여론조사 같은 데 영향을 주려고 고안된 메시지 따위에 좌우되지 않는 결속감 말이다.

　그러나 여기엔 문제가 하나 있다. 진정성에 대한 욕구야말로 정치가 조심스럽게 대본에 따라 움직이게 된 원인이기 때문이다. 우리는 가면 뒤에 숨은 진짜 인간을 보고 싶다고 말한다. 그러나 기억하는가. 닉슨이 TV에서 땀을 뻘뻘 흘리자 사람들은 그에게 혐오감을 드러냈다. 우리는 즉흥성, 진솔한 감정을 원한다고 말한다. 그러나 돌아보라. 힐러리 클린턴이 선거운동 중에 눈물을 흘렸을 때, 그리고 애인과 아르헨티나에서 일주일 여행하고 돌아온 노스캐롤라이나 주지사 마크 샌퍼드가 울먹이며 두서없는 연설을 했을 때 얼마나 조롱당했는지. 우리는 내 신념과 가치관에 맞는 정당과 정책을 선택할 수 있길 바란다고 말하지만, 유권자가 쉽게 고를 수 있을 만한 정치 '상표'들이 선택지로 제시되면 전부 가짜라고 거부해버린다. 간단히 말해 진정성에 대한 욕구야말로 오늘날 정치의 주요 문제점들을 초래한 원인이다.

　정치 풍자 프로그램 진행자 코미디언 스티븐 콜베어는 미국 정치담론의 속성을 '진실감'(truthiness)이라는 말로 묘사하면서 자신이 지어낸 그 신조어를 이렇게 정의했다. "내 말은 진실이고 남의 말은 진실일 수 없다. 진실감은 내가 진실이라고 '느끼는 것'인 동시에 '내가' 진실이라고 느끼는 것이다. 거기에는 감정적 속성뿐 아니라 이기적 속성이 존재한다."

콜베어는 정곡을 찔렀다. 사안의 사실관계와 진실이 중요한 게 아니라, 진실처럼 느껴지는 감정과 사적인 관점에 방점이 찍힌다. 그게 이른바 진정성이다. 미국 사람들이 어떻게 정치에 진정성을 요구했고, 어떻게 원하는 바를—유감스럽게도—정확히 얻어냈는가 하는 사연은 소위 '순무의 날'(Turnip Day)과 함께 시작된다.

§

프랭클린 루스벨트의 사거 이후 대통령직을 승계해 임무를 수행해온 해리 트루먼이 1948년 대통령 선거에서 당선되리라고 아무도 기대하지 않았다. 민주당은 당시 세 분파로 나뉜 상태였고, 사람들은 공화당 후보 토머스 듀이가 대통령에 당선되리라고 예상했다. 그런데 민주당 전당대회에서 대통령 후보로 지명된 트루먼이 놀라운 연설을 했다. 자정이 지나 연단에 올라온 그는 원고도 없이 알기 쉽고 간결하게 말했다. 자신은 선거에서 이길 것이며, "아무것도 안 하는 의회"를 몰아붙여 일을 시키겠노라고 청중에게 말했다.

우리 미주리 주 사람들은 7월 26일을 순무의 날이라고 부릅니다. 저는 물가 인상을 막고 주택 위기에 대처하는 법안을 통과시켜달라고 의회에 종용하겠습니다. 의원들도 여기에 찬성한다고 공약한 바 있습니다. (…) 또한 그

들이 찬성한 교육 보조정책과 민권법안 통과를 실행에
옮기라고 촉구하겠습니다.[6]

조 클라인은 이 일화를 트루먼의 '순무의 날 모멘트'라
부르며 좋아한다. 클라인이 볼 때 트루먼의 연설은 스타일로
보나 내용으로 보나 순수한 진정성 그 자체였다. 연습한 연설
이 아니었다. 연설문 작성자가 단어를 일일이 점검하지도, 논
란이 될 만한 내용을 꼼꼼히 삭제하지도 않았다. 그의 연설은
즉흥적이고 진국이었으며, 특히 민권법 지지를 선언했다는
점에서 용감했다. "그 과정에서 트루먼은 유권자에게 자신이
어떤 사람인지를, 즉 실수가 좀 있더라도 정직하게 할 말을
하는, 소박하고 현실적인 평균남이라는 사실을 상기시켰다"
고 클라인은 평한다.[7]

클라인은 요즘 정치인들이 순무의 날 같은 순간을 좀 더
보여주길 소망한다. 그는 정치가 좀 더 즉흥성, 대범함, 진정
성을 보여줘야 한다고 말한다. 헤어스타일에 신경 쓰지 않는
지도자, 엉뚱한 메시지를 전달하거나 실수를 범하는 것도 두
려워하지 않는 지도자, 스스로의 모습에 만족하여 스타일 컨
설턴트한테 꺼지라고 말할 수 있는 지도자를 아쉬워한다. 클
라인은 『정치의 상실』(*Politics Lost*) 결론 부분에서, 농담
하고, 울고, 분노하고, 상식적인 범위 내에서라면 심지어 특
이한 버릇이나 죄책감을 동반한 즐거움에도 탐닉할 수 있는
지도자를 요청한다고 적고 있다. 그는 말한다. "정치인들은

우리를 사로잡고 우리에게 영감을 줄 새로운 방법을 찾아야 한다. (…) 아니면 적어도 그저 예전에 소박하게 하던 식으로 자기 생각을 가능한 한 솔직담백하게 표현했으면 한다."[8]

사람들은 이것에 매우 널리 공감한다. 『뉴욕타임스』 칼럼니스트 데이비드 브룩스는 1980년 레이건 혁명 이후 미국인들은 항상 남자 동아리 형 같은 대통령 후보에게 표를 주었다고 즐겨 말한다. 지난 여덟 차례 미국 대선 결과를 훑어보면, 브룩스의 얘기에 일리가 있음을 인정할 수밖에 없다. 레이건과 '아버지 부시'가 카터, 먼데일, 듀카키스에 맞서 승리했고, 클린턴이 부시와 돌에 승리했고, 그런 다음엔 '아들 부시'가 고어와 케리를 패배시켰다. 미국인들은 최고의 정책을 내세우거나, 제일 경험이 많거나, 가장 노련한 팀을 갖춘 후보가 아니라, 함께 맥주 마시고 싶은 사람을 매번 지도자로 선택했다.

2008년 대선 무렵 진정성이라는 밈[†]은 이미 완전히 확산된 상태였다. 그 결과 (민간 부문에서 회사 중역으로 경험이 풍부한) 밋 롬니나 (이전 8년간 여러 주요 정책 현안에 전문가적 식견을 기른) 힐러리 클린턴 같은 능력 있는 후보들이 전부 열외 취급을 받기에 이른다. 양대 정당 모두 대선에 이기려면 지나치게 세련되거나, 지나치게 준비되거나, 지나치게 뻣뻣하거나, 지나치게 사생활을 숨기는 듯한 인상을 풍

[†]   meme: 세계적으로 유명한 영국 진화생물학자 리처드 도킨스가 저서 『이기적 유전자』에서 유전적 방법이 아닌 모방을 통해 습득되는 문화 요소라는 뜻으로 씀.

기지 않는 후보를 발굴해 내세워야 한다고 판단했기 때문이다. 공화당, 민주당 할 것 없이 각 후보는 선거운동에서 자신이 얼마나 독창적이고 용기 있고 즉흥적이고 솔직한지를 뽐내는 '진정성의 뷔페연회장'을 펼쳐보였다.

공화당이 내세운 후보는 미국에서 가장 '진정성 있는' 정치인 명성을 오래 누려온 존 매케인이었다. 앞서 언급했듯 그의 선거 유세 차량에 '돌직구 특급'이라는 별명이 붙을 정도였다. 진정성에 관한 한 매케인에 대적할 만한 민주당 쪽 정치인은 부통령 후보 조 바이든이었다. 상원 외교위원장이던 바이든은 미국의회에서 가장 영향력 있는 인물 중 1인이었지만, 거짓말 같이 하얗고 가지런한 치아와 이식한 모발 때문에 철저히 반들반들하게 꾸며진 느낌을 일으키는 것이 흠이었다. 그럼에도 생각하기 전에 말부터 앞서는 버릇 덕택에 말많고 실수가 잦은 후보라는 평판을 얻었다.

무엇보다도 버락 오바마가 민주당 대선 후보로 선출되고 세라 페일린이 존 매케인의 러닝메이트로 확정되면서 상황은 더욱 흥미롭게 전개됐다. 엘크 사냥이 취미인 '매버릭'† 알래스카 주지사 페일린은 도시 엘리트의 우월감과 허세에 대항해 미국의 심장부인 시골 노동자의 진정성을 지켜내기 위해 미국 본토로 납시었다. 그러는 동안 초선 상원의원으로서 행정 경력이 거의 없던 버락 오바마는 자기 정당의 대선 후보 지명을 받아냈을 뿐 아니라 결국 대통령에도 당선됐

---

†   maverick: 이단아. 관례에 얽매이거나
       남의 눈치를 보지 않고 독립적으로
       행동하는 인물.

다. 그는 미국에 존재하는 두 가지 거대한 갈등, 곧 흑인과 백인 사이의 인종 갈등과 민주당과 공화당 지지 지역 간의 사회·문화적 갈등을 해소하겠다는 공약을 내걸고 선거운동에 임했다. 오바마의 탈인종·초당파적 진정성은, 클린턴 시대를 지배한 냉소적인 제3의 길도 아니고 공화당 지지 기반에 철저히 아부해 부시의 대선 승리를 두 번이나 얻어낸 칼 로브 식의 전략도 아닌, 새로운 길로 미국을 인도하겠다고 약속하고 있었다. 그러나 선거운동이 진행되면서 사람들은 그 두 가지 측면과 관련해 과연 오바마를 신뢰할 수 있을지 회의의 눈길을 보내기 시작했다.

§

버락 오바마만큼 그렇게 희망과 논란을 동시에 일으킨 대통령 후보도 드물다. 일리노이 주 초선 상원의원 오바마는 민주당의 입장에서는 일견 완벽한 후보였다. 아버지는 흑인, 어머니는 백인, 하와이 출생, 컬럼비아대학교·하버드대학교 출신, 2004년 상원의원으로 선출되기 전에는 시카고대학교 법학대학 강사로 재직. 많은 것을 성취했고, 카리스마도 넘쳤고, 게다가 인종적으로 혼혈이라는 사실은 대선 후보로 최적의 조건이었다. 그런데 바로 그 때문에 제기되는 의문이 하나 있었다. 버락 오바마는 과연 '진정한 흑인'일까?

그의 혼혈 배경이 문제였다. 정치적·인종적으로 미국인

들은 조상에 흑인이 한 명이라도 있으면 흑인으로 간주하는 '한 방울 규칙'(one-drop rule)을 따른다. 원래 이 규칙은 20세기 초 백인 인종주의자들이 혼혈아 출산을 방지(하여 백인 순혈주의를 유지)하는 법을 통과시키려고 고안한 것이지만, 이후 흑인 운동가들이 이를 역이용해 흑인 공동체의 구성원을 늘리고 정치적·문화적 영향력을 키우는 데 활용했다. 중남미에서는 피부색에 매겨지는 등급이 (진할수록 하위, 밝을수록 상위) 큰 정치적 논쟁거리임에 반해, 미국 흑인들은 흑인 피부의 색조 차이에 비교적 덜 민감하다. 피부색이 밝은 버네사 윌리엄스도 피부색이 훨씬 진한 웨슬리 스나입스만큼이나 흑인 공동체의 엄연한 일원으로 간주된다.

버락 오바마의 경우는 피가 얼마나 검으냐보다도 그 피의 원산지가 문제였다. 미국에서 인종문제는 노예제도와 떼어놓고 논할 수 없다. 백인 노예상들이 미국으로 끌고 온 노예의 대부분은 세네갈에서 라이베리아를 지나 멀리 남쪽 앙골라에 이르는 서아프리카 해안 출신들이다. 미국 흑인들, 특히 흑인민권운동이 절정을 이루던 시기에 젊은 시절을 보낸 현재 나이 든 세대의 시각으로는, 서아프리카 출신 노예의 후예라야 진정한 미국 흑인이었다. 그런데 오바마의 아버지는 동부 해안에 있는 케냐에서 출생했다. "단지 피부 색깔이 같다고 우리와 한 부류가 되는 것은 아니다." 민권운동가 앨 샤프턴 목사의 말이다.

이런 입장의 어리석음을 까발린 것은 이번에도 코미디

방송이었다. 『흑인성의 종말』(*The End of Blackness*)이라는 는 책을 쓴 칼럼니스트 데브라 디커슨이 코미디 뉴스쇼 「콜베어 르포」에 출연해, "미국의 정치적 맥락상 '흑인'이란 미국에 강제로 끌려온 서아프리카 노예의 후손을 의미하므로" 오바마는 흑인이 아니라고 주장했다. 이에 주류 언론은 몸 사리느라 감히 말하지 못하는 의문을 스티븐 콜베어가 제기한다. 그럼 그냥 백인 후보로 나오면 되잖아? 혹은 진정한 미국 흑인이 아니라면 "신종 흑인"이라고 칭하면 안 되나? 디커슨은 후자의 견해에 동의하면서 진정한 흑인들에게 오바마는 일종의 "입양된 형제"와도 같다고 말한다. 그러자 콜베어는 오바마를 한 1년 정도 제시 잭슨 목사의 노예로 굴리면 진정한 흑인으로 인정받는 데 좀 도움이 되지 않겠느냐고 언급해 디커슨을 당황시킨다.

오바마는 대통령이 되고 나서도 수난을 겪었다. 2008년 크리스마스 직전, 공화당 대선 후보 마이크 허커비의 선거운동 담당자였던 칩 설츠먼이 어리석은 짓을 했다. 공화당 전국위원회 위원장직을 노리던 그가 전국위원들에게 아부하느라 위원 전원에게 음악 CD를 보냈는데 거기에 '마법의 니그로 버락'(Barack the Magic Negro)이라는 패러디 송이 담겨 있었다. 그 노래는 원래 극우 방송인 러시 림보가 퍼뜨린 곡으로 누군가 앨 샤프턴의 목소리를 흉내 내어 '마법의 용 퍼프'(Puff the Magic Dragon) 멜로디에 맞춰 불렀다. 가사를 들어보면 오바마의 인기는 백인 유권자들이 자신에게 위협이 되지 않을 안전한 흑인 후보를 뽑으며 죄책감을 덜고 자족하는 데서 기인한다는 내용이다.

곧 난리가 났고 설츠먼은 이 일로 인해 전국위원장직을 영영 놓치고 말았다. KKK가 득실대는 정당이라는 이미지를 떨쳐버리기에 급급했던 공화당 전국위원회는 그 위원장직을 그야말로 '진정한 흑인'이자 돌출 행동으로 유명한 마이클 스틸에게 주었다. 오바마의 취임 직후 스틸은 『워싱턴 타임스』와의 인터뷰에서 공화당이 젊은 유권자들의 마음을 얻으려면 "힙합 변신"이라도 시도해야 한다고 말하면서 이렇게 덧붙였다. "우리 정당은 이미지를 개선할 필요가 있습니다. (…) 현대화된 공화당도 원칙을 중시하는 보수당임을 보여줘야겠지만, 그것을 도시와 교외지역 힙합 문화에 적용시켜야 합니다."

'마법의 니그로'라는 표현을 들어본 일이 없다 하더라도 그게 무엇을 가리키는지 짐작할 수 있다. 때때로 나이 들거나 눈먼 매우 현명한 흑인 조역들이 특별한 통찰력이나 초능력을 발휘해 백인 주인공을 구하는, 영화나 소설에 자주 등장하는 구태의연한 역할 말이다. 『리머스 아저씨』는 고전에 속하는 예이고, 영화 「베가 번스의 전설」에서 윌 스미스의 역할, 「8마일」에서 에미넴의 들러리로 나오는 메카이 파이퍼, 「그린 마일」에서 마이클 클라크 던컨이 연기하는 존 커피 역. 「매트릭스」에도 마법의 니그로가 두 사람 등장한다. 하나는 모피어스고 또 하나는 오라클이다. 모건 프리먼은 지난 20년간 연기한 캐릭터가 거의 전부 마법의 니그로다. 연쇄살인범으로부터 백인 여성을 구하거나(「키스 더 걸」) 삭막한 마음을 지녔던 백인 남성을 구원하는(「브루스 올마이티」) 역 등을 꾸준히 맡아왔다. 이 역할을 일단 이해하고 나면 사방에서 마법의 니그로가 보이고(경찰 관련 드라마에는 마법의 니그로 경찰관이 꼭 한 명은 나온다) 더불어 마법의 멕시코인, 마법의 중국인, 마법의 정신·신체 장애인도 눈에 띈다.

사실 오바마를 마법의 니그로라고 비판한 것은 칩 셀츠먼, 러시 림보, 그 외 백인 공화당원들이 처음이 아니다. 오바마가 갑자기 나타나 민주당 대선후보 지명을 놓고 힐러리 클린턴과 경쟁할 때 그가 백인의 죄책감을 이용해 인류의 구원자인 양 한다고 비판한 이들은 다름 아닌 미국 흑인 단체였다. 실제로 오바마가 대선 운동 과정에서 점차 두각을 나타내면서 제기된 문제는, 그의 인종 배경보다도 그가 지닌 정치적 관점에 대한 깊은 우려였다. 이 때문에 오바마는 선거운동 내내 어렵고도 근본적으로 상충되는 두 가지 의심에 시달려야 했다. 우선 그는 많은 흑인이 보기에 '충분히 검지' 않았고, 따라서 마법의 니그로라는 의심이 뒤따랐다.

게다가 그는 흑인 사회에서 비판받는 것만으로 모자라, 민주당의 이념에 충실하냐는 정당 내의 의심스러운 눈초리도 감내해야 했다. 공화당은 오바마의 상원 활동 경력을 바탕으로 그에게 너무 진보적이라는 이미지를 덧씌우려는 마당에, 민주당 내부에서는 그가 공화당 입장에 생각보다 훨씬 동정적인 것이 아니냐는 의심이 마지막 순간까지 제기됐다. 탈인종과 초당파로서의 진정성을 내세웠다가 당한 결과였다.

§

2008년 대선 때였다. 출근했더니 누군가 존 매케인의 '행동요청'(Call to Action) 피규어를 내 책상 위에 두고 갔다. 이건 지금도 온라인으로 13.95달러에 구매할 수 있다. 혹시 세라 페일린 피규어를 사고 싶다면 27.95달러로 조금 더 비싸다. 한편 버락 오바마는 우리 시대에 가장 잘나가는 일종의 '앤디 워홀 이미지'로 등극했다. 그의 이미지는 티셔츠, 야구 모자를 비롯해 온갖 아이템에 인쇄되었고, 패션 디자이너 장 샤를 드 카스텔바작이 파리 패션위크에서 선보인 원피스 드레스에도 등장했다. 그뿐 아니라 오바마 스시, 오바마 빙설조각, 오바마 운동화도 있고, 오바마를 예수에서 슈퍼맨에 이르기까지 온갖 인물로 표현한 이미지가 수도 없이 많다.

　　미국과 같은 시기에 연방 총선이 있는 캐나다에서는, 하퍼 총리가 날카로운 눈매의 냉혈한 이미지를 정답고 가정적인 이미지로 바꿔보겠답시고 남색 니트 조끼를 입기도 하고, 좌파 신민주당을 이끌던 대머리에 콧수염 기른 잭 레이턴은 (탈레반과 협상해야 한다고 주장하다 붙은 별명인) '탈레반 잭' 이미지를 떨쳐내느라 자신의 입장을 '신강경파'로 재규정하려고 애썼다. 이제 정치인들은 어떤 정치적 입장을 지녔든 일정하게 브랜드화된다. 정치는 점점 더 사기업 마케팅을 닮아가고, 정당과 정치지도자들은 에너지드링크 광고나 프로농구선수 띄우기와 똑같은 기법으로 포장되고 판매된다.

많은 사람이 이 같은 현상에 거부감을 느낀다. 정치를 소비재 팔 듯하기 시작하면 결과적으로 '공론의 빅맥화'가 초래되어 정치인들은 유권자들의 최소공통분모를 찾아 최대한 마음에 들려고 기를 쓸 수밖에 없게 된다. 최악의 경우 유권자는 정치홍보에 조종당하고 속아 넘어가, 현실을 가리는 가장 그럴듯한 긍정적 이미지에 투표하는 꼭두각시로 전락한다.

오바마의 초당파적 입장이 인기를 끈 것도 정당정치가 소비자마케팅 기법을 민주주의에 끌어들여 사람들을 역겹게 만들었기 때문이다. 그러나 이것은 완전히 잘못된 생각이다. 사실 '정치를 파는' 일은 민주주의를 해치는 것이 아니라 민주주의를 강화한다. 정당과 지도자의 브랜드화는 유권자를 조종하는 도구가 아니라 민주적 참여를 도모하는 장치다.

상표가 어떻게 기능하는지 생각해보라. 물건을 사는 소비자라면 으레 이런 질문을 던진다. "내가 지금 바가지를 쓰는 게 아니라는 것을 어떻게 확신할 수 있지?" 이 밀가루 한 봉지에 불순물이 없다는 것, 새 신발이 사자마자 망가지지 않을 거라는 사실을 여러분은 어떻게 아는가? 생산 과정을 처음부터 끝까지 일일이 직접 점검하지 않는 한 알 수 없다. 로빈 후드 표 밀가루라면 톱밥이 섞여 있지 않을 거라고 신뢰할

수 있다. 나이키 운동화라면 한두 해 신어도 걱정 없을 거라
는 믿음이 있다. 이렇듯 상표는 가장 효과적이고 오래된 소비
자 보호 수단 가운데 하나다. 상표(와 그 제품을 만든 기업)
에 대한 신뢰는 제품에 대한 직접적인 지식이나 전문가의 식
견을 대체하는 역할을 한다.

정치적 상표도 같은 기능을 한다. 선거철이 되면 유권자
들은 누구나 이런 질문을 던진다. "내가 던지는 한 표로 얻을
수 있는 게 뭐지? 내가 속고 있는 게 아니라는 것을 어떻게
확신할 수 있지?" 바로 이 부분에서 정당이 상표의 기능을 한
다. 정당의 역할은 난해하고 복잡한 현대정치를 비교적 알기
쉬운 제안들로 단순화해 제시하는 것이다. 여러분은 전국적
인 사회정책을 구축할 강한 중앙정부를 선호합니까? 그러면
민주당(캐나다의 경우는 자유당)을 찍으세요. 여러분은 더
분권화된 연방체제와 경제와 일상에 대한 정부의 간섭을 제
한하기를 원합니까? 그럼 공화당(캐나다는 보수당)이 여러
분의 바람을 대변하는 정당입니다.

상표화의 역설은 실체가 복잡할수록 메시지는 더욱 단
순해진다는 사실이다. 그러다 보면 결국 지도자의 성격과 이
미지에 모든 것이 집중되는 상황이 벌어진다. 3조 달러가 넘
는 예산을 좌우할 사람을 뽑는 선거가 버락 오바마의 '변화'
또는 존 매케인의 '명예'라는 두 가지 상표 중 하나를 고르는
상황으로 귀결되는 것은 경이롭다. 하지만 더 놀라운 점은 이
시스템이 잘 작동한다는 사실이다. 대다수 사람들은 정부 예

산이나 정책 문서, 법률안 등을 제대로 이해할 시간도 없고, 솔직히 그럴 능력도 없다. 근대국가의 엄청난 복잡성을 몇 가지 단순하고 특징적인 상표들로 정리해주는 일은 유용할 뿐 아니라 필요한 일이다. 소비자 경제와 마찬가지로 현대정치도 상표라는 윤활유 없이는 작동을 멈출 터다.

그렇다면 정치가 다수 대중의 최소공통분모에 어필하기 위해 빅맥 햄버거처럼 마케팅되면 어쩌느냐는 우려에는 어떻게 답할 것인가? 적절한 대답은 다음과 같다. '그래서 뭐 어쩌라고?' 여기서 사람들은 꼭 '최소'라는 단어를 강조하는데, 방점은 '공통'에 가 있어야 한다. 이를테면 정부는 폭력 사용에 독점권을 행사하는데, 폭력 사용권을 주장하는 당사자는 반드시 최소공통분모에 해당하는 지지를 받아야 하고 그렇지 않으면 큰 문제가 된다. 20세기 광고업의 천재 데이비드 오길비를 인용하자면, '최소공통분모'는 바보가 아니다. 그들은 당신의 이웃이다. 민주주의 사회에서 모든 정치인은 빅맥을 팔아야 하는 거다. 그걸 부인하는 사람은 천생 루저이거나 문제 많은 독재자거나 둘 중 하나다.

우리는 유권자를 좀 더 신뢰할 필요가 있다. 사람들은 존 매케인 액션피규어 때문에 그에게 한 표를 던지거나 제리 사인펠드가 광고하는 컴퓨터라고 덥석 사지 않는다. 상표화도, 인간 행동도, 그렇게 단순하게 작동하지 않는다. 나이키 상표든, 오바마 이미지가 들어간 셰퍼드 페어리의 '희망' 포스터든, 스티븐 하퍼 총리의 남색 니트 조끼든 간에, 자신이 거기에 넘어갔다고 인정하는 사람은 아무도 없다. 행여 속아 넘어 갈세라 걱정되는 건 항상 남들—특히 반대편 지지자들—이 다. 그래서 부시 집권 기간 내내 미국 좌파들은 칼 로브와 딕 체니가 테러리즘에 대한 공포심을 조장하고 낙태와 멕시코 이민자 이슈로 기독교 우파를 자극한다고 불평했다. 그러다 오바마가 대통령이 되고 민주당이 상하원 모두를 장악하자 이번에는 우파 쪽에서 오바마의 유려한 연설과 희망과 변화 에 대한 엉성한 약속에 유권자가 속아 넘어갔다고 불평하기 시작했다.

어느 정당을 지지하든 유권자를 그런 식으로 경멸하는 것은 위험하다. 민주주의는 이성적인 사람들이 낙태, 동성애 자의 권리, 자유와 안보의 균형 등 근본적으로 중요한 사안에 서로 이견을 드러낼 수 있다는 것을 전제로 한다. 누군가가 단순히 자신이 반대하는 견해를 지지한다고 해서 세뇌당한 증거로 여기는 것은 민주주의를 믿지 않는다는 얘기다.

§

2008년 선거기간에 오바마의 초당적 진정성을 믿지 않은 사람이 최소한 한 사람 있었는데, 바로 세라 페일린이다. 8월 말 선거운동 현장에 도착한 그녀는 사람들에게 당파성과 진 정성의 공존이 가능하다는 것을 상기시켰다. 페일린이 지닌 매력의 핵심은 정직, 성실, 품위 같은 미국 시골마을의 가치관을 직설적으로 방어하면서 도시 거주자들의 (추정된) 부정직, 불성실, 품위 없음에 대조시켰다는 점이다. 2008년 9월 초에 있었던 공화당 전당대회 연설에서 페일린은 시골 사람들이야말로, "우리가 먹을 식량을 재배하고, 공장을 돌아가게 하고, 전쟁에 나가 싸우는, 미국에서 가장 열심히 일하는 사람들"이라고 주장했다.

특별히 새로울 건 없었다. 샌프란시스코, 뉴욕, 워싱턴 같은 곳에 사는 허위에 찬 무력하고 거만한 무리보다 지방 노동자에 진정성을 부여하는 포퓰리즘과 낭만화는 벌써 오래전부터 있었던 현상이고, 브루스 스프링스틴이나 존 멜런캠프 같은 가수들이 인기를 누린 것도 그런 정서를 바탕으로 한다. 그런데 이런 블루칼라 낭만주의 상표가 무안한 순간을 겪을 때도 있었으니, 보수논평가 새뮤얼 조지프 워젤바커 같은 사람 때문이다. 전직이 배관공 사업자라 '배관공 조'라는 별명으로 널리 알려진 워젤바커는 2008년 선거 기간에 오바마의 사업소득세 정책을 비판하면서 유명해졌다. 그는 매케인과 오바마 양쪽 모두에 대한 공개지지를 거부하면서 오바마의 공약에 계속 '사회주의' 딱지를 붙였고, 미국과 이스라엘에 대한 오바마의 충성심에 의문을 제기했다. 그러다 대선이 끝나자 엉뚱하게도 종군기자가 되어 이스라엘로 떠났고, 대중의 기억에서 급속도로 잊혔다. 페일린의 진정성 책략이 흥미로운 점은, 지난 40년간 미국 정치에 꾸준히 몸살을 일으킨 종교, 가치관, 애국심 논쟁에 또 한 번 불을 지폈다는 사실이다.

　페일린은 이 새로 일으킨 문화전쟁에서 다소 이상한 분야를 전투지로 골랐다. 낙태나 동성결혼 같은 고전적 이슈가 아니라 묘하게도 취미 생활의 우열을 문제 삼았다. 세라 페일린은 자신이 여가시간에 사냥을 하고 힘없는 포유류를 학살하는 일을 즐긴다는 사실을 지도자의 자질로 내세운 최초의 부통령 후보였다. 전당대회 연설에서 그녀는 자신의 취미에 관해 간단히만 언급했다. 이튿날 존 매케인의 연설이 있기 직전, 당시 아직 무명이던 알래스카 출신의 페일린을 공화당 지지자들에게 알리기 위해 동영상이 소개됐다. 핵심 메시지는 뭐였을까? 급하게 만든 게 분명한 이 동영상에서 영화 트레일러 스타일의 유치한 보이스오버가 흐른다. "어머니… 엘크 사냥꾼… 매버릭…"

　모든 정치는 어느 정도 개인적이지만, 페일린의 경우는 오바마나 매케인보다 한층 더 자신의 라이프스타일을 강점으로 내세우려고 작정한 사람처럼 보였다. 연설에서 그녀는 자신에 관한 이야기를 한참 하다가, 도시 사람들을 적당히 모욕한 다음, 다시 자기 가족 얘기를 했다. 자기는 평범한 '하키맘'[†]이고 남편은 석유업체에서 일하며 여유 시간에는 낚시나 스노모빌 경주를 즐긴다. 아들은 전쟁터에서 이라크인들을 처치하고 있고, 열여섯 살짜리 딸은 임신한 상태다.

　그러다 다시 민주당 상대 후보에 관해 언급할 차례가 되

[†]　자녀 교육에 열성적인 북미 중산층 주부를 일컫는 용어.

자, 페일린은 버락 오바마를 가리켜 아마 지금 그녀의 사정 거리에 들어온 엘크가 된 듯한 느낌일 거라고 말했다. 그녀는 침착하고 날카롭게 오바마의 "공동체 조직가" 평판과 "거창한 연설" 스타일, 그리고 그가 민주당 대선후보 수락 연설을 한 그리스 신전을 연상시키는 무대를 비꼬았다.

페일린은 그때까지 언론이(그리고 대다수 공화당 정치인들도) 감히 하지 못한 일을 해냈다. 미국 최초의 흑인 대통령 후보라는 지위에 합당한 경의를 표하기를 거부한 것이다. 오바마의 배경을 존중하는 대신 웃음거리로 만들면서, 와인이나 홀짝대는 비쩍 마른 여느 아이비리그 출신 진보 엘리트나 마찬가지로 취급했다. 어떤 의미에서 페일린은 오바마의 '탈인종' 카드를 누구보다 적극적으로 받아들여, 그가 흑인이라는 사실을 전혀 특별하지 않게 취급했다고 볼 수도 있겠다. 오바마의 라이프스타일을 비판함으로써 그녀는 의도했던 이상으로 문화전쟁이라는 새로운 현실을 민감하게 건드렸다.

토머스 프랭크는 2004년에 출간한 『왜 가난한 사람들은 부자를 위해 투표하는가』(*What's the Matter with Kansas*)에서 공화당이 수십 년에 걸쳐 지지자들을 속이고 있다고 불평했다. 공화당은 선거기간이 되면 동성결혼이나 낙태 같은 이슈에 열을 내도록 지지자들을 유도하지만, 일단 집권한 다음에는 그런 이슈들은 옆으로 미뤄두고 감세, 자유무역, 복지 지출 감소 등 재정 보수주의자들에게 중요한 이슈에 치중한다는 것이다. 선량하고 진정성 있는 시골 주민들이 이런 대대적인 미끼상술에 속아 자신들의 경제적 이익에 반하는 투표를 하고, 공화당 엘리트들은 실은 싸울 의사도 없는 문화전쟁을 벌이며 종교를 위해 경제를 기꺼이 양보하려는 지지자들을 총알받이로 쓴다는 게 프랭크의 주장이다.[9]

프랭크의 주장은 사람들이 "원통한 감정" 때문에 총기와 종교에 매달린다고 오바마도 다소 경솔하게 언급한 바 있는 견해의 한 변주다. 이런 견해는 성경 말씀을 중시하고 엘크를 사냥하고 스노모빌을 즐기는 사람들을 경제적 약자로 전제한다. 노동자계급의 가치관을 지닌 사람들은 소득도 노동자계급 수준일 테니 문화전쟁이란 사실상 진보적인 부유계급과 보수적인 빈곤계급의 계급전쟁이라고 가정하고 있는 것이다.

페일린은 이와 같은 전제를 기꺼이 채택해 오바마를 공격하는 데 유리하게 써먹었다. 그러나 과거에는 여가를 어떻게 보내느냐로 그 사람의 소득수준을 판별할 수 있었지만 요즘은 아니다. 사냥, 낚시, 레저용 차량을 이용한 여행, 캠핑, 카누, 개썰매, 스노모빌 경주는 북미에서 저소득층 이미지와 결부되어 있지만 이제는 중상류계급이어야 즐길 수 있는 취미다. 북서부에서 카누 여행을 한 차례 가려면 6,000~7,000달러가 든다. 캐나다 뉴브런즈윅 주의 레스티구시 강변에서 일주일간 오두막을 빌려 연어낚시를 하려면 최소한 1만 달러를 지불해야 한다. 그리고 요새 경주용 스노모빌 값이 얼마나 하는 줄 아는가? A급 레저용 차량의 가격은 말할 필요도 없다. 그에 비하면 도시주민들의 전형적인 이미지인 계란흰자 오믈렛이나 요가수업 정도는 검소 그 자체로 보일 지경이다.

결국 세라 페일린의 부통령 출마는 문화전쟁을 다시 일으켰다기보다는 피로를 불러왔다. 미국 정치가 40년 넘게 진정성 논쟁을 벌인 결과가 고작 누구의 취미활동이 더 우월한가 하는 말싸움으로 귀결된 것이다. 이것은 더 이상 근본적인 가치관에 관한 논쟁, 즉 미국의 혼을 수호하기 위한 죽느냐 마느냐의 사투가 아니었다. 페일린은 그것을 누구의 취향이 더 나은지 디너파티에서 언쟁하는 수준으로 전락시켰다.

아무리 일시적이라도 페일린의 퇴장만큼 그녀가 미국정치에 어떤 영향을 끼쳤는지 여실히 보여주는 것도 없다. 페일린이 초선 주지자로서 임기를 절반 정도 남기고 갑자기 사임했을 때 그 동기에 관해 온갖 추측이 떠돌았다. 자기 가족이 끊임없는 공격에 시달려서? FBI의 비밀 조사를 받았나? 아니면 2012년 대선에 도전하려고 2보 전진을 위한 1보 후퇴를 한 건가?

페일린이 사임을 표명하던 기자회견에서 보여준 행동은, 마음속 생각을 표현하는 일에 관한 한 그녀에 비하면 바이든이나 매케인은 신중한 편에 속한다는 것을 재확인해주었다. 그녀의 연설은 카푸치노를 마시는 자들, 알래스카를 얕보는 자들, 기자로 일하는 자들을 향한 분노와 원통함으로 가득한 두서없는 불만불평이었다. 사람들이 정작 알고 싶어 하는 사임 이유에 관해서는, 훌륭한 포인트가드라면 언제 공을 지키고, 언제 팀을 위해 공을 패스할지를 잘 아는 법이라며 농구 비유로 갈음했다.

그 순간 세라 페일린은 되는 대로 말을 지어내고 있는 게 분명했다. 그녀도 자신의 의식을 우리만큼이나 멀뚱히 구경하는 것처럼 보였다. 입에서 아무 소리나 막 흘러나오고, 남들이 알아서 알아듣도록 놔두고 있었다. 아무튼 즉흥적인 건 맞았다. 그러나 달리아 리트윅이 웹진 『슬레이트』에 썼듯이, "정책으로 매버릭 행세를 하는 건 좋지만, 의사 전달까지 관례를 무시하고 멋대로 하는 건 어리석은 짓이다".[10]

우리는 이제 막다른 골목에 도달했다. 한편으로는 모든 것이 지나치게 연출되어 활기라고는 한줌도 없는 정치시스템에서 소외된 우리 자신을 발견한다. 그와 동시에 세라 페일린 같은 후보의 등장은, '트루먼의 순무의 날' 같은 순간을 좀 더 자주 보고 싶다는 유권자의 바람을 그냥 마음에 있는 얘기를 마구 해버리면 되는 것으로 해석하는 바보스러움의 극치다.

§

확실한 것은, 아무도 처음부터 '허위 정치'를 하려고 작정하지는 않는다는 거다. 정치판에 혜성처럼 나타난 스타 정치가들은 하나같이 '나는 조금 다른 정치를 하겠다'고 약속한다.

그 말은 '나는 거짓말을 하거나, 위선을 떨거나, 모호한 소리를 하거나, 눈가림을 하거나, 변덕을 부리거나, 당신을 오도하지 않겠다'는 뜻을 함축한다. 정직하고 솔직하고 용기 있게, 그리고 자기 자신을 있는 그대로 내보이겠다는 약속인 것이다. 이렇게 다른 정치를 보여주겠다는 공약은 한 달 정도 지속되다 언론이 솔직한 언사를 '결례'라며 비난할 때쯤 잠잠해진다. (진실을 입 밖에 내는 것이 정치에선 결례라는 얘기가 있다.) 이때쯤 되면 그 정치인은 연막전술을 익혀 생존하는 법을 배우거나, 아니면 대중에게 실수투성이 어릿광대나 위험한 극렬분자로 찍혀 벼랑으로 추락하는 신세가 된다.

어려운 정책문제나 심각한 이슈를 다루기보다 논란거리나 스캔들에 집착하는 미디어의 잘못도 사실 크다. 결례 딱지를 붙일 만한 것이 보이면 벌떼처럼 덤벼드는 언론 때문에 잠재적 희생자들은 말할 때 미리 정해진 핵심 메시지에서 벗어나지 않으려고 더욱 노력하게 된다. 그러다 보면 정치인은 자기 생각 없이 같은 말만 반복하는 로봇처럼 보이고, 대중은 그런 그들을 점점 더 경멸한다. 정치인과 언론의 대립은 사실상 교착상태다. 아무도 이길 수 없는 '바닥을 향한 경주'로 치닫지만, 어느 편도 그만둘 의사가 없다.

대중의 태도도 어려움을 초래한다. 정치 리더가 자기 모습을 있는 그대로 보여주면 좋겠다고? 2006년 캐나다 총리에 오른 스티븐 하퍼는 패션감각이 영 엉망이었다. 한번은 가슴선이 드러나는 금색 골프셔츠를 입고 기자회견에 나타나, 그 사진이 퍼지고 풍자매체에 실리는 해프닝이 있었다. 멕시코 공식방문 때는 카키색 낚시용 조끼를 입어서 마치 조지 W. 부시처럼 보였다. 하퍼는 그렇게 꾸밈없이 자기 스타일을 고집하다 놀림감이 됐다. 그렇게 놀림을 받고도 이미지 컨설턴트의 조언을 구하지 않을 배짱이 있는 정치가는 몇 안 된다.

지도자들이 즉흥적이면 좋겠다고? 2007년 봄 선거운동 중에 존 매케인은 우라늄 농축 중단을 거부하는 이란에 어떻게 대응했으면 좋겠느냐는 질문을 받았다. 그는 마이크를 들더니 갑자기 비치보이스의 히트곡 '바바라 앤'(Barbara Ann)의 가사를 '이란을 폭격하라'(Bomb Iran)로 바꾸어 흥얼거렸다. 관중은 웃음을 터뜨렸지만, 이 일이 인터넷을 통해 알려지면서 매케인은 대통령이 되기엔 약간 비정상이라는 기존 인식을 강화하는 효과를 낳고 말았다.

혜성같이 등장했다 놀라운 속도로 망한 하워드 딘은 즉흥성에 대한 대중의 양면적 태도를 가장 여실히 보여주는 사례다. 버몬트 주지사를 여섯 차례 연임한 하워드 딘은 2004년 민주당 대통령 후보로 지명받기 위해 후보로 나섰다. 그는 전통적으로 공화당이 강세인 지역에서 민주당이 득표하기 위한 '50주 전술'을 내세웠고, 온라인 펀드레이징을 최초로 시도해 4년 뒤 오바마가 이를 성공적으로 활용한 바 있다. 초기에 강세를 보였던 그는 후보지명을 얻어낼 것처럼 보였다. 하지만 그 운 나쁜 하루 저녁 때문에 아이오와 당원대회에서 존 케리와 존 에드워즈에 뒤이어 실망스럽게 3위를 끊는 데 그쳤다.

지지자들과 함께 하는 저녁 집회에서 딘은 끝까지 싸우겠다고 맹세하는 내용의 연설을 하던 중이었다. 점점 흥분하던 그는 얼굴이 붉어지고 목에 힘줄이 불거지더니 소리를 지르기 시작했다. "우리는 사우스캐롤라이나, 오클라호마, 애리조나, 노스다코타, 뉴멕시코, 캘리포니아, 텍사스, 뉴욕으로 갑니다. 그리고 사우스다코타, 오리건, 워싱턴, 미시건으로 갑니다. 그런 다음 워싱턴D.C.로 가서 백악관을 탈환하는 겁니다! 예이!!!"

그 마지막 "예이!!!"는 마치 돼지 목 따는 소리처럼 들렸고, 나중에 딘 자신도 "얼굴이 시뻘게져 정신 못 차리고 내지른 고함"이라고 인정했다. 그 동영상은 TV에서 끊임없이 재생되고 유튜브에 올려져 '딘의 비명'으로 리믹스됐다. 그는 한 달간 더 버텼지만 대선후보로서의 생명은 그날 밤 실질적으로 종료됐고, 감정 제어능력이 없는 사람으로 찍혀 신뢰성을 완전히 잃었다.

진실은 이렇다. 우리는 정치에 진정성을 바란다고 말하지만 정작 현실이 닥치면 우리의 협소한 가치관과 이상을 반영하는 진정성만을 원한다. 정치가들이 이미지 컨설턴트를 고용하고 미리 정해진 핵심 메시지만 반복하는 이유는 즉흥성과 솔직한 언사가 상보다는 벌을 부를 때가 훨씬 많기 때문이다. 따라서 정치문화가 패스트푸드나 DIY 가구처럼 밋밋

하고 균일한 것은 스핀닥터나 언론 탓이 아니라 대중의 탓이다. 맥도널드나 이케아처럼 정치지도자들도 가능한 한 최다수의 국민에게 어필하고 싶어 한다. 게다가 조금이라도 실수하면 잡아 죽일 듯 달려드는 미디어의 적대적 시선 속에서 국민의 호감을 얻어야 하는 추가적인 부담감이 있다. 상황이 이러니 400달러짜리 커트나 이미지 컨설턴트 고용 정도야 정치인 입장에선 충분히 해볼 만한 투자로 보일 수밖에 없다.

§

1993년 캐나다 연방총선 중에 당시 여당이던 진보보수당[†]이 야당인 자유당 리더 장 크레티앵을 상대로 공격적인 선거 유세 광고 캠페인을 벌였다. 그중 두 번째 광고는 크레티앵의 얼굴 클로즈업 사진을 담고 있었는데, 냉소로 찌그러진 얼굴에 한쪽 입가는 닫히고 다른 한쪽은 벌어진 모습이었다. 보이스오버[‡]는 크레티앵의 정책을 비판하며 "이 사람이 과연 총리감인가?"라고 반문한다. 정정당당함과 거리가 먼 정치판의 규칙에 비추어 다른 건 그렇다 쳐도, 광고 마지막 부분에서 등장한 "그가 캐나다 총리가 되면 너무 부끄러울 것 같다"는 언급은 문제였다. 광고에 사용된 사진은 단순히 이상하게 나온 사진이 아니었다. 크레티앵은 10대 때부터 안면신경 마

[†]   Progressive Conservative Party,
      2003년에 해산.

[‡]   Voice Over: TV 화면에 얼굴은 등장하지
      않으면서 목소리만으로 들려주는 해설.

비증이 있어서 얼굴이 약간 비대칭이고, 큰 목소리로 말할 때 더 선명히 드러난다.

광고가 나가자마자 그와 같은 '네거티브 유세'를 비난하는 역풍이 불었다. 킴 캠벨 총리는 광고방송을 즉각 중단하라는 명령을 내렸다. 캠벨을 지원하는 전략가들은 역풍을 만든 주범이 언론이라며 불평했지만 이미 피해는 막심했다. 한 정치평론가의 말에 따르면, 덕분에 크레티앵은 노바스코샤 청중 앞에서 평생을 기다려온 연설을 했다. "어렸을 때 사람들은 내 모습을 비웃었습니다. 그러나 나는 그것을 받아들였습니다. 신이 내게 다른 재능을 주셨기 때문이죠. 그것을 감사하게 생각합니다." 청중의 눈에 눈물이 고였다. 9년간 힘들게 여당 지위를 지켜온 진보보수당의 지지율은 이번 재앙으로 수직하강한 뒤 다시는 회복하지 못했고 자유당은 압도적인 승리를 거뒀다. 집권여당이던 진보보수당은 완전히 망가져 총 295석인 하원에서 두 석을 건졌을 뿐이다.

이 사건은 국민이 비방광고를 마뜩잖게 생각하며 정당한 게임을 하지 않고 적정선을 넘는 정당을 지지하지 않는다는 세간의 믿음을 확인해주었다. 선거철만 되면 늘 확인하는 진실이지만, 선거운동을 시작하는 시점에는 어떤 정당이나 청렴하고 긍정적인 선거운동을 하겠다고 엄숙히 선언한다. 그리고 선거운동이 지저분해지면 상대방이 진흙탕으로 자기를 끌어들였다고 욕한다. 네거티브 유세는 대체로 선거운동이 순조롭게 진행되고 있지 않다는 징조로 해석된다. 나나 상대방이 모두 더렵혀졌다면 누가 먼저 오물을 던졌는지 유권자는 상관하지 않으리라는, 될 대로 되라는 식의 도박이다.

지고 있는 쪽 정당이나 후보가 필사적인 심정이 되어 약간의 네거티브 캠페인을 시도하는 건 이해할 수 있다. 그러나 그것만으로는 왜 이리 흑색선전이 심하고, 왜 매번 그 비중이 증가하는지 설명이 안 된다.[11] 브라운 대학 대럴 웨스트 교수의 연구에 따르면, 미국 대선에서 흑색선전물이 급격히 증가하기 시작한 것이 1970년대라고 한다.[12] 1976년에는 전체 광고물의 35퍼센트가 비방광고였고, 1980년에는 60퍼센트, 1984년에는 74퍼센트, 1988년에는 83퍼센트였다. 그 수준에서 얼마간 유지되다가 기록이 갱신된 것은 2004년 부시-케리 선거전에서였다.

대중도 비방광고를 싫어하고, 정치인들도 그러느니 입후보를 철회하겠다고 말한다. 학자나 기자들도 그런 식의 선거전이 공론장에서의 예의를 무너뜨리고, 투표율을 떨어뜨리고, 시민을 선출된 대표자와 민주주의제도로부터 소외시킨다고 비판한다. 그런데도 왜 그렇게 흑색선전이 심할까?

가장 간단한 답변은 정치전략가들이 이구동성으로 말하듯 효과적이기 때문이다. 홍길동을 뽑으면 태양이 더 빛나고 새들이 더 유쾌하게 재잘거려요, 하는 식의 따스하고 정감 있는 '긍정적' 광고는 사람들의 관심을 끌지 못한다. 그런데 김철수가 홍길동의 경력이나 성품을 비난하면 사람들은 멈춰서서 귀를 기울인다. 어느 베테랑 정치컨설턴트는 이렇게 말한다. "신문에 끔찍한 교통사고 사진 실리는 게 싫다고 말하는 사람들도 근처에서 차 사고가 나면 구경하려고 속도를 늦춘다."[13] 장 크레티앵의 마비된 얼굴을 놀리는 악명 높은 선전물을 만든 장본인도 여기에 동의한다. 토론토에서 여론·시장조사 컨설턴트로 활동하는 앨런 그렉은 문제의 비방광고가 조금만 더 오래 방송에 나갔더라면 의도한 효과를 봤을 것이라고 주장했다. 그 광고를 둘러싼 분노는 언론이 조장한 것이며, 킴 캠벨의 대패는 역풍에 고개 숙이고 광고를 중단했기 때문이라는 게 그의 견해였다.

네거티브 정치광고가 효과적이라는 점은 그게 왜 그리 흔한지(사랑받는지가 아니라)에 대한 궁금함을 일부 풀어주지만, 그렇다면 이어서 또 다른 의문이 인다. 그게 왜 효과적일까? 정치홍보가 전통적인 상품홍보와 다른 뭔가 독특한 속성을 지니고 있다는 것도 하나의 이유일 수 있겠다. 그러나 이상하게 들릴 수 있겠지만, 네거티브 유세가 판을 치는 결정적인 이유는 우리가 정치인들로부터 순무의 날 같은 순간을 바란다는 사실에 있다. '진정성'의 컴컴하고 깊은 심연이야말로 중상모략과 인신공격의 주모자들이 둥지를 트는 곳이기 때문이다.

§

비방광고 딱지가 붙은 정치선전물을 살펴보면 실상은 그렇지 않은 경우가 많다. 펜실베이니아 대학교 애넌버그 정책센터에서 실시한 선거 유세 조사 연구에 따르면 정치선전이 담는 메시지는 세 종류로 분류된다. 첫째는 해당 정치인의 입장을 뒷받침하는 옹호의 메시지, 둘째는 몇 가지 다른 입장을 비교하는 대조의 메시지, 마지막은 상대방의 입장이나 성격을 직설적으로 비판하는 비방의 메시지다.[14]

정치선전물은 우리한테 익숙한 일반 상업광고와 매우 달라서 거슬린다. 애플컴퓨터나 코카콜라, 볼보처럼 잘 알려진 브랜드의 정체성은 거의 예외 없이 긍정적인 '옹호' 메시지를 통해 확립된다. 브랜드의 정체성 또는 '그 상품만의 고유한 장점'은 해당 상품의 시장 포지션에 관한 명확하고 일관된 메시지의 전달로 창조된다. 모든 코카콜라 광고는 진정한 정통 음료의 이미지를 전달하며, 모든 볼보 광고는 자사 자동차의 안전성을 약속하는 데 집중한다. 대다수의 상업광고는 경쟁업체를 언급하지 않는다는 원칙을 고수한다. 스프라이트 음료 광고는 생일파티에서 세븐업을 마신 아이가 생일케이크 앞에서 토하거나 하는 장면을 보여주지 않는다. 아디다스 광고는 경찰이 범죄자를 뒤쫓다 놓쳤는데 알고 보니 나이키를 신어서 빨리 못 달린 거라는 식으로 만들지 않는다.

사람들에게 네거티브 상업광고 중에 생각나는 게 있는지 물어보면, '펩시 챌린지' 캠페인이나(옛날 옛적 얘기라 기억이 나시는지?) 또는 좀 더 최근의 예로 힙하고 태평하고 느긋한 맥 사용자와 딱딱하고 뻣뻣하고 일중독인 PC 사용자를 대조시킨 애플사의 '맥을 사세요'(Get a Mac) 캠페인을 떠올릴 것이다. 그러나 두 사례 모두 경쟁 브랜드와 대비되는 점을 정확히 지적해 자기 상표의 장점을 홍보한다는 점에서 진정한 의미의 비방광고는 아니다. 한 기업이 아예 작정을 하고 경쟁업체를 물어뜯는 진짜 비방광고는 상업광고계에서는 거의 찾아보기 어렵다.

그 이유는 우선 경쟁자의 수가 많기 때문이다. 가까운 푸드코트에만 가 봐도 맥도널드, 버거킹, 하비스, 웬디스 등 선택의 여지가 많다. 햄버거만 따졌을 때 그렇다. 따라서 맥도널드가 버거킹을 상대로 비방광고를 때려도 소비자가 버거킹 대신 맥도널드로 온다는 보장이 없고, 대신 웬디스 햄버거를 사먹을지 모른다. 반면에 북미 정계에서 유권자에게 주어지는 현실적인 선택지는, 미국의 경우 민주당 아니면 공화당, 캐나다는 자유당 아니면 보수당이다. 교회에 가면 하나님 아니면 악마인 것과 똑같다. 신도들에게 하나님의 영광을 설교하는 것도 좋겠지만, 때때로 악마가 얼마나 못된 녀석인지 상기시키는 것도 도움이 된다.

상거래 분야의 경우 시장의 크기가 고정되어 있지 않아서 한 브랜드가 성공하면 여러 경쟁기업이 함께 번영할 수 있는 틈새시장이 만들어질 수 있다는 특징이 있다.[15] 실제로 브랜드화 작업에 적용되는 '불변의 법칙' 하나는 선도 브랜드가 해당 제품 업계 전체의 발전을 도모한다는 점이다. 해당 제품군에 대한 소비자의 전반적인 인지도를 높이면, 선도 브랜드는 들인 노력 이상으로 막대한 혜택을 볼 수 있다. 스타벅스가 커피업계에서 이룬 성과나 레드불이 에너지드링크 시장에 기여한 바를 생각해보라. 쇼핑몰에 네거티브 광고가 없는 것은 당연한 귀결이다. 케네스 콜이 왜 랄프 로렌에 대한 비방광고를 자제하느냐고? 그랬다가는 대중들이 해당 업계 전체에 염증을 느껴 관련 업체들의 수입이 일제히 감소할 위험이 있기 때문이다.

이와는 대조적으로 정치판에서 유일한 보상은 권력이다. 권력은 내가 잡지 않으면 빼앗기는 것이므로, 커피나 햄버거 시장과는 달리 제로섬 게임이다. 이기는 것이 제일 중요하고, 경쟁자를 헐뜯어도 시장의 규모가 줄어들 위험이 없다. 이런 조건에서라면 네거티브 광고는 절대적으로 필요한 무기다.

정치와 상거래에는 또 하나의 중요한 차이점이 있다. 가령 슈퍼마켓 업체들의 시장점유율 싸움은 끊임없이 이어지지만, 정치의 경우는 장기간의 권력 독점과 단기간의 심한 경쟁이 교대로 반복된다. 만일 소비자가 좋아하는 콜라에 투표하고 4년 동안 모든 슈퍼마켓이 일제히 그 콜라만 팔아야 한다면, 네거티브 캠페인은 훨씬 심해질 것이다. 특히 이전 투표에서 패한 콜라는 승자 콜라의 맛을 비판하고 그 콜라 회사의 주인이 게으르고 거만해서 소비자를 봉으로 안다고 욕하는 데 전념할 것이다.

네거티브 광고가 민주주의를 해치는 독배라는 관념은 사회적 통념이다. 조 클라인은 『정치의 상실』에서, "선거전을 일부러 개판으로 만들면 아예 유권자가 투표할 의욕을 잃도록 유도할 수 있다는 삐딱한 깨달음을 얻었다는" 네거티브 유세의 달인 패트릭 캐델 민주당 전략가의 영향력을 한탄한다.

이와 같은 우울한 관찰은 어쩌면 잘못된 것일 수 있다. 우선, 미국 정치선전물의 내용을 분석한 연구에 따르면, 네거티브 광고는 의외로 사실관계를 많이 언급하며, 다른 소통수단보다 정책 이슈를 더 자주 다루는 것으로 밝혀졌다. 또한 사람들이 자신이 지지하지 않는 정당의 후보와 그 지지자들을 싫어할수록 투표장에 나올 확률이 더 높다는 새로운 연구 결과까지 나왔다. 네거티브 유세가 사실상 투표율을 증가시킨다는 얘기다.[16]

하지만 투표율이 한 나라의 민주주의를 진단하는 그렇게 대단한 척도일까? 역사를 되돌아보면, 국민들이 정치에 '도에 지나치게' 참여하던 사회라는 게 존재했다. 독일 바이마르 공화국 시대에는 체육관, 음악연주단, 야외활동 동아리 할 것 없이 시민사회의 거의 모든 조직이 정당 노선을 따라 조직됐다. 이 과열된 민주주의 체제 아래에서 투표율은 사소한 선거에서조차 어김없이 80퍼센트 이상을 자랑했고, 독일인들은 공적 영역에서 취하는 모든 행동이 자신의 암묵적인 정치 성향을 반영한다는 사고방식에 익숙해졌다. 독일사회가 이렇게 심하게 정치화되어 있었던 덕택에, 집권한 나치는 그런 조직들을 너무나 쉽게 재조직화할 수 있었다. 시민사회를 새삼 새로 정치화할 필요 없이, 이미 위태롭게 정치화된 조직을 '나치화'하기만 하면 됐기 때문이다.[17]

즉, 비방광고가 만연하는 현상은 그것을 통해 어떤 보상을 얻느냐, 정치시장은 어떤 유인구조(incentive structure)를 지니느냐 하는 문제와 관계있다. 그러나 더 중요한 원인은 정치에 진정성을 요구하는 우리들의 욕망이다. '순무의 날' 같은 순간의 미덕은 갑옷의 틈새로 한 정치인의 진면모를 엿볼 수 있다는 기회를 허한다는 점이다. 연설문 작성자와 선가전략가들이 자러 간 뒤, 한잔 걸치거나 아니면 다른 어떤 연유로 흥분한 정치인들이 자발적으로 자신의 진짜 모습, 자신의 깊은 인성을 드러내는 바로 그 순간이다.

여기에는, '인성'은 어느 정도 노출되기 마련이며, 일단 보면 그게 그 사람 인성인 줄 안다는 전제가 깔려 있다. 어떤 광고업자 말처럼 진정성을 가짜로 꾸밀 능력이 되면 성공은 떼놓은 당상이라는데, 실제로 지난 30년간 미국 정계에서 가장 성공한 정치인을 꼽으라면 진정성 있는 척하는 데 통달한 두 사람, 바로 로널드 레이건과 빌 클린턴이다. 게다가 성품이 저절로 드러난다는 게 사실이라 해도, 드러난 본성을 우리가 좋아하게 되리라는 보장이 없다. 착한 성격을 지닌 사람도 있지만 그렇지 않은 사람도 있는데, 성품을 어떤 후보에 투표하거나 반대하는 가장 중요한 이유로 삼기 시작하면 순식간에 난장판이 벌어질 가능성이 크다. 이때는 주로 성품의 도덕성이 문제 되면서 비방광고의 타깃이 된다. 실제로 진정성이

지도자의 필수 덕목으로 등극하기 시작하면서, 비방광고 역시 선택이 아니라 필수가 됐다. 예를 들면, 2008년 버락 오바마와 힐러리 클린턴이 당내 예비경선에서 경쟁할 때, 오바마가 자기 연설문에 동료 드벌 패트릭 매사추세츠 주지사의 연설을 몇 줄 표절했다가 들켰다. 클린턴은 이를 재빨리 비난하면서, 그와 같은 "표절"은 단순한 부정직이 아니라 사실상 "그의 대통령 후보 자격 자체"에 흠결을 남겼다고 주장했다. 일리는 있었다. 표절이란 남의 것을 자기 것인 양 행세하는 일이니 진정성에 위배되는 일이고, 진정성은 오바마 상표의 핵심 요소가 아니던가.

공직에 출마할 때 자신의 품성을 내거는 사람들은 누구나 그런 위험부담을 진다. 만약 루디 줄리아니처럼 강직함, 강건함을 내세워 대통령에 출마했는데 알고 보니 서너 번씩 재혼한 경력이 있더라, 이럴 경우 유권자의 관심과 우려를 초래하게 마련이다. 존 케리처럼 베트남 전쟁 참전용사였던 사실에 기대어 출마하는 사람은, 복무 중에 무엇을 했고 어떤 인성을 드러냈는지가 비판적인 검토 대상이 될 수밖에 없다.

정치판에서 '위선'이 가장 큰 악덕으로 간주되는 이유는 바로 이런 진정성에 대한 집착 때문이다. 위선적인 정치가는 일반 대중에게 일정한 도덕적 잣대를 갖다 대면서, 정작 자신의 사생활에는 별도의 (대체로 훨씬 너그러운) 원칙을 적용한다. 바로 그렇기 때문에 전통윤리를 옹호하는 보수주의자들이 가장 당하기 쉬운 입장에 있다. 미국의 도덕이 무너졌다는 주제로 책을 여러 권 펴낸 보수평론가 윌리엄 베넷이 오랜 세월 도박중독자였다는 사실이 알려졌을 때, 진보 언론과 시민들은 위선이 밝혀진 일을 고소해 했다.

유감스럽게도 이런 경향은 정치를 악순환으로 몰아넣는다. 진정성과 후보의 품성에 대한 집착은 비방광고가 파고들 틈을 열어준다. 그래서 후보는 자신의 과거와 본성을 숨기고 스핀닥터와 이미지 컨설턴트를 고용한다. 그러면 사람들은 또 그걸 가지고 욕한다. 결국 조 클라인이 말한 얘기와 정반대다. 정치에서 진정성의 씨를 말린 것은 스핀닥터들이 아니다. 오히려 진정성에 대한 우리의 욕구가 정치인들로 하여금 허위로 진정성을 꾸며내게 만든 것이다. 그러므로 유일한 대안은 뻣뻣하고 정직하고 너무나 따분한, 즉 함께 맥주 마시고 싶지 않은 후보에게 표를 주는 것이다.

7장
문화는 관광객용

멕시코시티 도심 서편에 차풀 테펙 공원이 있다. 수목이 우거지고 잔디밭과 정원이 있는 4제곱킬로미터 면적의 녹색 오아시스로서 뉴욕 센트럴파크에 필적하는 도심 공원이다. 차풀테펙 공원 안에는 주요 관광명소로 꼽히는 국립 인류학박물관이 있다. 이 거대한 박물관 안에 메소아메리카 문명을 시기별로 구분해 전시하는 전시홀이 끝없이 이어진다. 박물관 전경을 압도하는 드넓은 광장 바로 곁에는 흙으로 덮이고 벤치가 놓인 공터가 있다. 그 한가운데 20미터 높이의 금속 기둥이 가로장 없는 돛대처럼 솟아 있고, 꼭대기에는 사람이 올라설 수 있는 발판이 설치되어 있다. 이 장소는 멕시코 베라크루스 주 파판틀라 지역의 토토낙 인디언들이 행하는 옛 이교도 의식의 일부인 '볼라도레스(Voladores)†의 춤'을 보러 관광객이 모여드는 곳이다.

밝은 색 전통의상 차림의 남성 다섯 명이 기둥을 기어오른다. 그중 네 명이 기둥 꼭대기에 칭칭 감아놓은 두툼한 밧줄을 발목에 매고 스쿠버다이빙할 때 뒤로 누워 머리부터 입

---

† '비행하는 자'라는 뜻이다.

수하듯 거꾸로 점프한다. 그러면 감아놨던 밧줄이 풀리기 시작하면서 4인의 볼라도레스가 점점 더 큰 원을 그리며 땅을 향해 서서히 하강한다. 그러는 동안 '카포랄'이라 불리는 그룹 리더는 북을 두드리고 피리를 불며 풍요의 신에게 기도한다. 이런 장면이 진행되는 동안 역시 전통의상 차림인 보조자들이 관중에게 '신에게 바칠' 기부금을 걷으러 돌아다니며 용감한 춤을 보여준 공연자들을 위해 한 푼 더 주십사 호소한다.

볼라도레스의 춤이 여느 거리공연과 다른 점은 진정한 문화유산의 외양을 갖췄다는 점이다. 초기 스페인 식민개척자들이 남긴 기록에도 등장하는 이 의식은 상당 부분 옛 모습 그대로 이어져온 듯하나, 그 유래나 중요성을 정확히 아는 사람은 없다. 스페인 사람들이 원주민의 기록을 죄다 파괴했을 뿐 아니라, 그 춤을 종교의식이라기보다 일종의 스포츠로 생각했던 까닭도 있다. 어쨌든 요점은, 볼라도레스의 춤은 살아 있는 유물인 동시에 국립 인류학박물관에 가득한 가면이나 조각상만큼이나 시간 속에 흐릿하게 얼어붙은 박물관용 전시품이라는 사실이다.

이것은 전혀 예외적인 현상이 아니다. 유명한 관광지라는 곳에 가보면 어디나 관광객을 상대로 잘 보존된 '순수하고 오염되지 않은' 문화유산을 홍보하는 데 여념이 없다. 이 작업에는 흔히 원주민이 동원된다. 밴쿠버 섬에 가면 코위찬 부족이 북 치고 노래하는 라이브 공연이 있고, 뉴질랜드에선 바

디페인팅을 하고 전통의상을 입은 마오리족의 춤을 볼 수 있다. 아니면 원주민이 과일 더미를 머리에 이고 다니는 모습을 연출한 캐리비언 리조트에 갈 수도 있다. 거기도 요즘은 과일을 이고 다니는 사람이 없다는 걸 뻔히 알면서도 구경하며 즐기는 거다. 혹은 폴란드 크라쿠프의 유대인 동네에 가서 코셔 보드카를 마시며 캐나다에서 온 아르바이트 학생이 연주하는 전통 유대음악 클레즈머를 즐기는 방법도 있다. 일각에서는 이런 식의 '전통보존주의' 때문에 살아 있는 전통이 박물관용으로 변질되고 있다는 비판을 제기해왔다. 어느 태평양 제도 원주민은 문화에 관한 질문에 이렇게 대답했다. "문화요? 우리가 관광객에게 보여주는 게 바로 문화죠."[1]

고유한 문화는 관광객한테나 보여주는 거라는 관념은, 전통사회란 폐쇄적이고 특별하고 내부적으로 균질하다는 생각의 논리적 귀결이다. 이런 생각은 살아 있는 문화라면 어떤 식으로든 개방되어 있어야 하고 세상과 관련을 맺어야 한다는 점을 놓치고 있다. 철학자 데니스 더튼은 깔끔한 사고실험으로 이를 잘 보여준다.

우선, 밀라노 라 스칼라 같은 훌륭한 극장에서 선보일 법한 오페라에 필요한 재능, 능력, 지식, 기법, 전통이 서로 연결되어 탄탄히 축적된 상황을 상상해보자. 그리고 오페라에 대한 비평, 연구, 역사적 이해가—즉 관객의 존재가—어떤 식으로 그 오페라를 살아 있는 주요 전통으로 만들어주는지를 생각해보자.

285

그런데 어느 날 갑자기 라 스칼라가 자연스럽게 존재하던 국내 관객을 잃으면 무슨 일이 벌어질까? 이탈리아인을 비롯한 유럽인들이 더 이상 오페라 공연에 가지 않고, 지역 신문도 새 공연을 리뷰하지 않는다면? 그렇게 되면 오페라는 오로지 관광객을 위한 볼거리가 될 것이다. 라 스칼라에서 오페라를 보는 관광객은 아마 그 오페라가 평생에 처음이자 마지막일 가능성이 크다. 그들에게 오페라 관람은 그랜드캐니언에 가는 거나 블라니 돌†에 입을 맞추는 거나 매한가지다. "그들이 화려한 의상과 휘황찬란한 무대 장치, 장대한 합창 장면, 소프라노 가수의 대단히 높은 음역에 감탄할 수는 있겠지만, 라 스칼라를 즐기던 전통적인 19~20세기 관객의 세련된 미적 감별력은 지니고 있지 않다."[2] 더튼의 지적대로 오페라는 아직까진 고정 관객이 있지만 계속 진화하는 주요 문화와의 연결성을 많이 잃었다. 그렇게 되면 결국 껍데기만 남은 고유문화는 자기가 애초에 어디서 비롯됐는지 기원을 망각하고, 그 예술 형식 안에 담긴 기호와 상징들의 의미마저 놓칠 가능성이 있다.

이것이 바로 파판틀라의 볼라도레스 의식에 일어난 일이다. 볼라도레스의 춤뿐 아니라 수많은 제례, 예식, 전통, 심지어 한 문화 전체가 진정한 문화라는 영광으로 포장되어 전시용도로 보존되고 있다. 진정하다? 그것들은 문자 그대로 '보존'되고 있을 뿐이다. 톈안먼 광장 남쪽 마오쩌둥 기념당

† 아일랜드 코크 주 블라니 성 내에 있는 돌로, 입을 맞추면 말솜씨가 유려해진다는 전설이 있다.

에서 방부 처리된 마오쩌둥의 사체를 구경할 때처럼 구경꾼들은 얼빠진 얼굴로 입을 벌린 채 구경하지만, 그것은 맥락이 생략된 단순 오락에 불과하다.

진정한 고유문화라는 관념은 자세히 들여다볼수록 부조리 투성이다. 가나 출신인 콰메 앤터니 애피아 프린스턴 대학교 교수는, 하나의 문화를 살피는 것은 양파껍질을 까는 것과 같아서, 다른 곳에서 영향받거나, 차용하거나, 재상상(re-imagining)하거나, 아니면 아예 통째로 수용한 흔적들을 겹겹이 발견할 수 있다고 멋지게 비유한다. 애피아는 서아프리카 헤레로 부족의 여성용 전통의상은 19세기 루터교 선교사들의 영향을 받은 것이라고 지적한다. 캐나다에서는 외국 고위관리들이 방문하면 답례로 이누이트족의 특산품인 동석 조각품을 선물하는 것이 관례인데, 그런 조각 기법이 1948년 백인 조각가가 이누이트족에게 소개한 것이라는 사실을 아는 캐나다인은 드물다.

이와 같은 사례는 수없이 많다. 사색, 음악, 식문화, 무용 등 세상 모든 문화의 거의 모든 측면이 상품과 아이디어와 기술의 교환, 그리고 무엇보다도 인간이 지구상을 돌아다니며 다른 곳에 있는 사람들과 서로 관계 맺는 과정을 통해 형성된다. 내가 좋아하는 사례는 트리니다드 섬의 양철드럼 밴드다. 이 밴드들은 50갤런들이 오일 드럼통을 드럼으로 쓰는데, 2차 세계대전이 끝나고 미군들이 두고 간 것을 활용한 것이 계기였다. 쿠키용 양철통, 프라이팬 같은 금속제 물품과 함께 드럼통은 트리니다드에 원래 존재하던 전통 대나무 북 제작 기술을 완전히 대체하고 말았다. 그렇다고 해서 트리니다드의 양철드럼 음악이 '진정으로 고유'하지 않다고 생각하는 사람이 있을까?

건강한 문화는 건강한 사람과 같다. 끊임없이 변하고 자라고 진화하지만 그 와중에도 어떤 일관성을 잃지 않는다. 교역이 초래하는 변화의 바람이 아무리 심해도 흔들리지 않는 안정적인 중심 같은 것이 있다. 그런 점에서 우리는 양파 비유를 좀 더 확대시켜, 한 문화를 한 사회의 면역체계와 유사한 것으로 상상해볼 수 있다. 외부의 이물질에 노출될수록 튼튼해진다는 얘기다. 지나치게 청결한 환경에서 자란 아이들이 질병에 취약하듯, 세상으로부터 고립된 문화는 도자기 인형과 같아서 아름답지만 깨지기 쉽다. 그래서 특정 문화를 보호하고 보존할 때 원주민이 관광객 보라고 시전하는 '진정한 고유성'은 우리가 신경 쓸 대상이 못 된다. 우리가 관심을 쏟아야 할 더 적절한 대상은, 더 유연하고, 더 튼튼하고, 세상과 더 긴밀히 관계 맺고 있는 것, 다시 말해 우리가 '세계관' 혹은 '에토스'(ethos)라 부르는 것이다.[3]

'에토스'는 스타벅스에서 파는 생수 상표이기 이전에, 한 사회의 도덕·정치·종교·예술·과학적 기풍을 가리키는 유용한 그리스 용어다. 하나의 사회가 세계 또는 외부인과 어떤 조건으로 관계 맺을지를 규정하는 그 사회의 관습과 전제, 의식과 상징, 규칙과 위계질서를 드러내 보여주는 것이 바로 에토스다. 우리는 문화 정체성을 논할 때 보통 이 에토스를 짚고 넘어간다. 그것은 세상에 대한 고유한 관점, 혹은 간단히 표현해 '세계관'이다. 이 정체성 또는 세계관은 사회의 예술적 창조와 과학 혁신을 촉진하며, 에토스에 충분한 자신감이 담겨 있으면 (고대 그리스, 르네상스 시대의 피렌체, 20세기 중반의 미국처럼) 놀라운 성취를 거둘 수 있다.

간단히 말해 강력한 문화 에토스나 문화 정체성은 삶을 살 만한 것으로 만드는 모든 것—삶을 단지 가능하게 하는 의식주 필수품 말고—을 지탱하는 힘이다. 바로 그래서 문제다. 세계화 현상은 교역을 통해 아이디어를 확산하고 신기술을 개발하고 생활필수품의 품질 향상과 가격 인하에 기여하지만, 특정한 문화 형식에 치명적인 효과를 끼친다.

때로는 단지 바깥세상의 존재를 인식하는 것만으로도 자신감이 떨어지고 기존 위계질서 및 제도가 무너져 문화가 파괴될 수 있다. 「스타 트렉」에 나오는 프라임 디렉티브†도 바로 그런 현상에 대한 비유이고, M. 나이트 샤말란 감독의 영화 「빌리지」에도 이 이슈가 깔려 있다. 좀 더 평범하지만 알기 쉬운 예를 들면, 성공한 예술가의 비전이나 목소리가 저조해지는 현상을 들 수 있다. 많은 문필가, 뮤지션, 영화인이 그런 일을 겪는데, 소위 '2년차 슬럼프'다. 조지프 헬러나 에밀리 브론테 같은 많은 작가들이 좋은 책을 한 권밖에 쓰지

† Prime Directive: 「스타 트렉」에서 행성연방이 지키는 최상위 규칙. 미개한 행성을 방문했을 때 우월한 기술력을 이용해 그들의 역사를 바꾸는 행위를 금지하는 일종의 내정불간섭원칙이다.

못했고, 첫 앨범으로 성공한 밴드가 괜찮은 두 번째 앨범을 내지 못해 애쓰는 경우도 흔하다.

마약이나 성공이 유발한 정신적 해이도 일부 원인이겠지만, 2년차 슬럼프의 주된 원인은 예술가가 성공하면 세계관이나 정체성에 불가피하게 섬세한 변화를 겪기 때문이다. 자의식이 강해지고 예민해져서, 초기에 보여주던 즉흥성, 순진성, 자연스러움, 자신감을 잃고 계산적이고 진부하고 냉소적으로 변한다. 할 만한 얘기는 벌써 남들이 다 했고, 괜찮은 곡은 이미 남들이 다 지었고, 남은 것은 주석과 인용뿐이라는 생각에 시달리는, 해럴드 블룸이 말한 이른바 '영향에 대한 불안'에 희생될 수 있다.[4]

예술가처럼 사회 전체도 마찬가지 경험을 한다. 외부 세계가 가져다주는 혜택도 많지만 외부의 영향이 지나치면 그 사회의 문화가 희석되고 약화되면서 원래 에토스는 거의 사라지고 남지 못할 가능성이 있다. 고유하고 대체 불가능할 수 있는 세계관의 파괴 가능성은 세계화가 초래하는 비극적이고 현실적인 결과다. 더 가슴 아픈 건 그처럼 파괴를 낳는 동력들이 개방된 자유사회에서 완전히 정당화되고 또 통제나 지연이 거의 불가능하다는 점이다. 개개인은 교역으로 삶의 질을 향상하고, 신기술을 받아들이고, 세계를 바라보는 대안의 시각을 탐색할 욕망과 권리를 지닌다. 이들이 각자의 이익에 따라 행동하는 과정에서 집합적으로 에토스의 종말이 초래된다는 사실은 문화 공동 자산이라는 관점에서 커다란 비극이다.

그러면 어떻게 해야 할까? 고립과 정체를 낳는 '문화의 박물관화'냐 아니면 완전한 '오염'이냐 하는 양극단 사이에서 만족스러운 타협은 가능할까? 살만 루슈디의 말대로 "혼성, 불순, 혼합을 축하"하고 "잡종화를 반기며 순수 절대주의를 경계"하는 타협 말이다.

§

볼테르는 18세기 영국에서 온갖 종파가 확산되는 현상을 지적하며 영국은 "교파는 많은데 음식에 치는 소스는 하나뿐"인 나라라고 비꼰 바 있다. 건조한 유머지만 그 속에는 종교의 다양성이 공공질서에 위협은커녕 기반이 될 수 있다는 날카로운 관찰이 담겨 있다. "만약 영국에 종교가 단 하나면 독재의 위험이 있고, 둘이면 서로 잡아먹지 못해 안달일 것이다. 그러나 종교가 30개쯤 되니까 평화롭게들 사는 것이다."[5]

볼테르 같은 계몽주의 사상가들의 눈에는 다양성과 조화로운 시민사회 사이에 별다른 긴장이 존재하지 않았다. 사람들이 어떤 신념, 취향, 의견을 지녔든 자유주의적 정체(polity)는 그것을 관용할 수 있다고 볼테르는 믿었다. 단, 내가 누리는 것과 동일한 관용을 남에게 거부하는 행동은 용인되지 않는다.

볼테르 시대 이후로 다양성 논의에 많은 변화가 있었다. 볼테르가 관찰한 '신앙의 다중성'이 실은 개신교 종파만 따진 것임을 상기하면 새삼 놀랍다. 요즘 영국은 펄펄 끓는 온갖 신앙의 가마솥이다. 2005년 여론조사에 따르면 런던 주민 가운데 기독교인이 (종파 구분 없이 다 합쳐) 58퍼센트로 여전히 다수를 점하는 한편, 무슬림 9퍼센트, 힌두교도 4퍼센트, 유대인과 시크교도는 각각 2퍼센트다. 영국에서 이런 종교의 다양성은 삶의 일부다. 그래서 찰스 왕세자는 자기가 왕위에 오르면 모든 백성의 종교의 자유를 지켜주는 것이 중요한 사명이 될 것임을 강조하며 자신이 '신앙의 보호자'로 알려졌으면 한다는 소망을 피력한 바 있다.

현재 런던의 모습은 유럽, 북미, 오세아니아를 비롯한 지구상 곳곳에서 증진된 다양성을 반영하듯 보여준다. 이 다양성은 종교 다양성만을 가리키는 게 아니다. 세상 사람들이 빠른 속도로 교류하면서 인종, 문화, 성적 지향, 라이프스타일도 함께 어지럽게 뒤섞이고 있다. 사회이론가 그랜트 매크래켄은 이 세상이 플라톤이 말한 충만성(plentitude)의 세계라는 관념, 즉 모든 다름(difference)이 더 높은 수준의 다양성으로 확장되어 "상상할 수 있는 모든 것이 가능한 상태"를 향해 서서히 다가가는 것 같다고 주장한다.[6]

이 '충만성'은 몇 가지 다른 이름으로 불린다. '세계화'라면 사람들은 주로 자유무역과 경제 규제 완화를 떠올린다. '다문화'는 이민 정책이나 학교 교과과정을 논의할 때 흔히 다뤄진다. 그러나 정치, 경제, 종교, 문화 등 여러 분야를 전반적으로 두루 아우르는 최적의 용어는 '세계시민주의'다.

세계시민주의(cosmopolitanism)는 새로운 용어가 아니다. 이 말을 처음 쓴 사람은 고대 그리스의 키니코스학파 철학자 시노페의 디오게네스라고 전해진다. 전에도 언급했지만 디오게네스는 독특한 성격의 소유자여서 많은 면에서 최초의 '진정성 철학자'로 여겨진다. 그는 아테네 사회를 별로 좋아하지 않았고, 아테네의 부패한 공직자와 제도를 경멸했다. 디오게네스는 문명의 이기를 포기하고 자급자족하는 것을 올바른 삶으로 여겼다. 그는 추상적으로 이론만 내세우는 사람이 아니었다. 거지꼴로 통 속에 살면서 아테네 시민에게 모욕을 주거나 싸움을 걸며 시간을 보냈다. 마음에 들지 않는 사람에게 오줌 세례를 퍼붓고, 극장에서 대변을 보고, 시장에서 자위를 했다고도 전해진다. (이 마지막 행위로 징계를 받자 그는 손으로 배를 문지르는 것만으론 도저히 굶주림이 해결이 안 돼서 그랬다고 답했다.)

이 모든 기이한 행태에도 불구하고 디오게네스는 세계시민주의의 아버지로 유명하다. 어디 출신이요, 하고 누가 물으면 그는 늘 나는 세계시민이오, 하고 대답했다. 그 시대의 기준에서는 급진적인 입장이었다. 당시에는 문명인이라면 누구나 도시국가 혹은 폴리스(polis)라는 정치공동체의 일원으로서 정체성을 도출하고 충성을 맹세해야 한다고 생각했다. 자기를 '세계시민'이라고 부르는 건 어불성설이었다.

정치이론으로서 세계시민주의는 이후 수세기 동안 휴면기에 있다가 이마누엘 칸트 같은 초기 자유주의 사상가들에게 다시 주목받았다. 이들은 특정 인종, 종교, 계급에게 특권을 주거나 특정 지역민에게 특별 지위를 부여하는 전반적인 정치 현실에 세계시민주의가 강력한 해독제가 되어줄 것으로 생각했다. 세계시민주의자들은 특수주의, 지역주의를 거부하고 자신의 충성심과 의무가 전 인류로 확장될 것이라고 믿는다. 그러나 세계시민주의는 독재와 폭정에 대한 항거를 돕는 외에도 추가적인 장점이 있었다. 철학이 개인의 자기계발을 돕는다는 디오게네스의 태도를 되새긴 자유주의적 세계시민주의자들은, 인간의 다양성은 그 자체로 소중하다고 믿었다. 독일 철학자 크리스토프 빌란트는 1788년에 이렇게 말했다. "세계시민주의자에게 모든 지구인은 한 가족에서 뻗어나간 수많은 가지이며, 세계란 무수한 합리적 존재들이 시민으로서 함께 일반 자연법 아래에서 전체의 완벽을 도모하는 한편 각자 자신의 복지를 자신만의 방식으로 바쁘게 챙기는 상태를 의미한다."[7]

　　이 시각은 약 1세기 후 존 스튜어트 밀의 유명한 『자유론』에서 다시 한 번 메아리친다. 밀에게 다양성이 중요한 이유는 어떤 삶을 살지 결정하는 데 필요한 선택의 여지를 부여하기 때문이다. 그의 주장은 단순하다. 각각 다른 물리적 환경에서 다른 동식물이 번성하듯이 인간도 다양한 도덕환경, 문화환경 속에서 다양하게 번성한다는 것이다. 누구에게 약인 것이 다른 이에겐 독이 될 수 있듯, "각자의 삶의 양식에 맞는 다양성이 없으면, 합당한 몫의 행복도 못 누리고, 본성에 잠재된 정신적·도덕적·미적 능력에도 도달할 수 없다".[8]

그러나 최근 몇십 년 사이 그런 논리에 의문이 제기되기 시작했다. 타국과의 교역이 자유로워지고, 국경 드나들기가 쉬워지고, 안정적이고 질서 있던 사회가 끊임없이 요동치는 상태로 바뀌면서 사람들이 회의하게 된 것이다. 자유주의 확산으로 귀족제도가 무너지고 인종주의와 종교의 권위가 약화되긴 했지만, 역설적으로 그와 함께 지역주의나 특정한 충성주의가 부활하기 시작했다. 그러면서 도리어 진보를 표방하는 측에서 세계시민주의를 혐오의 대상, 진정성의 적, 수많은 사회문제의 근원으로 치부하게 됐다.

세상이 너무 심하게, 너무 빨리 변한다는 불안감이 퍼졌다. 공동체 소속감과 지역 연고의식은 나는 누구고 내 가치관은 뭐냐 하는 자기동일성 확립에 필수적이라는 점에서, 세상 모든 이에게 충실하다는 것은 사실상 아무에게도 충실하지 않은 것과 같다. 통 속에 살며 구걸하거나 사람들에게 오줌을 갈기는 삶은 디오게네스에게는 괜찮았을지 모른다. 그러나 오늘날 진정성 있는 삶에 대한 욕구는 공동체와 연고를 맺는 방식에 있어서 뭔가 좀 더 탄탄한 것을 필요로 한다.

§

세계시민주의에 반대하는 가장 중요한 논거로 많은 이들이 정신과 도덕의 황폐화를 거론한다. 개인의 욕구 극대화가 주된 목표인 자유주의에 대한 광범위한 불만의 일환이다. 칸트 같은 자유주의자의 목표는 자유다. 밀 같은 공리주의자의 목표는 행복 또는 후생이다. 두 경우 모두 개인의 욕구 충족이 최우선이며, 자유나 행복 추구에 제한을 가하는 그 어떤 것도 정당화될 수 없으므로 기피되거나 제거되어야 한다.

이 견해에 따르면 자유주의는 자기도취적이고 허무주의적인 철학이며, 자기 충동과 자기 욕망을 넘어선 가치관과 충성심은 관념적으로 존재할 여지가 없다. 이런 관점이 아주 강렬하게 드러나는 소설이 하나 있는데, 바로 프랑스 작가 미셸 우엘벡의 『소립자』다.

『소립자』는 SF에 가까운 디스토피아 소설로, 아버지가 다른 형제 브뤼노와 미셸의 이야기다. 미셸은 분자생물학자이고 브뤼노는 섹스중독증에 시달리는 고등학교 교사다. 둘 다 사회생활에 어색한 외톨이인데, 그렇게 된 건 자식들에게 무관심했던 히피 어머니 때문인 것으로 그려진다. 브뤼노와 미셸이 여자친구들과 저녁식탁에 앉아 자신들의 삶이 얼마나 개판인지 얘기하는 데 책의 상당 부분이 할애되고, 한편 (미셸의 선구자적 연구 결과 덕분에) 앞으로 복제기술이 인간의 유성생식을 대체하게 된다는 얘기가 배경에 깔린다. 종의 유지를 위한 기본적인 대인 접촉조차 필요 없어진 인간들은 이제 그저 자유로운 유랑자로서 세상을 떠다니며 남과 대화는 하지만 진정한 결속감은 못 느끼는 존재가 된다.

1998년에 책이 출간됐을 때 적나라한 성적 묘사 때문에 논란이 일었고, 책 내용에 딱 어울리는 작가의 위악스러운 면모도 악명에 기여했다. (그래서 수십만 부가 팔렸다.) 하지만 많은 서평이 『소립자』를 자유주의 사회의 핵심에 웅크린 자기중심적 허무주의를 묘사한 고전으로 칭송했다.

공동체 특수주의는 자유주의의 집착적 자기애를 넘어 더 위대한 어떤 것에 대한 사랑으로 인도하는 소중한 가치로 흔히 전제된다. 가족, 친지, 그 외 역사·종교·가치관을 공유하는 집단에 소속됨으로써 우리는 '자기'의 단기적·장기적 욕구에서 벗어나 타자의 욕구에 더 민감해진다. 공동체주의자는 자유주의에 대해 "세상 모든 것이 다 너를 중심으로 돌아가는 게 아니다"라고 일갈한다. 개인의 욕구를 초월하는 것, 우리의 충성과 희생을 요구하는 것들이 존재한다는 사실에 대한 인식이 중요하다는 것이다.

자유주의적 세계시민주의는 허무주의와 종이 한 장 차이라는 비난은 익숙하지만 잘못된 비난이다. 고전적인 자유주의 사상가들은 세계시민주의가 이기주의와 자기도취를 허락해서 매력을 느낀 게 아니다. 오히려 그 반대였다. 자유주의자들은 세계시민주의가 새로운 가치, 새로운 삶의 양식에 눈뜨게 하고, 관용과 상호존중의 미덕을 장려하는 방식을 보

며 좋아했다. 콰메 앤터니 애피아 교수의 말대로 세계시민주
의자가 다양성을 중시하는 이유는, 인간은 자기 삶을 "타자
와 협력하여" 일궈가기 위해 여러 대안을 시험해볼 권리가
있기 때문이다.[9]

이 논쟁에서 한 가지 난점은 세계시민주의자와 공동체
주의자가 여러 면에서 서로 동문서답을 한다는 점이다. 세계
시민주의자는 특정한 자유주의 원칙의 중요성을 논하고, 공
동체주의자는 자유주의가 가치관에 일으키는 효과를 우려한
다. 그런데 우리는 일상에서 원칙과 가치관을 잘 구분하지 않
는다. 어떤 때는 거의 동의어처럼 쓰기도 한다. 예컨대 원칙
에 충실한 사람은 가치관이 뚜렷한 사람이라고 칭찬받는다.
그러나 학자들은 이 두 가지를 구분한다. 그것들이 도덕적 삶
의 각각 다른 면을 대변하기 때문이다.[10]

우리가 원칙이라 할 때는, 헌법에 따른 정당한 법 절차,
평등권, 종교·표현·집회의 자유 등 자유주의 사회의 근간이
되고 우리의 권리의식을 통제하는 일반원칙을 가리킨다. 반
면에 가치관은 어떤 행동과 신념이 옳으냐에 대한 의식을 가
리킨다. 가치관은 삶에 의미와 목적을 부여하는 역할을 한다.

차이점을 좀 더 확실히 설명해보자. 표현의 자유라는 자
유주의 원칙이 우리가 무슨 생각이든 표현할 수 있도록 허락
하지만, 가치관은 그것을 어떤 방식으로 표현할 것인가에 영
향을 준다. 피에르 엘리오트 트뤼도 전 캐나다 총리는 "국가
는 국민의 침실에 간섭할 권한이 없다"고 말한 바 있는데, 그

는 정부가 국민의 성행동에 참견할 수 없다는 '원칙'을 선언한 것이다. 그러나 트뤼도는―가령 금욕주의, 일부일처제, 그룹섹스 등에 관한―국민의 성 가치관에 대해선 공식 입장을 내지 않는다. 다양한 성욕구의 충족도 삶에 의미를 부여하는 요소 가운데 일부다. 결국 애피아 교수의 말은, 어떤 가치관이 수호할 만한지 판단하려면 인류문화가 제시하는 여러 가지를 이것저것 최대한 시도해볼 수 있어야 한다는 원칙을 주장하고 있다. 다양성은 우리에게 새로운 잠재적 가치관을 제시해줄 수 있어서 유용하다.

공동체주의의 문제점은, 비슷한 사고방식을 지닌 사람들로 이루어진 공동체의 일원으로서 그 공동체가 공유하는 가치관 범위 내로 한정된 삶만 추구할 수 있다는 점이다. 아미시 종파 같은 집단을 보면 이해하기 쉽다. 이들은 세상을 등지고 자기들끼리 농촌사회를 이루고 살면서 특정한 형태의 기술문명을 거부한다. 만약 일부 구성원이 갑자기 산업용 수확기를 쓰거나 자녀에게 휴대폰과 고속인터넷 사용을 허락한다면 아미시 공동체가 얼마나 따른 속도로 붕괴할지 상상이 될 것이다.

아미시 같은 고립주의자는 드물더라도 가치관을 공유하는 사람들끼리 모여 사는 공동체의 삶은 많은 사람에게 매력적으로 비친다. 이것은 모든 크고 작은 공동체는 결국 공유되는 가치관에 의해 지탱된다는 관념에서 비롯된다. 이 생각에 따르면, 우리 동네가 전쟁터로 변하지 않는 건 좋은 삶이란 무엇인가에 대해 공통된 이해를 갖고 있는 구성원으로 이루어졌기 때문이다. 치안, 안녕, 신뢰, 우정 등은 구성원 모두가 가치관을 공유하는 공동체에서만 유지할 수 있다는 것이다.

사회 통합과 인종 다양성의 관계를 집중 연구한 미국 사회학자 로버트 퍼트남은 다양성을 사회 안정의 원천으로 본 볼테르의 믿음과 대조되는 연구 결과를 선보인다. 퍼트남에 따르면, 이민자가 늘고 다양성이 증가하면 사람들은 "몸을 움츠리고 거북이처럼 행동"하며, 타자에 대한 개방성이 감소하고 상호 불신이 증가해 공동체의 결속이 무너지기 직전까지 간다.[11] 더 심각한 문제는 다양성이 큰 공동체는 균질하고 결속력 강한 하부 소그룹으로 분열될 뿐 아니라 공동체 전반으로 불신이 확산된다고 퍼트남은 말한다. 다시 말해 사람들은 자기와 다르게 생긴 사람뿐 아니라 자기와 비슷하게 생긴 사람마저 불신하게 된다는 것이다. 이와 같은 기본적인 신뢰의 결여는 해당 지역정부에 대한 불신, 투표율 저하, 공동체에서 이루어지는 (마을 방범대나 공원 조성 같은) 사업에 대한 비협조와 불참, 자선단체 기부 감소, TV 시청 시간 증가 등 여러 모습으로 표출된다.

2006년 이 비관적 함의를 담은 연구 결과가 발표되자, 퍼트남은 인종주의자, 반이민 활동가, 우파 국가주의자 같은 집단들에게 의외의 지지를 받았다. 그들은 다문화주의자들의 나약한 머리통을 갈길 육중한 새 몽둥이라도 얻은 듯 기뻐했다. 스스로를 진보주의자로 여겼던 퍼트남에게 그런 반응은 고역이었다. 그는 미국이나 영국, 또는 다른 나라에서 취해온 개방적인 이민 정책과 다양하지만 통합된 동네를 만들어가는 정책들을 딱히 재고해야 한다고 생각지 않았다. 다양성 증가가 단기적으로 공동체를 약화시킨다면, 더 광범위하고 포용성 있는 시민 정체성을 구축하는 장기 프로젝트를 마련해야 한다는 것이 퍼트남의 주장이었다. 그가 지적한 대로 미국은 20세기 전반에 아일랜드, 이탈리아, 폴란드, 독일, 유대인 이민자 수백만 명을 미국 사회에 동화시킨 역사가 있다. 이를 다시 이루지 못할 이유는 없다.

그러나 다양성 비판자들에게 그건 순전히 희망사항일 뿐이다.

§

1964년 3월 13일 새벽. 뉴욕 퀸스에 사는 28세 여성 키티 제노비스는 매니저로 일하는 바에서 긴 근무를 마치고 귀가하던 중이었다. 차를 주차하고 아파트 건물을 향해 걷는 그녀를 뒤쫓아와 등을 칼로 두 번이나 찌른 자는 기계공 윈스턴 모슬리였다. 제노비스가 도와달라고 비명을 지르자 모슬리는 달아났고, 피해자는 자기 아파트를 향해 기어갔다. 그런데 10분후 모슬리가 다시 나타나 아파트 복도에 반쯤 정신을 잃고 쓰러져 있는 제노비스를 몇 번 더 칼로 찌르고, 성폭행을 하고, 가진 돈을 빼앗아 달아났다. 경찰과 앰뷸런스가 몇 분 후 도착했지만 피해자는 병원에 도착하기 전해 사망했다.

키티 제노비스 살해 사건은 즉각 센세이션을 일으키면서 미국 도시생활의 익명성과 고립, 그리고 상호배려의 완전한 결여를 여실히 보여주는 사례로 제시됐다. '살인목격자 38인 중 누구도 경찰에 신고하지 않았다'라는 제목의 『뉴욕타임스』기사도 그와 같은 선정적인 관점 형성에 기여했다. 기사는 이렇게 시작된다. "법을 준수하는 건전한 퀸스 주민 38명이 큐가든스 동네에서 살인자가 세 차례에 걸쳐 한 여성을 칼로 찔러 살해하는 장면을 30분 넘게 지켜보고만 있었다." 이 기사는 "사건에 연루되기 싫어서" 신고하지 않았다는 피해자의 이웃사람 말까지 인용했다. 작가 할란 엘리슨은, 또 다른 이웃은 비명이 들리자 듣고 있던 라디오 볼륨을 높이기까지 했다는 얘기도 전했다.

『뉴욕타임스』나 엘리스가 묘사하는 그날 밤 사건은 부정확하다. 큐가든스 동네 주민 중에 제노비스의 비명을 들은 사람은 10여 명이다. 그들 가운데 어느 누구도 끔찍한 장면을 직접 보지 못했고, 비명을 들은 사람도 그저 싸우는 소리로만 생각했지 살인 사건으로 생각지 않았다.

그럼에도 키티 제노비스 살해 사건은 대규모 공동체에서 책임감이 희석되는 현상, 이른바 '방관자 효과'(Bystander Effect)라 일컫는 새로운 연구를 등장시켰다. 한마디로 정리하면, 범죄현장이나 도움이 필요한 상황에서 목격자가 많을수록 누가 도우려고 나설 확률은 역설적으로 줄어드는 효과를 가리킨다. 그 사건은 계속해서 사회학 입문서에 소개되고 있고, 일반인의 마음속에 도시생활의 냉정과 소외를 경고하는 우화로 자리 잡았다.

제노비스 사건이 지속적인 관심을 자극하는 것은 살인의 잔혹성 때문만은 아니다. 이 사건에는 도시의 삶의 공명주파수를 건드리는 뭔가가 있다. 근처에서 자동차 경보기가 울려도 무슨 일인지 살펴보지 않고 지나가거나, 불에 타는 건물을 구경꾼 틈에서 함께 구경하거나, 차도에서 자동차 후드를 열고 엔진을 들여다보며 난감해 하는 사람 옆을 그냥 지나친 게 몇 번인지 돌이켜보라. 하지만 대체로 그것은 무관심이나 냉정함보다는 단순한 이성적 판단에 의한 행동일 때가 많다. 주변에 사람이 많으면 그중 누가 벌써 경찰이나 구급차를 불렀을 거라고 상정하게 된다. 그런 의미에서 방관자 효과는 일종의 '집합행동의 문제'(collective action problem)에 해당한다. 집합행동의 문제란 개인이 개별적으로 내리는 합리적 판단이 집합적으로 보았을 때 유감스러운 결과를 초래하는 현상을 말한다.

이때 일반적으로 '공동체'의 핵심으로 여겨지는 상호신뢰와 사회성의 근본 속성에 관한 흥미로운 사실이 드러난다. 퍼트남의 연구가 보여준 대로 도시 지역, 특히 문화 다양성이나 인종 다양성이 높은 곳에서 상호신뢰와 사회성을 찾아보기 힘든 것은 인종주의, 계급주의, 편견, '타자'를 거부하는 제노포비아가 아니라, 단순한 이성적 판단 때문일 수 있다.

간단한 사례를 들어보자. 건물을 드나들 때 바로 뒤에 오는 타인을 위해 문을 잡아주는 행위는 상식적인 예의범절이다. 내가 바쁜데도 낯선 사람인 당신을 위해 문을 붙잡아주었다고 하자. 그러나 이런 '상식적인 예의'의 바탕에는 단순한 이타심 이상의 요소가 존재한다. 문을 잡아주는 행위는 칭찬받을 만한 행위가 아니라 '당연히 그래야 하는' 행위다. 그래서 이런 자잘한 예의도 못 지키는 건 도덕적 결함으로 간주된다. 엘리베이터를 탈 때 누가 달려오면 기다려주기, 슈퍼마켓 계산원과 눈 마주치기, 헬스장에서 운동기구에 묻은 자기 땀 깨끗이 닦기 등등 남을 배려하는 행동은 우리가 도시에서 매일 당구공처럼 이리저리 튕겨 다니는 와중에도 타인과의 접촉을 부드럽게 만들어준다.

그런데 요즘 이런 예의범절이 쇠퇴하면서 공공생활의 익명성과 소외가 한층 더 심해졌다는 느낌을 받는다. 그래서 우리는 작은 마을을 낭만화한다. 우리가 상상하는 작은 마을에서는 계산원은 거스름돈을 건네며 늘 상냥한 미소를 짓고, 바텐더는 내가 좋아하는 음료를 기억하고, 누구나 엘리베이터 문을 붙잡아준다. 왜 그런지 생각해보자. 고립상태에서 일어나는 행동은 없다. 남이 나를 과거에 어떻게 대했고 앞으로 어떻게 대할지가 우리의 행동에 영향을 준다는 점을 기억하면 이해에 도움이 된다. 모든 배려에는 호혜의 요소가 담겨 있다. 누가 당신을 위해 문을 붙잡아주면 당신도 다른 누군가를 위해 문을 붙잡아준다. 헬스장에서 앞사람이 당신이 올라탈 기구를 닦으면 당신은 뒷사람을 위해 닦는다.

만약 이런 배려의 주고받음이 장기간 동일한 두 사람 사이에 자주 발생하면, 어느 순간 물물교환경제의 사적 거래처럼 변한다. 만일 어제 내가 당신을 위해 문을 붙잡아주었다면, 오늘 당신이 나를 위해 문을 붙잡아주는 것은 어떤 의미에서 '빚을 갚는' 행위다. 당신이 하지 않으면 나는 내일 당신을 위해 문을 잡아주지 않음으로써 당신을 징벌할 가능성이 높고, 그러고 나면 앞으로 서로 많이 불편해질 것이다. 그러나 서로 매일 보는 사이라면 '문 잡아주기 경제'에서 이탈할 이유가 없다. 서로 상대방이 '문 잡아주기' 빚을 떼먹고 달아나 자신만 손해 보는 상황에 처하지 않으리라고 확신할 수 있다.

다른 종류의 예의범절에도 같은 설명을 적용할 수 있다. 동네 단골 구멍가게나 술집이 당신의 외상을 받아주는 것도 바로 그 때문이다. 구성원들의 관계가 긴밀한 소규모 공동체나 그밖에 정기적으로 서로 접촉하는 관계에서 기본 예의범절이 더 잘 지켜지는 것은 이처럼 강제하기가 비교적 쉽기 때문이다.[12]

도시화된 대규모 사회에서도 문화나 인종이 동질적일 경우 구성원들이 사회규범과 기대치를 공유하므로 예의와 배려가 지켜질 수 있다. 사회규범은 장소나 문화에 따라 다르므로, 다른 지방으로 이사하거나 타국을 여행할 때 '여기서는 어떻게 행동하는 게 관례인지' 알아내는 일이 늘 큰일이다.

그러나 규모가 크지만 동질적인 사회에서 신뢰와 배려라는 사회규범이 지속될 수 있는 이유들이 또 있다. 우선 그런 사회는 학교, 직장, 친족 등 서로 겹치는 관계에 의해 지탱될 가능성이 크다. 공통의 직장, 학교, 교회, 민간단체, 대가족 혈연관계 속에서 형성된 관계가 지배하는 사회에서는 신뢰라는 접착제가 거리와 시간을 초월해 힘을 발휘할 때가 많다.

　　하지만 그런 사회가 더욱 커지면서 인종과 문화가 다양해지면 어떻게 될까? 첫째, 공유되는 규범이 감소한다. 특히 남녀가 관계 맺는 방식에서 그러할 것이다. 남자가 여성에게 문을 잡아주어야 할까, 아니면 남자가 여자보다 앞장서서 들어가야 할까? 남녀가 인사할 때 악수를 할까, 볼에 입을 맞출까? 양쪽 뺨에 입 맞춰야 할까? 아니면 아예 신체적 접촉을 안 해야 할까? 더 중요한 것은, 구성원들끼리 서로 대면하는 일이 줄어들면서 사회적 상호관계에서 발생하는 단단한 '호혜'의 고리가 느슨해지거나 비틀어진다는 점이다. 신세를 졌으면 되갚는 교환 시스템이라는 의식이 흐려지는 것이다. 해당 사회경제의 참여자 수가 증가하면서 누가 누구에게 무엇을 빚지고 있는지 기억하기가 점점 더 힘들어진다.

　　한편 예의범절 시장의 몸집이 커지면서 문을 붙잡아주는 일 같은 단순한 행동은 사적인 상호교환 체계에서 일종의 공공재 체계로 전환된다. 그리하여 뒤에 오는 사람이 누가됐든 문을 잡아주는 선의를 기부하는 일종의 '문 붙잡아주기 공동자산' 같은 것이 등장한다. 공공재가 흔히 그렇듯, 이때도 역시 자신은 남에게 그런 선의를 베풀지 않으면서 남이 베푸는 선의만 냉큼 받아 챙기는 무임승차자가 생긴다. 그러면 곧 뒤에 누가 들어오든 말든 아무도 문을 붙잡아주지 않게 되면서 공동자산이 무너지는 비극이 발생한다.

이런 신뢰경제의 붕괴는 모든 형태의 호혜, 사회성, 상호부조를 전반적으로 쇠퇴시킬 수 있다. 저 사람을 다시 볼 것도 아닌데 왜 내가 비가 퍼붓는 날 혼잡한 고속도로에서 내려 남 타이어 가는 걸 도와주나? 그런다고 내가 같은 일을 당했을 때 누가 나를 도와준다는 보장이 있나? 저거 강도질하려고 속임수 쓰는 거 아냐? 물론 누구나 서로 신뢰할 수 있는 안전하고 친근한 환경에서 살고 싶은 건 인지상정이지만, 내 선의를 남에게 이용만 당하는 것도 당연히 싫다. 이런 암울한 상황에서 사회가 홉스의 '만인에 대한 만인의 투쟁' 상태로 전락하는 것을 막을 방법은 단단히 내면화된 가치관(착한 사마리아인 이야기처럼) 또는 갈수록 희소해지는 동정심뿐이다.

신뢰경제의 쇠락은 사람들이 이 같은 사회적 재화를 더 이상 바라지 않는다는 뜻이 아니다. 우리는 여전히 우리 이름을 기억해주는 단골집에 가고 싶고, 커피를 시킬 때 서로 웃는 얼굴이기를 바란다. 재난을 당하면 누군가가 경찰에 신고해주기를, 타이어에 펑크가 나면 누군가가 도와주기를 바란다. 그렇지만 만약 신뢰경제의 사적 교환체계로부터―즉 내가 속한 공동체로부터―원하는 바를 얻을 수 없다면, 좀 더

공식적인 수단에 의지하는 방법도 있다.

그중 가장 흔한 방법이 시장에 기대는 것이다. 원하는 재화를 사회관계나 공동체에서 공급받지 못할 때 사람들은 그것을 구매한다. 가장 생생한 예가 가정용 보안시스템에 대한 수요다. 외출 중이나 취침 시 도둑이 들었을 때 이웃에 의지할 수 없다면 경보기를 설치하거나 경비원을 고용할 수 있다. 아파트는 보통 경비원이 드나드는 사람을 확인한다. 돈이 많으면 아예 옛날 성곽도시의 현대적 버전이라 할 수 있는 외부자 출입 제한 주택지로 이사 가면 된다.

요즘 들어 시장에 대한 의존이 여러모로 증가하는 추세다. 부모형제와 멀리 떨어져 다른 도시에 사는 경우가 많으니 아이들을 봐줄 사람을 고용한다. 사귈 사람을 찾는 독신자라면 인터넷 데이트 서비스를 이용할 수 있다. 얘기 나눌 친구가 없으면 동네 바에 가서 맥주 두어 잔을 시키고 바텐더에게 밤새 실컷 자기 얘기를 떠들 수 있다. 극단적인 예로는 물론 매매춘이 있다. 친밀감을 표현하는 궁극의 행위여야 할 것이 익명의 짧은 상거래로 변질된다.

이런 도시 생활의 암울한 이미지 때문에 많은 이가 이상형에 가까운 공동체를 찾아 광란의 군중을 피해 도시를 등지고 있다. 애초에는 도시의 오염과 혼잡으로부터 탈출한다는 좋은 의도로 시작된 이 현상은 점차 비판자들의 눈에 사악함 그 자체로 비춰지게 됐다. 이름하여 '교외 주택지'라 부르는 곳이 문제가 되고 있다.

§

교외 주택지에 대한 비판의 핵심은 '진정하지 않다'는 것이다. 교외에서의 삶은 작위적이고 인공적이며 실체 없는 대체물로서 진정성 있는 삶의 복제품에 불과한데도 사람들은 이를 깨닫기에 너무 어리석거나 광고에 세뇌됐다는 게 비판자들의 주장이다.

원래 상황은 좀 달랐다. 18세기 중엽까지는 도시 주민과 시골 주민이 명확히 갈렸다. 시골에 사는 이유는 딱 하나였다. 농사 때문이었다. 도시에 사는 이유는 여러 가지였지만 주로 접근성과 치안 때문이었다. 정치와 상거래는 직접 얼굴을 보면서 할 필요가 있었고, 빠른 교통수단이 없었으니 그러려면 서로 가까운 곳에 살아야 했다. 그리고 성곽 담장 안에 살면 더 안전했다. 요즘 사람들이 도시생활의 장점으로 치는 고밀도, 복합용도 등의 요소들은 원래 필요악이었다.[13]

오늘날 우리가 '스프롤(sprawl) 현상'이라고 부르는 도시 외곽부 팽창 현상의 기원은 도시의 소음, 악취, 번잡을 피할 여유와 특권이 있었던 부유계급과 귀족들이 시골에 저택을 지은 일이다. 전원생활을 즐길 특권은 양차 대전 사이 기간에 중산층으로 확산됐다. 북미 여러 도시에서는 전차가 주요 기폭제가 됐다. 전차 덕분에 적당한 시간 안에 적당한 비용으로 도심과 교외를 오갈 수 있어졌기 때문이다. 점점 더 많은 이들이 번잡한 도시생활을 포기하고 조용한 교외의 단독. 반단독·연립주택을 선호하게 되면서, 전차 노선을 따라 주택지가 개발되기 시작했다. 이 과정은 1920년대까지 활발히 진행되다가 대공황과 2차 세계대전으로 중단됐다. 그러나 종전과 함께 재개됐고, 이번에는 대기업과 정부라는 쌍두마차가 원동력이 되어주었다.

흔히 듣는 얘기지만 전후 교외 이주 현상을 둘러싸고 음모론도 존재한다. 2차 세계대전이 끝난 후 미국은 엄청나게 남아도는 잉여생산 능력이 있었는데 경제가 파괴된 유럽이 이를 흡수해주지 못하는 상황이었다. 그래서 디트로이트 자동차 생산업자들은 석유업계, 건설업계와 짜고 젊은 부부들에게 지저분한 도시보다 전원적인 교외에서 행복을 찾으라고 설득했다는 것이다. 물론 교외에 살려면 운전을 해야 했다. 그와 같은 아메리칸 드림의 확실한 산파역을 이행하기 위해 제너럴 모터스, 스탠더드 오일을 비롯한 몇몇 업체는 전차 노선을 사들여 해체시켜버렸고, 연방정부는 점점 공동화되는 도심과 주택 붐이 일어난 교외를 연결할 고속도로를 대대적으로 건설하는 계획을 세운다.

그리하여 미국식 생활방식은 곧 자동차 생활과 동의어가 됐다. 하지만 가장 먼저 이 트렌드에 뛰어든 가정들은 공장에서 찍어낸 듯 천편일률적인 주택지에 살면서 도시가 제공하는 편리함과 공동생활도, 시골생활의 프라이버시나 매력도 즐기지 못하는 상황에 놓였다. 자동차 없이는 아무것도 못 하는 공허하고 건조한 황무지에서 오도 가도 못하는 신세가 됐다.

바로 이게 교외 주택지 생활의 일반적 이미지다. 교외 주택지 생활은 미학적으로만 매력이 없는 게 아니라 사회적 고립이나 우울증, 비만, 소비주의, 가족농장의 쇠퇴, 스모그, 정전, 기후온난화, 테러리즘과의 전쟁에 이르기까지 온갖 사회악을 야기하는 주범으로 여겨진다. 그러나 누구나 다 아는 얘기처럼 들려도 이 같은 교외 생활에 대한 비난은 역사적 서사, 사회비판, 경제적 음모론이 뒤섞인 하나의 이론에 불과하다는 점을 염두에 두어야 한다.

교외 주택지는 근본적으로 진정한 장소가 아니라는 신념은 전후 사회비평의 전반을 관통하고 있다. 교외 주택지 비판은 1950년대 대중사회 비판의 파생물로 등장한 이래, 스프롤 현상 비판의 핵심 모티프를 이뤄왔다. 아마 루이스 멈퍼드가 그런 견해를 대표하는 진영에서 가장 영향력 있는 인물일 것이다. 멈퍼드는 20세기 중반에 활발하게 활동한 사회비평가로, 기술·문화·사회제도 사이의 연관성을 처음으로 진지하게 연구한 사상가 중 하나다. 그가 1961년에 펴낸 『역사 속의 도시』(*The City in History*)는 당시 진행되던 도시 개발에 대해 매우 부정적이고 비관적인 분석을 내놓았으며, 아직까지도 영향력 있는 저작으로 꼽힌다.

멈퍼드는 특히 교외 주택지의 천편일률성과 무정형성을 깎아내리기를 즐겼는데, 표현이 단정적이다 못해 과장되어 있다. 다음은 자주 인용되는 구절이다.

311

교외는 균일하고 특징 없는 주택들로 가득하다. 그것들은 유연성 없이, 일정한 간격으로, 일률적인 도로를 끼고, 나무 없는 볼모지에 늘어서 있다. 거기에서 계급, 수입, 연령대가 같은 사람들이 살고, 같은 TV 방송을 보고, 똑같은 냉장고에서 꺼낸 똑같이 맛없는 냉동가공식품을 먹고, 모든 면에서 남과 같은 틀에 맞추어 순응하며 살아간다.[14]

멈퍼드에게 이런 미적 결함은 그보다 더 심각한 문제의 표면적 징후에 불과했다. 여기서 더 심각한 문제란 인간과 그들이 살아가는 환경 간에 적절한 "유기적인" 관계가 결여됐다는 점이다. 자동차의 중요성, 균일성, 진정한 복합용도 주거지와 적절한 공동체의 결여가 억압과 소외를 초래할 수밖에 없다는 것이다.

교외 주택지의 미학을 논할 때 무의식적으로 고르는 표현들은 어조나 내용 면에서 철저히 멈퍼드 식이다. 한편 교외 생활의 미학적 천편일률성이 심리 억압과 순응을 낳는다는 관념은 영화와 문학의 단골 소재가 되어, 영화 「아이스 스톰」 「레볼루셔너리 로드」, TV 드라마 「위기의 주부들」, 소설 『인생 수정』(The Corrections) 또는 그린 데이의 콘셉트 앨범 「아메리칸 이디엇」처럼 그런 주제를 다뤘다는 이유만으로 뭔가 심오한 이미지를 풍길 수 있게 됐다.

멈퍼드가 지핀 비평의 불씨를 살려나가는 인물을 한 명

꼽으라면 소설가 겸 저널리스트 제임스 하워드 쿤슬러를 들 수 있다. 그는 1994년에 발표한 『불모지의 지리』(*Geography of Nowhere*)에서 교외 생활은 인간을 소외에 빠뜨리는 진정성 없는 삶의 양식이라는 비판을 새삼 강조해 인기를 끌었다. 쿤슬러는 섬세한 소리는 못 하는 사람이라 교외 주택지를 가리켜 "세계사에서 유래 없이 비효율적인 자원 배분"이라는 다소 과장된 표현을 구사하는데, 이는 무제한적인 스프롤 현상이 핵 재앙을 초래할 것이라 했던 자신의 영웅 멈퍼드보다 한술 더 뜨는 시도이다.

『불모지의 지리』에서 쿤슬러는 교외 주택지의 두 가지 주요 문제점으로 심하게 분리된 토지 사용과 그로 인해 장소마다 서로 거리가 멀어진 점을 든다. 교외는 주민의 생활공간을 각각 주택, 상업, 산업 용도 등으로 매우 명확히 구획하기 때문에, 사람들은 출근하고 쇼핑하고 귀가할 때마다 반드시 자동차를 몰아야 한다. 시간과 비용이 들고 공해까지 유발한다. 쿤슬러의 시각에서 가장 심각한 문제는 "공간에 대한 감각이 희생"된다는 점이다. 세계와 유기적으로 진정한 연관성을 맺는다는 느낌이 사라졌으며 "신성한 장소, 대중이 편하게 집회하거나 휴식할 수 있는 장소"가 없어졌다고 그는 말한다.

멈퍼드처럼 쿤슬러도 사람들이 진정 원하는 것은 인간적 접촉이 가능한 소규모 지역공동생활이라고 믿었다. 기억 속에 아련한 20세기 전반부의 소도시 생활에 대한 미국인들의 지속적인 향수는, 대중사회의 악몽으로부터 도피할 수 있는 곳, 다시 말해 진정한 공동체를 향한 갈망이다.

> 미국인은 자기가 일하고 생활하는 장소의 황량함 때문에 우울해져 해독제를 찾을 때면 곧잘 미국의 작은 마을 이미지를 떠올린다. 그 이미지가 아무리 추상적이고 일반화된 것이어도 유혹은 강렬하다. 작은 마을이라는 관념은 대기업이 파괴하거나 하찮게 보는 것들, 예컨대 쾌적한 인간관계, 평화, 공공안전, 이웃이나 가게의 접근성, 진짜 시골에의 근접성, 영속성 같은 여러 가지 인간적 가치를 대변하기 때문이다.[15]

이 주장에는 몇 가지 문제점이 있다. 그중 가장 눈에 띄는 문제점은 '진짜'와 '가짜'의 구분, 다시 말해 진정성 있는 것과 진정성 없는 것의 구별이다. 그런 구분은 구분되는 대상보다 구분하는 주체에 관해 더 많은 점을 시사한다. 건축가 비톨드 립친스키는 이런 말을 했다. 교외는 '진짜'가 아니라는 말이 맞으려면, 진짜 도시란 주차장과 패스트푸드 체인점 대신 대성당과 광장이 있고, 쇼핑몰 대신 노천카페, 멀티플렉스 상영관 대신 라이브 공연 극장이 있는 곳이라고 전제되어야 한다. '진짜'는 아름답고 고상한 반면 '가짜'는 구린 대중 취향이라고 전제할 때만 교외는 '가짜'인 것이 된다.

지난 10여 년간 소수의 학자와 도시계획 전문가들은 도시·교외·준교외 지역 확산 간의 관계를 둘러싼 기존 관념에 탑재된 편견을 근본적으로 재고하기 위해 노력해왔다. 그중 한 사람인 로버트 브루그먼은 저서『스프롤 현상: 간략한 역사』(*Sprawl: A Compact History*)에서 지배적인 고정관념을 정면으로 반박한다. 교외 확산의 원인과 결과를 연구하는 다른 대다수 학자와는 달리, 브루그먼은 그것이 교외로 이주하는 사람들의 선택과 욕구에 인한 현상임을 주저 없이 지적하며, 사람들이 광고에 현혹되거나 오일회사에 조종당했다는 식의 거만한 설명은 하지 않는다.

부르그먼에 따르면 교외에 대한 기존의 통념은 도심을 떠나 도시 외곽으로 이주하는 사람들의 소망을 완전히 오해하고 있다. 쿤슬러의 희화된 설명과 달리, 교외 이주자들은 자기들이 지방 영주처럼 생활하리라고 기대하지도 않았고, 주택단지 이름이 '리버하이츠'나 '크리크사이드'라고 해서 강이 내려다보이는 언덕에 살거나 개울가에 살 거라는 허튼 상상을 하지도 않았다. 부르그먼이 봤을 때 그들이 교외로 나간 진짜 이유는 사생활 보장, 이동성, 선택권이라는 세 가지 평범한 재화였다.

여기서 부르그먼이 말한 사생활 보장이란 자신의 생활 공간과 타인의 접근성을 제어할 능력을 말한다. 이동성이란 내가 원하는 곳을, 내가 원할 때, 내가 통제할 수 있는 수단을 이용해 오갈 수 있는 가능성이다. 끝으로 선택권이란 교외 주택지가 주민에게 생활, 일, 여가활동과 관련해 다양한 삶의 양식을 허락한다는 의미다. 여기서 이슈가 되는 것은 '통제' 요소다. 사실 지난 오랜 세월 사생활, 이동성, 선택권이 보장되는 환경을 조성할 통제권은 부유층만 누렸다. 하지만 지금은 교외 단독주택의 사생활 보장도 도심 고층 아파트에 못지않고, 예전에는 마차를 소유할 능력이 되는 자들에게만 허락되던 일종의 사유 교통수단을 이제는 자가용이 널리 제공한다.

돌이켜보면 이 모든 것은 꽤 자명하다. 그런데도 왜 이렇게 교외에 대한 반감이 놀라울 정도로 끈질기게 이어지며, 중산층 대중의 취향과 선택이 경멸의 대상이 되는 걸까? 로버트 브루그먼은 사생활 보장, 이동성, 선택권의 민주화라는 미덕을 문화엘리트 계층이 깎아내린다고 말한다. 대중이 더 많은 선택권과 통제권을 누리는 일에 엘리트층이 뚱한 이유는, "평범한 시민에게 선택권을 주면 대개 바람직하지 않은 선택을 한다고 믿기 때문"이라는 것이다.[16]

교외 주택지에 대한 비판은 결국 진정성 추구를 가장한 우월감에서 비롯된 것이라는 결론을 내리지 않을 수 없다. 더 정확히 말하면, 진정성 추구의 욕망을 한 꺼풀 벗겨보니 결국 중산층 취향에 대한 경멸이더라는 또 하나의 고전적인 사례로 판단된다. 맨날 똑같은 TV쇼를 보고 똑같은 가공식품을 먹는 얼빠진 익명의 집단 운운하는 루이스 멈퍼드의 말투에서는 식자층의 거만함이 뚝뚝 떨어진다. 멈퍼드는 자신의 엘리트주의적 신념을 별로 감추려 들지도 않았다. 그에게 교외 거주자들은 엉터리 물건을 사면서도 너무 무식해 세부사항도 확인하지 못하고 속았다는 것조차 깨닫지 못하는 존재였다. 제임스 하워드 쿤슬러 역시 앵무새처럼 주인의 목소리를 반복하며, 대중매체가 사람들을 이른바 "합의된 최면 상태" 속에 살도록 세뇌한다고 비난한다. 그는 사람들이 왜 교외 생활의 문제점을 인식하지 못하는지 모르겠다며, 아마도 미국인들이 "쇼핑몰에 가고, 제니퍼 로페즈 노래나 듣고, 컴퓨터 게임과 미식축구와 나스카 자동차 경주에 정신이 팔려서" 그런 게 아니겠냐고 말한다.

그러나 교외로 이주하는 사람들은 도시 사람들이 생각하듯 그렇게 어리석거나 부주의하거나 세뇌되지 않았다. 그들은 자신들이 잔디와 차고와 뒤뜰을 갖게 될 것임을 안다. 가게나 찻집이 수마일 떨어진 거리에 있어 어딜 가려면 운전을 해야만 한다는 사실도 안다. 교외로 이사 가는 사람은 자신이 내린 결정의 장단점을 잘 인식하고 그것을 행동에 옮긴다. 대단한 전원생활을 바라는 게 아니라, 프라이버시와 좀 더 넓은 공간, 그리고 조용한 환경과 주차 공간을 바란다. 도시 바깥으로 나가려는 욕망은 도시의 역사만큼이나 오래되었다. 과거와 다른 점이 있다면, 이주하는 사람들의 사회적 지위다. 최근까지는 도시가 오염되고 치안이 위험해서 주로 부유층이 바깥으로 나갔다. 그러나 요즘은 도시가 깨끗하고 안전해져 젊고, 힙하고, 자녀 없는 사람들이 도시로 몰리는 반면, 교외는 '자녀를 낳은 현명치 못한' 사람들과 '운전을 원하는 저속한' 사람들의 몫이다.

　브루그먼의 말대로 교외 확산은 늘 다른 사람 탓이다. 교외는 "남들이 사는 곳, 남들의 어리석은 선택과 잘못된 판단이 낳은 결과"다. 교외 주택지는 몰취향이다. 자기 몰취향은 인정하지 않으면서 남들은 죄다 몰취향이다.

§

교외로 이주하는 결정이 하나의 생활양식과 또 다른 생활양식의 장단점을 재는 과정을 동반한다는 관념은, 여러 면에서 근대사회가 직면한 딜레마의 축소판이다. 공동체를 해체하는 세계화의 힘 앞에서 우리는 '무엇을 할 수 있을까?'가 아니라 '어떻게 생각해야 할까?'를 자문해야 한다. 근대 전반에 걸쳐 그래왔듯 우리는 잃는 게 있으면 얻는 것도 있게 마련이라는 맞바꾸기 관점에서 문화의 변화나 세계시민주의의 확산을 생각할 필요가 있다.

　교역의 세계화, 특히 문화상품과 문화서비스의 국제 교역은 다음과 같은 효과를 불러온다.[17] 첫째, 과거에 고립되고 자급자족하던 공동체들을 국제 경제로 끌어들임으로써 문화 '간' 다양성은 희생되는 반면 문화 '내' 다양성이 증진된다. 몬트리올에서 스시를, 도쿄에서 푸틴[†]을 찾아볼 수 있게 된다. 국내 인접 환경이 점점 더 다양성을 띨수록, 결과적으로 세상

† 　poutine: 치즈와 육즙 소스를 얹어 내는
　감자튀김 요리로 캐나다 퀘벡 지역에서
　유래하는 음식.

에서 '타자성'은 점차 희소해진다.

둘째, 독특한 문화 정체성이 감소할수록 이데올로기나 총체적 세계관의 잠재적 수도 함께 감소한다. 과거에 자유민주주의와 시장자본주의의 가장 강력한 대안은 마르크스주의였으나 경제적으로나 윤리적으로 그 수명을 다해 1989년에 붕괴했다. 쿠바나 중국 (그리고 뒷걸음치는 러시아) 정도를 제외하면 자유주의는 꾸준히 세상에 확산되고 있다. 그러나 자유주의도 역시 얻는 만큼 내줘야 하고, 그 결과 서구 문명 내에 다양성이 폭발적으로 확산되고 있다.

이것이 다소 걱정스러운 세 번째 현상으로 이어진다. 과거에 '주의를 집중해서 깊이 있게' 소비하던 문화 소비 방식이 '넓고 얄팍하게' 변해가고 있다.

문화 정체성이 널리 공유되는 균질한 사회에서 살아가는 장점은 해당 문화가 제공하는 것들에 대한 심도 있는 지식과 비판적인 감상이 허락된다는 데 있다. 이를테면 오페라가 활기찬 예술 전통으로서 명맥을 이어가는 건 오페라에 대한 이탈리아인들의 깊은 애정 덕택이다. 식도락 애호가들은 전 세계 셰프들이 훌륭한 정찬을 준비할 때 지켜야 할 까다로운 잣대를 확립한 프랑스인들에게 감사해야 한다. 미국의 재즈, 러시아의 문학, 일본의 선불교문화도 마찬가지다. 우리가 살아 있는 예술 전통을 즐길 수 있는 건, 자기 전통을 깊고 풍부하게 이해하는 그 나라 국내 소비자와 비평가들이 이를 지탱해왔기 때문이다.

그러나 요즘 같은 문화 풍요의 시대에는 관심의 범위를 가능한 한 넓히고 싶은 유혹을 느낀다. 세상은 점점 더 맛과 소리와 아이디어의 뷔페처럼 보이고, 우리는 아무 생각 없이 그것들을 계속 흡입한다. 수백 년 묵은 전통이든 신예 팝스타의 최신곡이든 같은 정도의 관심과 존중심을 보인다. 이거나 저거나 전부 자르기/섞기/굽기에 적당한 코스모폴리탄 월드 뮤직 문화의 재료일 뿐이다. 그런 식으로 비옥한 토양은 전혀 이해하지 못한 채 한 목초지에서 다른 목초지로 이리저리 옮겨 다니며 풀만 뜯는 '문화적 소떼'가 돼간다.

서로 연관되는 이 세 가지 현상으로부터 당신은 익숙한 세계화 비판에 도달한다. 일회용 문화와 소비주의에 점령당한 균질하고 천박한 세상에 대한 한탄 말이다. 하지만 현실은 좀 더 미묘하며, 그 현상들은 일종의 추세일 뿐 확실하거나 절대적이지 않다. 물론 비판에도 귀담아들을 부분이 있다. 그러나 세계화 비판론은 한 공동체의 기풍과 정체성을 보호하는 일에는 그 공동체에 속한 개인의 자유와 선택권을 심하게 제약하는 사태가 뒤따른다는 점을 간과한다. 부탄의 사례는 그 점을 잘 보여준다.

지도에서 살펴보면 부탄 왕국에 별로 특별한 점은 없다. 중국과 인도 사이에 끼어 있고 크기는 인디애나 주의 반 정도 되는 산이 많은 나라다. 인구는 70만 미만으로 대다수가 불교신자다. 기반이 되는 경제는 자급 농업과 임업 정도로 1인당 국내총생산이 연간 5,200달러이며, 글을 읽을 줄 아는 국민의 비율은 47퍼센트에 불과하다. 유엔 인간개발지수는 평가대상 총 177개국 가운데 콩고나 나미비아보다 조금 낮고 이웃 인도보다 약간 높은 134위다.

하지만 부탄 사람들은 여기에 동요하지 않는다. 1972년 이후 이 나라는 '국민총행복지수'(Gross National Happiness) 또는 줄여 GNH라 부르는 관념을 고안해 여기에 집중해왔다. 삶에는 돈보다 중요한 것들이 있으며 개발에 대한 평가는 물적 성장뿐 아니라 영적 성장, 환경 보호, 질서 있는 통치 등을 함께 고려해 좀 더 유기적으로 이루어져야 한다는 것이 국민총행복지수의 의의다. 부탄 정부는 이 주제에 관한 총회를 여러 차례 후원하기도 했지만, GNH는 여전히 정의가 명확하지 않아서 지수를 산출하는 방법이 적어도 스무 가지 이상 존재한다. 그러나 그동안의 노력이 헛되지 않았다는 듯, 2007년 178개국을 대상으로 실시한 주관적 웰빙(즉 행복) 평가에서 부탄은 8위를 기록했다. 이 보고서에서 상위 20위를 기록한 국가는 전부 국내총생산이 낮은 나라들이었을 뿐 아니라, 부탄의 순위는 경제 개발 수준이 비슷한 나라들보다 훨씬 높았다.

중요한 것은 행복지수 자체보다 그것이 상징하는 바다. 부탄의 행복지수 순위는 근대세계와 거리를 두고 부탄 특유의 기풍과 문화 정체성, 종교 정체성을 지키려는 부탄 지배자들의 단호하고 지속적인 결의를 상징한다. 그 목적을 위해 정부는 오랜 세월 산업화, 기술, 교역, 의사소통을 엄격히 통제했다. 부탄에는 철도도 없고, 텔레비전과 인터넷은 1999년까지 불법이었다.

더 흥미로운 것은 관광에 대한 통제다. 부탄 관광부는 누구를 입국시킬지 철저한 재량권을 가지며, 비자 신청 비용은 20달러지만 여행객은 미리 패키지투어를 예약해야만 한다. 이때 투어 기간은 최소한 5일 이상이어야 하고 가격은 하루에 250달러다. 그 결과 이제 관광업은 부탄에서 세 번째로 중요한 산업이 됐다. 이러니 국민총행복지수는 국가 목표의 천명이라기보다는 부유한 외국 여행객을 유치하려는 마케팅 표어가 아니었나 하는 근거 있는 의심이 든다. '최후의 지상 낙원' 방문은 물론 인생의 우선순위를 돌아보게 하는 대안적 관점을 제공하지만, 누구나 그런 여행을 할 수 있는 건 또 아니다. 실질적으로 이제 부탄은 다른 유명한 아시아 여행지에서 수염 나고 땀내 나는 배낭여행자들과 뒤섞이고 싶지 않은 돈 많은 '진정성 사냥꾼'들을 위한 거대한 불교-친환경 고급 리조트로 변질됐다. 또는 론리플래닛 여행서의 표현대로, "제트족†을 위한 네팔"이 바로 부탄이다.

부탄이 그렇게 오래 스스로를 고립시킬 수 있었던 데는 몇 가지 이유가 있다. 가장 중요한 요인은 지리적 위치다. 내륙국인데다 북서쪽으론 드높은 산들이 있고, 동쪽 국경은 비교적 덜 알려진 인도의 아루나찰프라데시 주에 면해 있다. 이런 지리적 고립과 빈곤, 높은 문맹률, 신앙심, 외부세계와의

---

† 제트기를 타고 다니며 세계 여행을 하는
   부유층을 일컫는 말.

소통 제약이라는 총체적 여건 아래에서 국민은 무지하고 순종적이고 조종하기 쉬워질 수밖에 없다.

그러나 상황이 변하고 있다. 절대왕정이었던 부탄은 지난 10여 년에 걸쳐 민주주의 원리에 대략적으로 기초한 입헌군주제로 바뀌었다. 처음 자유를 맛본 부탄 국민들, 특히 젊은이들은 다른 세상에서 어떻게 사는지 알게 되면서 불만을 표출하고 있다. 부탄이 아무리 자기가 설정한 조건에서만 근대와 관계 맺고자 해도, 결국 젊은 세대는 나이키를 신고 휴대폰을 쓰고 힙합을 듣게 될 것이다. 전통의 주요 요소들을 당분간 유지될 수 있을지 몰라도, 궁극적으로 근대와 경제 개발은 파괴력을 발휘할 것이다. 그렇게 되면 관광객도 더는 오지 않을 것이다.

이 모든 것은 공동체주의의 문화 정체성 보존 욕망과 자유주의적 세계시민주의 사이의 깊은 모순을 보여준다. 부탄 같은 나라를 개방해서 일어나는 결과는 공동체주의자의 입장에선 세계시민주의를 반박할 근거가 된다. 한 민족의 문화유산을 가차 없이 손상시키는 시스템은 위험하니까 저지해야 한다는 논리다. 그러나 다음과 같이 반문해볼 수 있다. 왜 공동체가 우리에게 염려해야 할 대상 가운데 최우선 순위를 차치해야 하는가? 공동체가 개인을 위해 존재하는가, 아니면 그 반대인가?

만약 어떤 공동체가 살아남기 위한 유일한 방법이 구성원을 무지하고 가난하고 고립되게 만들고 선거권도 주지 않는 것이라면, 그런 공동체는 우리가 존중하거나 노력을 들일 가치가 없다. 히말라야 기슭에서 농민들이 뼈 빠지게 벼농사를 하는 농경시대 불교 왕국 부탄의 매력적인 모습이나, 1946년 모습 그대로 정지한 아바나를 보는 일이 강단좌파나 진정성 추종자들의 마음을 훈훈하게 해줄 수는 있다. 그러나 우리는 부탄이나 쿠바 사람들을 있는 그대로 바라볼 필요가 있다. 그들은 진정성이라는 허상의 희생자다. 그리고 자기들 문화를 반근대의 상징 삼아 박물관에 들여놓으려는 자들에게 붙잡힌 인질이다.

그러나 실은 이런 얘기조차도 세계시민주의에 반대하는 자들에게 너무 많이 양보하는 것이다. 세계시민주의 때문에 잃게 되는 것만 주로 거론했기 때문이다. 논의에서 간과된 것은 세계시민주의 덕택에 얻게 된 것들, 즉 정치적 자유권, 부의 증가, 지성과 창조성 발휘의 기회 증가다. 더 중요한 것은 세계시민주의는 물질적 향상뿐 아니라 도덕적 진보를 가져온다는 점이다.

세계시민주의의 핵심 도덕은 포괄적 관용에 기초한 보편주의다. 모든 인간은 중요하며, 우리가 타인에 대해 지는 의무의 범위는 피부색, 언어, 인종, 종교 등과는 무관하다는 신념이다. 그와 함께 다원주의가 존중된다. 행복을 추구하는 방식, 좋은 삶을 꾸리는 길은 다양하다는 것, 그리고 그것들이 서로 양립하거나 화해하지 못할 수도 있다는 것을 인정한다는 의미다. 또한 세계시민주의자들은 그와 같은 다양성 인식을 통해 나도 오류를 범할 수 있다는 것, 무엇이 가치 있고 소중한지에 대한 내 판단이 틀릴 수 있고, 내가 가진 지식이 불완전하고 일시적일 수 있다는 점을 이해한다.

세계시민주의는 칸트가 말한 "인간성이라는 굽은 목재"를 소재로 막연하게 지어 올린 여러 층위를 지닌 건축물이다. '이용약관'을 준수하는 사람이라면 누구든 환영이다. 만약 세계시민주의가 결국에 가서 특정인이 원하는 종류의 '진정한 문화' 관념과 양립 불가능한 것으로 드러난다면, 그땐 콰메 앤터니 애피아 교수의 말이 맞다. 안됐지만 '진정한 문화'가 양보해야 한다.

8장
역사의 종언

하루는 영국 문인 새뮤얼 존슨과 그와 친한 전기작가 제임스 보스웰이 토론을 벌였다. 보스웰이 런던에 대해 지닌 호감이 막상 그가 고향 스코틀랜드를 떠나 런던으로 이사 오면 식어버릴 것인지가 주제였다. 가끔 방문할 때 느끼는 흥분과 에너지가 매일 보면 시들해질지도 모르겠다고 보스웰이 말하자, 존슨은 이렇게 반박한다. "런던을 떠나려는 지성인은 찾아볼 수 없습니다. 런던이 시들해졌다면 인생이 시들해진 것입니다. 인생에서 누릴 수 있는 모든 것이 런던에 있기 때문이죠."

이 대화는 1777년에 이루어졌다. 존슨의 발언에서 마지막 문장은 어찌 보면 그가 살았던 시기보다 요즘 더 잘 들어맞는다. 지금도 런던은 세계적인 대도시이며 가능한 형태의 모든 흥분, 자극, 오락거리를 제공한다. 당신 취향이 무엇이든 런던은 충족시켜줄 수 있다.

"런던이 시들해졌다면 인생이 시들해진 것"이라는 표현은 오랜 세월 수없이 반복 인용됐고, 런던뿐 아니라 다른 어떤 장소, 이벤트, 활동 등이 너무 멋지고 좋은데 만약 그게 시들해졌다면 삶 자체가 시들해진 증거라는 말을 하고 싶을 때 흔히 활용된다. 그중 가장 통찰력 있는 응용의 예를 더글러스 애덤스의 『우주의 끝에 있는 레스토랑』(*The Restaurant at the End of the Universe*)[†]에서 찾아볼 수 있는데, 다름 아닌 (『은하수를 여행하는 히치하이커를 위한 안내서』를 발행한 메가도도 출판사의 소재지로 나오는) 어사 마이너 베타 행성을 묘사할 때 이용된다. 안내서는 이렇게 설명한다. "고통스러울 만큼 부유하고, 끔찍하게 햇살이 밝고, 굉장히 흥미진진한 인물이 석류씨보다 많지만, 플레이빙 매거진 최신호에서 '어사 마이너 베타가 시들해졌다면 인생이 시들해진 것'이라는 헤드라인을 내놓자 하룻밤에 자살률이 네 배로 뛴 점은 유의미하다."

『은하수를 여행하는 히치하이커를 위한 안내서』 시리즈에는 이런 식으로 알 만한 사람은 아는 자잘한 농담들이 여기저기 담겨 있다. 농담 속에는 작가의 깊은 통찰이 녹아 있다. 앞의 경우, 근대의 황홀한 향락과 인생무상을 통감하는 참담한 실존적 권태의 심란한 관계를 짚어내고 있다.

일상은 지루한 일 천지다. 계산대 앞에 줄서기, 은행에서 차례 기다리기, 버스나 전차 기다리기, 빨간불에서 멈추기 등도 전부 설거지만큼이나 재미없다. 직장일은 반복적이고 아무 자극이 없으며 창의성을 발휘할 여지도 없다. 차를 타고

---

† 국내에 번역출간된 『은하수를 여행하는 히치하이커를 위한 안내서 2』(책세상, 2004)에 담겨 있다.

드라이브 나가는 것도 집에서 그냥 쉬는 것만큼이나 시들하다. 친구들은 맨날 같은 얘기를 하고, 애인은 매번 같은 방식으로 애정 행위를 한다. 시인 바이런은 사회는 따분한 사람과 따분해 하는 사람, 이렇게 두 집단으로 이루어져 있다고 표현한 바 있다. 하지만 우리 모두는 양쪽 집단에 동시 가입해있다는 게 더 진실에 가까울 것이다.

일상에 잠입하는 권태를 차단하는 방법은 많다. 뭔가를 기다리는 동안 읽을 책을 가지고 다니거나, 헬스장에 등록하거나, 취미생활을 하거나, 휴가를 계획하는 등 무언가에 관심과 정신을 집중한다. 전자기기들 덕택에 우리는 틈나는 대로 음악, 채팅, 동영상을 즐기거나 뉴스를 따라잡는다. 이제는 휴대폰 없이 집을 나설 생각조차 못한다. 버락 오바마조차 대통령이 됐을 때—일상이 얼마나 바쁘겠는가—스마트폰을 못 쓰게 하자 한참 항의했다고 한다.

철학자 마르틴 하이데거는 끊임없이 새로움과 자극을 뒤좇는 현상을 근대의 질병이라 부르며 권태에 대한 실존적 두려움을 증명하는 현상이라고 주장했다. 아마도 그 말이 맞는 듯하다. 시인 조지프 브로드스키는 1990년대 중반에 다트머스 대학 졸업 축하 연설에서, 대학생활이 아무리 지루하게 느껴져도 최악의 강의나 교재조차 "여러분의 침실에서 시작해 무한대로 확장되는 심리적 사하라 사막에 비하면 아무것도 아니"라고 졸업생들에게 경고했다.[1] 하이데거와 마찬가지로 브로드스키도 끊임없는 발명과 창조 욕구는 권태로부터 도피하려는 욕망에서 비롯된다고 믿었지만, 그래 봤자 쳇바퀴 도는 햄스터와 크게 다르지 않다고 생각했다.

직장, 배우자, 생활환경을 계속 갈아치워 가며 인생을 영원한 대안 탐색 사업으로 만들어도 안 될 건 없습니다. 단, 위자료를 지급할 능력과 뒤죽박죽이 된 기억을 정리할 능력은 있어야겠지요. 그런 탐색의 고충은 이미 영화나 낭만주의 시에서 충분히 미화되고 있습니다. 하지만 문제는 그것이 오래잖아 시간과 정력을 점령하게 되고, 대체물에 대한 욕구가 마약중독처럼 변해간다는 점입니다.

브로드스키는 권태를 보듬어 안고 권태가 시간, 존재, 의미에 관해 우리에게 드러내는 것들, 즉 시간은 무한대이고, 존재는 찰나이고, 인생은 덧없다는 사실을 음미하라고 조언한다.

이것은 굉장히 독한 처방이다. 노벨상을 수상한 시인의 기질에는 맞을지 몰라도 하찮음, 덧없음, 무의미함을 심리적으로 견뎌내는 일은 아무나 할 수 있는 일이 아니다. 컴컴한 심연을 들여다본 후에도 심리적 상처를 받지 않고 말끔한 상태일 수 있는 사람이 몇 명이나 되겠는가? 어사 마이너 베타행성에서의 삶에 대한 더글러스 애덤스의 농담에 함축된 잔혹한 암시는, 이것이 인생이 나한테 내미는 최선이라면 삶은 그리 살 만한 것이 못되는 게 아닌가 하는 것이다. 흥분, 향락, 지속적 자극은 영혼에 아무런 영양가도 없고, 결국 우리는 세상에 대한 환상의 파괴에서 오는 최종적인 결과를 직면해야 한다. 이 모든 것의 의미는 뭐란 말인가? 의미 같은 거 없어, 라는 냉정한 대답이 돌아온다. 그렇다면 무엇이 가치 있는 일인가? 바로 그것이 근대가 던지는 질문이다. 그에 대한 믿음직한 대답을 찾는 것이 이른바 '역사가 종언'한 이 시점에서 풀어야 할 최우선 과제이다.

§

1989년 미하일 고르바초프가 아직 집권 중이고 소련이 아직 (간신히) 기능하고 있을 무렵, 미국 정치학자 프랜시스 후쿠야마가 「역사의 종언?」이라는 논문을 발표했다. 이 논문에서 그는 냉전을 넘어서는 그 이상의 무언가가 끝나가고 있는 것 같다고 주장했다. 후쿠야마에 따르면, 고르바초프의 양대 정책 글라스노스트(정치 개방)와 페레스트로이카(경제 개혁)는 다름 아닌 "경제적 · 정치적 자유주의의 당당한 승리"를 시사한다는 것이다. 서구식 소비자본주의의 끈질긴 확산과 자유주의의 대안이 될 만한 체제의 고갈은 곧 서구의 승리이자 역사의 종언이라고 그는 주장한다. 우리는 "인류의 이데올로기 진화의 막판에 도달했으며 서구 자유민주주의는 인간 통치의 최종적 형태로서 보편화"됐다는 것이다.[2]

여러 허점과 구체성이 결여된 모호한 수사들(자유주의는 "장기적으로" 승리할 수밖에 없다; 논문 제목에 달린 의문부호 등)이 잔뜩 담긴 이 논문은 발표와 함께 비난의 강풍을 맞았다. 문제의 논문 그리고 나중에 같은 주제를 책으로 내 베스트셀러가 된 『역사의 종말과 최후의 인간』(*The End of History and the Last Man*)은, 모로 쓰러져 발 디딜 자리를 찾던 소련에 발길질을 해댐으로써 많은 사람의 눈에 서구의 오만이 최악의 형태로 드러난 천박한 신보수 제국주의를 옹호하는 선언으로 비춰졌다. 논문이 하필 신보수주의를 대변하는 대표적 잡지 『내셔널 인터레스트』에 실린 점도 그런 의심에 기여했다. 그러나 후쿠야마의 주장에는 공산주의의 종말을 비웃는 것 이상의 뭔가가 담겨 있었다. 우리가 역사의 끝부분에 도달했다는 주장은 특히 9·11 테러를 포함해 지난 20년간 일어난 사건들을 조명할 수 있는 강력한 렌즈 하나를 제공했다.

역사에 궤도, 즉 시작과 중간과 끝이 있다는 믿음은 그야말로 역사의 '시작' 이래 다양한 형태로 존재해왔다. 그중 후쿠시마 버전은 헤겔에서 유래한다. 헤겔은 모든 문명의 발전은 부족사회로부터 노예제도, 신권제도, 귀족제도를 거쳐 민주주의 평등사회에 이르는 사회조직 형태의 단계적 발달을 거친다고 생각했다. 헤겔에 따르면, 이런 연속적 단계를 거치도록 역사를 이끄는 힘의 원동력은 홉스의 주장처럼 생존과 안녕을 위한 투쟁도 아니고 마르크스의 신념처럼 노동자와 자본가 사이의 계급 갈등도 아니다. 역사를 이끄는 힘은 "인정투쟁"이다.

인정욕구의 바탕에는, 인간이란 근본적으로 사회적 동물이며 남들이 나를 어떻게 보느냐가 자존감을 좌우한다는 사실이 깔려 있다. 인간은 동료 인간들이 자신을 단순한 물체나 동물이 아닌, 존중받을 만한 인간으로 봐주기를 욕망한다. 초창기에는 그 인정욕구가 타자를 지배하기 위한 폭력적 지위 경쟁으로 발현됐다.

헤겔의 시각에서 이런 지배권 투쟁은 최초의 진정한 인간 행동이었다. 바로 그 순간 인간은 동물적인 자기 보호 본능을 극복하고 더 위대한 존엄을 위해 자기 생명을 위태롭게 할 의사가 있음을 보여주었기 때문이다. 그러나 그것은 그저 시작에 불과했다. 역사는 복수의 경쟁자가 동등한 위치에서 서로를 인정하는 방식을 찾아가는 쪽으로 점진적으로 진행됐다. 그 목표를 이루는 사회체제가 자유민주주의다. 자유민주주의가 더 이상의 인정투쟁에 대한 필요성을 종식시킨다면 그만큼 역사는 종말에 다가가는 셈이다.

역사의 종언을 선언한다고 해서 앞으론 전쟁도 없고 개인이나 국가 간에 지위 경쟁도 없을 거라고 단언할 수 없다. 역사의 종언이란 그저 상호인정의 측면에서 정치적으로 조정할 불균형이나 모순이 더 이상 남아 있지 않다는 전제 아래 이데올로기의 진화가 종점에 이르렀다는 뜻일 뿐이다. 헤겔은 나폴레옹의 군대가 예나 전투에서 프로이센 군을 참패시킨 1806년이 그 시점이라고 생각했다. 이를 프랑스 혁명이 천명하는 보편원칙의 승리를 알리는 사건으로 봤다. 물론 앞으로도 노예 해방, 여성 참정권, 교회권력 해체 등 할 일이 많이 남아 있었지만, 그것들은 자잘하게 남은 숙제일 뿐 더 이상 개선이 불가능한 사상원리에 의해 당연히 해소될 문제라고 믿었다.

남은 문제들이 완전히 해결되면 인류문명은 "보편적이고 균질한 상태", 즉 정치적으로 자유롭고 민주적인 사회조직을 이루고, 그 체제는 자유시장이 주도하는 소비문화에 의해 지탱된다. 후쿠야마는 1989년 논문에서 그런 보편적이고 균질한 상태를 "자유민주주의 정치체제와 누구나 비디오와 오디오에 손쉽게 접근하는 경제체제의 조합"으로 요약했다. 수세기에 걸친 인정투쟁을 종결짓는 역사의 종언은 요즘으로 치면 "만인을 위한 아이팟과 엑스박스" 쯤이 되겠다.

이집트 스핑크스 부근의 KFC, 자금성 안에 잠시 들어갔다 철수한 스타벅스, 루브르 궁전 식당가에 있는 맥도널드처럼 신문화의 등장을 알리는 문화 상징물의 병치는 흔하다. 하지만 그중 베를린 장벽의 잔해를 지나치는 리무진의 뒷좌석에서 고르바초프가 창밖을 내다보는 이미지를 담은 어느 잡지 광고만큼이나 '역사의 종언'을 단호히 고하는 사례도 찾아보기 어렵다. 그의 바로 옆 좌석에는 루이비통 가방이 놓여있다. 어떤 옛 사진을 두고 원고지 다섯 매 정도의 에세이는 써볼 수 있겠지만, 애니 리보비츠가 촬영하고 오길비 앤 매더 광고대행사가 제작한 이 고르바초프 사진의 경우는 박사학위 논문도 너끈히 나올 법하다.

§

인류 발전의 종착점, 역사 깊은 인정투쟁의 정점이 기껏해야 권리장전과 쇼핑몰의 조합이라니 기뻐하지 않는 사람이 있는 건 당연하다. 캐나다 철학자 조지 그랜트는 자유주의 소비사회 밑에 깔린 허무주의를 탐탁찮게 여기면서 오로지 사적 소비 영역에서만 차이가 존재하는 세상에는 진정한 (바꿔 말해 비기술·비소비주의·비자유주의) 정체성이나 문화가 있을 수 없다고 주장했다. "피자 좋아하는 사람도 있고 스테이크 좋아하는 사람도 있다. 남자가 좋은 사람도 있고 여자가 좋은 사람도 있다. 시나고그에 가는 사람도 있고 성당에서 예배드리는 사람도 있다. 그러나 우리가 이용하는 식당, 모텔, 예배당들은 대서양에서 태평양에 이르기까지 어디든 구분이 안 된다."[3]

그랜트가 저 말을 한 게 1960년대 후반이지만, 자유주의가 진정성 있는 삶을 불가능하게 만든다는 우려는 지금도 대단한 영향력을 발휘한다. 이런 식의 비판은 반세계화 이론가나 환경운동가, 또는 온갖 종류의 반근대 쇠퇴론자들이 내세우는 기본 쟁점이다. 이들은 문화적 획일성이 북미를 휩쓸고 결국 서구 문화가 지구 전체로 확산될 것을 우려한다. 이 견해에 따르면, 자유민주주의는 각 지역의 고유 문화를 뿌리 뽑아 기술 주도의 자유주의와 맹렬한 소비주의의 결합체 속으로 흡수해버리는 무시무시한 파괴력을 지닌다.

이런 모든 개탄의 와중에 프랜시스 후쿠야마 자신도 역사의 종착점에 놓인 삶에 관해 극심한 양가감정을 보였다는 점은 잊히곤 한다. 그의 논문에 담긴 우울한 어조의 마지막 문단은 통째로 인용할 만한 가치가 있다.

역사의 종언은 매우 슬픈 시간이다. 인정을 구하는 투쟁, 순수하게 추상적인 목적을 위해 기꺼이 목숨을 거는 자세, 대담성·용기·상상력·이상주의를 촉구하는 전 지구적 이데올로기 투쟁은 경제적 이해타산, 끊임없는 기술 문제의 해결, 환경에 대한 우려, 까다로운 소비자의 수요 충족에 자리를 내줄 것이다. 탈역사의 시대에는 예술도 철학도 없고 그저 인류 역사를 담은 박물관을 영원히 관리하는 일이 남아 있을 뿐이다. 나는 스스로의 내면에서, 그리고 내 주변 사람들에게서, 역사가 존재했던 시절에 대한 강한 향수를 느낀다. 그런 향수는 탈역사의 시대에도 얼마간 존속하면서 경쟁과 갈등에 불을 지필 것이다. 나는 그 불가피성을 인식하면서도 1945년 이래 유럽에서 생성된 문명과 북대서양과 아시아에 퍼진 그 갈래에 관해 깊은 양가감정을 느낀다. 어쩌면 역사의 종착점에서 예상되는 수세기에 걸친 권태가, 역사를 다시 한 번

출발시키는 데 기여할지 모른다.[4]

　이 부분에서 후쿠야마는 역사의 종언이 초래하는 심각한 결과에 직면한다. 그리고 자신의 주장을 비판하는 이들의 말이 맞을 수도 있다고 인정한다. 일련의 반작용이 우리를 역사의 이념적 편안함 속에 붙잡아둘 가능성을 언급하고 심지어 수긍까지 하면서 패배를 거의 인정할 태세다. "역사를 다시 한 번 출발"시키다니 그게 무슨 뜻일까? 문맥으로 보아 세 가지 중 하나다. 20세기 양대 전체주의 이데올로기인 공산주의나 파시즘으로 회귀하는 것, 혹은 서구의 자유주의적 세계시민주의가 구닥다리라고 여기기 좋아하는 종족적 민족주의(ethnic nationalism)의 부활이다.

　2차 세계대전을 일으켜 유럽을 폐허로 만든 파시즘이 사그라들면서, 그 에너지는 유럽연합 건설이라는 대규모 프로젝트로 승화됐다. 그런데 베를린 장벽이 무너지면서 종족적 민족주의가 두드러지게 확산됐다. 특히 1990년대에 동유럽 각국에 밀려든 내셔널리즘 물결은 소련의 장기적 문화·언어 억압 정책의 결과였다. 이를 역사의 종언에 대한 반작용으로 풀이하는 해설은, 그 나라들 다수가 하필 단호히 반국가주의를 표방하는 유럽연합에 빨리 가입하지 못해 안달했던 사실로 미루어 확실히 잘못됐다.

　공산주의가 몰락한 지 20년이 넘은 지금까지도 역사 속에 우리를 계속 비끄러매놓는 것은 향수와 권태의 결합임이 명백하다. 싸워 쟁취할 이상이 존재하던 시대, 그러기 위해 대담성과 용기와 명예가 필요했던 시대에 대한 향수. 자동차 도난 방지나 주거 침입 방지보다 더 숭고한 목적을 위해 목숨 바칠 것을 요청받던 시대에 대한 향수. 그리고 자유민주주의 와 소비자본주의가 남기는 잉여에 대한 권태. 너무 심대해서 공포스러울 지경인 권태. 어찌 됐든 냉전시대의 사상적 안정 감을 그리워하는 유럽 일부 지역의 현상에 대해선 염려를 하 는 것이 맞다 쳐도, 진짜 우려해야 할 일은 권태와 테러리즘 의 치명적인 조합이다.

§

1991년 소련이 붕괴하고 혁명의 두려움과 흥분이 가신 뒤, 새로 해방된 동구권 공화국 정부들은 '이 수많은 동상을 다 어쩔 것인가?'라는 다급한 문제에 직면했다. 반세기에 걸친 소련의 지배는 발트 해에서 발칸 반도에 이르기까지 모든 대 도시에 동상을 남겼는데, 마르크스, 레닌, 스탈린의 거대 동 상뿐 아니라 각 지역 공산당 수뇌부의 흉상 같은 것도 많았 다. 일부 지역에서는 눈에 거슬리는 이것들을 묻어버려서라 도 앞으로 신경 쓸 일이 없었으면 하고 바랐다. 가령 1991년 동독에서는 레닌 광장에 서 있던 19미터 높이의 레닌 동상을 철거해 수백 개로 동강 낸 뒤 교외 숲속에 묻어버렸다.

헝가리와 리투아니아에서는 동상들을 어떻게 처리할지

묘안을 달라며 국민을 상대로 아이디어 공모전을 열었다. 두 나라 모두 최종 해결책은 묘하게도 '테마파크를 짓자'였다. 그래서 리투아니아에서는 버섯업계 거물이자 왕년에 레슬링 선수였던 나이 예순의 빌류마스 말리나우스카스라는 인물의 주도로 수도 빌뉴스에서 120킬로미터 떨어진 숲 지대에 소련 시절 조각상들을 전시하는 그루타스 공원을 조성했다. 현지인들은 이 정원을 '스탈린 월드'라고 부른다.

　몇 년 전 여름 여자친구와 함께 동유럽을 여행할 때 이곳을 방문했다. 공원 입구에는 과거에 죄수들을 강제노동수용소로 실어 나르던 붉은색 가축 운반 차량이 있었다. 공원 안으로 들어서면 숲속을 따라 2킬로미터 정도 구불구불한 판자길이 나 있는데, 이 길을 따라 구소련 시대 조각상 약 65점이 소나무 틈에 평화롭게 전시되어 있다. 구경이 끝나고 우리는 텅 빈 놀이터 옆 피크닉 탁자에 앉아 케밥을 먹으며 작은 확성기에서 흘러나오는 공산체제 시절 음악을 들었다. 부다페스트 외곽에 있는 동상공원은 리투아니아보다 조금 덜 기묘하다. (아마 공원의 위치가 좀 덜 이상해서일지 모르겠다.) 1993년에 개장한 이 공원은 다양한 크기의 동상 42점을 전시하고 있는데, 스탈린 조각상은 한 점도 없다. 부다페스트에 있었던 유일한 스탈린 동상이 이미 1956년 혁명 때 파괴됐기 때문이다. 그런 중요한 볼거리가 빠졌어도 동상공원 방문객은 매년 4만이 넘어 가장 인기 있는 부다페스트 박물관 10위 안에 든다.

이 공원들은 동유럽과 아시아 일부 지역에서 뜨고 있는 공산주의 관광의 일환이다. 방문객에게 강제수용소나 동독 비밀경찰 감옥에 감금되는 느낌을 경험시키는 이른바 '압제 관광'은 지금 굉장히 번성중이다. 그래서 리투아니아는 그루타스 공원과 세트로 메스꺼운 '구소련 벙커 생존 체험장'을 열었다. 이곳을 방문하는 관광객은 1984년 TV 방송을 시청하고, 가스마스크를 착용해보고, 강압적인 분위기에서 소련 국가를 배우고, 전형적인 구소련 시절 음식을 (진짜 소련 식기를 사용해) 먹으며, 강제수용소 스타일로 심문과 건강검진을 당한다. 실감 나는 KGB 분위기를 연출하기 위해 소련 군대에서 복무한 경험이 있는 사람들만 고용한다. 심지어 전직 심문관이던 사람도 있다.

좀 더 귀여운 버전으로는 '트라비† 투어'가 있다. 관광객은 구동독의 빈티지 승용차 트라반트를 몰고 다니며 공산주의를 테마로 하는 볼거리를 돌아본다. 소음이 심하고, 속도도 안 나고, 환경오염을 심하게 일으키는 2기통 2행정 트라반트는 바로 그 허접함(에도 '불구하고'가 아니라) '때문에' 인민의 사랑을 받은 동독의 폭스바겐이다. 베를린에 가면 구소련 관련 관광지를 표시한 지도와 함께 트라반트를 몇 시간 렌트할 수 있는 곳이 몇 군데 있다. 그중 한 회사가 제안하는 여정은 여행자를 이스트사이드 갤러리―아직 남아 있는 베를린 장벽 구간 중에 가장 길다―와 동독의 중요한 대로였던 카를 마르크스 알레로 안내한다. 안내책자에 적혀 있는 대로

† 　트라반트의 애칭.

"트라비 사파리"는 "당신을 계획경제와 현실사회주의의 시대로 안내한다".

폴란드 크라쿠프 외곽에는 스탈린이 공산주의 이념 구현 그 자체로서 "이상적인 프롤레타리아 도시"로 조성한 '노바 후타'라는 곳이 있다. 우리는 이곳에서 트라비 투어를 시도했다. 운전자 겸 가이드인 마이크는 크라쿠프 출신 법대생이었는데 다소 지나치게 활발한 타입이었다. 옅은 금색으로 탈색한 군대식 상고머리에 전투복을 입고 활짝 웃으며 호텔 문 앞에서 우리를 맞았다. 그는 크라쿠프에서 변호사로 개업해 벌 수 있는 수입보다 시장에서 채소장사 하는 할머니들의 수입이 더 많은 걸 보고 사업을 시작했노라고 설명했다.

마이크는 노바 후타의 역사를 잠시 설명한 뒤, 모든 것이 1972년에서 딱 정지된 듯한 커피숍으로 우리를 안내했다. 소련 탱크가 다닐 수 있게 설계됐다는 소문이 돌았던 널찍한 노바 후타 대로와, 이곳 주민들을 고용하려 세운 제철공장과 삼각 형태의 주택지도 보여주었다. 마이크는 그 주택지에 있는 한 아파트를 임대해 전시장으로 조성했다.

구소련 시절 가재도구와 전자제품과 예술품으로 장식한 그 집에서 그는 우리에게 '공산당 전축'을 틀어 '공산당 음악'을 들려주고 마셔본 커피 중 최악이었던 '공산당 커피'를 대접했다. 그는 시중에서 가장 저렴한 원두를 갖다 썼다고 고백하면서, 그럼에도 이 커피가 옛날 계획경제 시절에 마셨던 것보다는 낫다고 말했다. 그러니까 가짜로 연출을 한 셈이지만,

그 덕분에 전체적인 체험이 훨씬 '진정성 있게' 느껴졌다. 어차피 공산주의라는 것 자체가 소수의 악한과 사기꾼에 의해 연출되어 수백만의 삶을 좌우한 '장엄한 가짜' 아니던가.

공산주의의 키치화는 전혀 새로운 현상이 아니다. 베이징 마오쩌둥 기념당 방문자들이 거기서 열쇠고리, 핀, 담배필터 등의 기념품을 사갈 수 있게 된 지 벌써 여러 해다. 모스크바, 프라하, 부다페스트에 가면 길에서 소련군 관련 용품을 쉽게 구할 수 있다. 헝가리는 소련군의 붉은 별 상징을 공식적으로 금지하는데도 그렇다. 공산주의 관광산업이 이렇게 성황중이라는 것은, 나치즘과는 매우 대조적으로 공산주의가 사람들에게 가볍게 여겨지고 있음을 시사한다. 저널리스트 앤 애플바움은 저서 『굴락』(*Gulag*) 서문에서, "어떤 대량살상의 상징물은 우리에게 공포감을 주는 반면, 우리를 웃게 만드는 대량살상의 상징물도 있다"는 점이 희한하다고 서술한 바 있다.[5]

이것은 오래된 문제다. 해설도 가지가지다. 어떤 사람은 공산주의가 기본적으로 포용과 평등의 이데올로기인 반면 나치즘은 배타적이고 증오에 찬 인종주의임을 지적한다. 나치즘은 강력한 유대인 로비 때문에 순전한 절대악의 상징이 됐지만, 소련 공산주의는 수많은 서구 문인과 지식인들이 좌파여서 쉽게 용서받는 거라고 주장하는 사람도 있다. 어쨌든 마이크 같은 인물은 이런 문제에 별 관심이 없다. 여행가이드로서 또 어떤 서비스를 제공하는지 묻자 가끔 여행객을 아우슈비츠에 데려갈 때가 있는데 별로 즐거운 일은 아니란다. "이게 더 신나요." 그가 트라비의 대시보드를 어루만지며 말한다.

전체주의의 상징을 두고 신난다고 표현하는 일은 과거에 대한 일정한 고의적 무지를 전제로 하지만, 사업 아이템이라는 관점에서는 말이 된다. 모든 여행은 정도의 차이는 있어도 '다름'에 대한 탐색이어서 장소가 다를수록 (이국적일수록, 야생상태일수록) 좋다. 바로 그래서 우리는 기껏 야외로 캠핑을 갔는데 숲속에서 라디오를 틀고 맥주를 마셔대는 소란스러운 사람들을 보면 짜증을 내는 것이고, 바로 그래서 지구를 반 바퀴나 날아갔는데 사람들이 똑같은 상표의 옷을 입고 똑같은 체인점 음식을 먹고 똑같은 음악을 듣고 있으면 실망하는 것이다. 세계화는 이 문제를 더욱 악화했고, 새로운 것을 찾는 여행자들에게 폴란드, 헝가리, 체코의 도시들은 이제 더 이상 특이한 곳이 못 된다.

그러나 이 장소들은 공산체제였던 역사가 있다. 일부 현지인들은 별로 기억하고 싶지 않아 하지만 말이다. 리투아니아에서 '스탈린 월드'를 개장했을 때, 소련에게 감금, 총살, 강제추방 등 각종 억압을 받은 피해자들의 기억에 모욕을 주는 일이라고 반대한 시민이 많았다. 이에 대해 다른 측에서는 역사를 외면하고 사회를 유토피아로 재편성하려는 욕망이야말로 공산주의를 끔찍한 악몽으로 만든다며, 맹수에게 마취제 주사하듯 공산주의의 위엄이 스탈린 월드 같은 곳에 의해 깨져야 공산주의를 기억할 수 있다고 말한다. 부다페스트 동상 공원의 홍보자료는 이 이슈를 정면으로 다루면서, 공원의 목적은 프로파간다나 공산주의의 키치화가 아니라 역사에 봉사하는 것이라고 강조한다. "아이러니가 아니라 메멘토"가 공원의 좌우명이다.

잊으려는 욕망과 기억해야 하는 의무의 틈새에서 현지인들은 관광객이 구동구권으로 여행 오는 건 전체주의 체제에서 사는 느낌을 희미하게나마 느껴보고 싶어서임을 깨달았다. 한편, 베를린 시 당국은 숲에 묻었던 레닌 조각상을 파내 다시 세워야 했다. 조각상의 무덤을 찾아낸 기념품 사냥꾼들이 붉은 화강암에 끌질을 해 파편을 뜯어갔기 때문이다. 동유럽은 여전히 비교적 가난하고 통치가 엉성하며 폴란드나 헝가리 같은 곳도 유럽연합 가입의 희열이 벌써 사라져 전반적으로 우울감이 감돈다. 관광은 계속 주요 수입원이었고 사업가들은 과거에 겪은 억압을 상품화하면 괜찮은 돈벌이가 될 수 있다는 점을 깨달았다. 국제관광이라는 제로섬 세계에서 과거 공산체제는 경쟁 우위의 원천이 될 수 있었다.

하지만 옛 공산체제에 대한 향수가 오로지 관광 수입하고만 관련 있다고 생각하면 큰 오산이다. 진정성에 대한 새삼스러운 갈망 또한 이 향수를 부추긴다.

§

러시아에서 스탈린 체제에 대한 향수는 노인 세대나 갖는 잔재이고, 자유를 선호하고 세계지향적인 젊은 세대는 해당사항 없다는 것이 오랫동안 당연하게 전제됐다. 그러나 러시아에서 스탈린에 대한 평판은 사그라지기는커녕 오히려 점점 좋아졌다. 미국 외교전문 격월간지 『포린 어페어스』 2006년 1/2월호에는 새라 멘델슨과 시어도어 거버가 2003~05년 러시아인들을 상대로 시행한 설문조사 결과가 실렸다. 결과는 우울했다. 스탈린이 지금 정권을 잡으려 한다면 절대 그에게 투표하지 않겠다고 답한 사람이 전체 응답자의 절반 미만이었다. 한편 러시아 젊은이들은 스탈린에 대해 "양가적이고 불확실하고 일관성 없는 시각"을 지니고 있는 것으로 드러났다.

이와 같은 결과는 이후 수차례 이어진 추가 설문에서도 계속 같은 양상을 보였다. 멘델슨과 거버는 이 현상의 원인을 러시아가 조직적으로 탈스탈린 운동을 전개하지 못한 탓으로 본다. 게다가 2005년 4월 블라디미르 푸틴 대통령이 소련의 붕괴를 "20세기 최대의 정치적 참사"라고 부른 점, 그리고 한 무리의 고등학교 교사들이 러시아의 옛 공산주의 체제는 "전혀 부끄럽지 않은 과거"라고 언급한 것도 그런 추세에 기여했다. 이어서 푸틴 정권은 더 "균형 잡힌" (즉 덜 비판적인) 시각을 제공할 새 역사교과서를 채택했다. 이 교과서는 20세기 최악의 살인자이자 독재자에 속하는 스탈린을 독일 통일에 힘썼던 오토 폰 비스마르크에 비교한다. 스탈린의 방식이 좀 잔혹했을지 몰라도, 위대한 소련이라는 오믈렛을 만드는데 수백만 목숨 정도야 스크램블 에그가 되든 말든 무슨 대수랴.

사실 구소련 시대, 특히 스탈린 체제에 대한 향수가 러시아뿐 아니라 구동구권 전반에 상당히 확산된 것이 현실이다. 그 시절엔 두려운 일도 많았고 사는 게 힘겨웠지만, 적어도 목적의식, 평등, 공동체의식, 사회적 결속감이 지금보다 강했고 여러모로 괜찮은 삶이었다는 의식이 퍼진 것이다. 그래서 독어로 동구와 노스탤지어를 합성한 '오스탈기'(Ostalgie)라는 용어도 생겼다. 푸틴의 신스탈린주의적 야심이 영광의 기억을 되살려낼 수 있을지는 몰라도, 사실상 오스탈기의 본질은 잊힌 문화와 공산체제 아래에서의 일상에 대한 지극히 평범한 아쉬움일 뿐이다.

1989년 베를린 장벽 붕괴 직후의 동독을 배경으로 하는 2003년 영화 「굿바이 레닌」은 오스탈기 현상을 대표하는 작품으로 중년 여인 크리스티네와 두 자녀 알렉스, 아리아네의 이야기다. 애들 아버지는 여러 해 전에 서독으로 망명하고 크리스티네는 사회주의 정부의 열성 지지자가 됐지만, 아들이 반정부 시위에 참여했다가 경찰에게 끌려가는 것을 본 후 충격을 받고 쓰러져 혼수상태에 빠진다. 그녀가 의식을 잃은 동안 엄청난 변화가 일어난다. 자유선거가 실시되고, 서독과 동독이 통일되고, 소비주의와 자본주의가 찾아온다.

8개월 후 크리스티네가 혼수상태에서 깨어났을 때, 아리아네는 대학을 자퇴하고 버거킹에서 일하고 알렉스는 위성TV 설치하는 일을 하고 있다. 의사로부터 어머니의 건강이 위태하니 어떤 충격도 받지 않도록 주의하라는 경고를 들은 알렉스와 아리아네는 대대적인 계략을 꾸민다. 아파트를 옛날처럼 우중충하게 꾸미고, 허름한 옛날 옷을 입고, 가짜 뉴스 프로그램을 제작해 어머니가 동독이 아직도 존재한다고 믿게 하는 것이 목표다. 그렇게 열심히 사회주의에 대한 어머니의 믿음을 지켜주던 남매는 그러는 과정에서 통일과 자본주의가 가져온 변화에 대한 자신들의 태도를 성찰하는 계기를 얻는다. 특히 알렉스는 모든 것이 너무 빨리 일어난 것 같고, 동독 시절에도 삶에 가치 있는 것들이 많았다고 생각하게 된다. 영화의 중심에 놓인 그 깊은 상실감은 오스탈기 관련 제품이나 체험 상품 시장의 지속적인 인기를 보증한다.

몇몇 사업가는 없어졌던 옛 동구권의 옷이나 식품 브랜드를 부활시키거나 당시 국가가 제작한 TV 방송을 DVD에 구워 판매했다. 물론 논란은 있다. 동독 피겨스케이팅 올림픽 챔피언이자 섹스심벌이던 카타리나 비트는 2003년 위성국가 시절의 음식, 패션, 오락 등을 찬양하는 TV 쇼 진행을 맡아 사람들의 비난을 샀다.

여러 징조로 보아 오스탈기는 동유럽 문화환경에 이미 깊이 침투한 상태다. 어리고 무지한 사람들이나 할 일 없

347

는 오락거리 사냥꾼들이 그런 추세를 북돋운 것도 사실이지만, 다른 한편으론 서구한테 속았다, 자유유럽방송이 철의 장막 너머로 약속하던 것들이 지켜지지 않았다는 어두운 인식도 동유럽 사람들 사이에 널리 퍼져 있다. 1990년대 말 동유럽 이곳저곳에 "우리가 바란 건 민주주의였는데 받은 건 채권시장"이라는 낙서가 등장했다. 그런 씁쓸한 감정은 탈냉전의 희열과 선의가 고갈되면서 지난 10여 년간 더욱 확산됐다. 자유민주주의와 자본주의가 기대와 다르다는 실망감이 사람들을 괴롭혔다. 개인주의와 소비주의는 공동체와 국가질서를 포기해야 할 만큼 가치 있어 보이지 않았다.

하지만 과거로 회귀할 수 없다는 건 누구나 알고 있다. 공산주의에 대한 향수가 잠재적으로 큰 위협이 될 만한 곳은 유일하게 러시아 정도지만, 푸틴이 종신 독재자가 되는 최악의 시나리오조차 생각만큼 큰 문제가 아닐 수 있다. 스탈린과 기타 소련 지도자들의 자급자족 추구와 달리, 푸틴의 지도자로서의 명분은 국제경제 속에서 경쟁하고 번영하는 능력과 긴밀히 연결되어 있다. 세계화가 미래의 갈등을 방지할 순 없지만 정치지도자들의 행동에 영향을 주는 건 분명하다.

진정 우리가 걱정스럽게 지켜봐야 할 곳은, 역사의 종착점에 왔더니 모든 게 예상과 달라 고민하는 장소들보다도, 자유주의가 약속하는 것들을 보며 정말 그렇게 될까 봐 경계하는 장소들이다. 즉, 우리가 지켜봐야 할 대상은 이슬람 극단주의다.

§

이슬람 무장단체가 9·11 세계무역센터를 파괴한 일은 의심의 여지없는 테러 행위다. 이 사건 때문에 공포심과 복수심이 확산되는 한편, 여론주도자들이 모여 사건의 성격을 규정짓고 위협의 본질을 평가하는 업계가 조성됐다. 알카에다는 정규군이 아니었고 특정 국가의 정식 지원을 받는 것도 아니어서 미국은 적어도 전통적인 의미의 전쟁 상황에 처한 것은 아니었다. 그렇다고 알카에다를 일반 살인범으로 취급하는 것도 불합리했다. 군사적·형사법적 대응 모두 위협의 본질을 포착해낼 수 없었다. 비국가 활동세력들은 국경을 넘나다니며 극도로 치명적인 '비대칭' 전술을 구사할 능력이 있었다.

결국 부시 정부는 테러 용의자들을 '불법 전투원'(unlawful combatant)으로 분류했다. 불법 전투원은 헌법상 보장된 적법 절차를 요구할 수 없고, 합의된 전쟁의 규칙을 따르는 군인에게 적용되는 제네바협약의 보호 대상이 될 수도 없다. 이 결정 덕택에 지금 우리는 관타나모, 아부 그라이브, 워터보딩, 변칙적 신병 인도, 영장 없는 도청 같은 예민한 새 용어들을 일상적으로 사용하게 됐다.

더 미묘한 부분은 9·11 이후 10년 넘게 마드리드, 발리, 런던 등지에서 테러 공격을 감행한 이슬람 테러리즘의 성격을 어떻게 규정지을 것인가 하는 논의였다. 이 폭력적인 지하드 이데올로기를 뭐라고 불러야 할까?

몇몇 논객은 재빨리 '이슬람파시즘'이라는 신조어를 만들어냈다. 20세기 전반을 휩쓸었던 유럽의 파시즘에 빗댐으로써, 첫째, 이슬람 테러분자들은 나치만큼이나 서구에 실존적 위협을 가하는 존재이며, 둘째, 그들이 얼마나 구제불능의 악한인지를 강조할 수 있다. 히틀러를 이해하거나 그와 협상하는 일이 불가능하듯, 이슬람파시즘과의 투쟁은 어느 한쪽이 쓰러질 때까지 싸우는 사투가 된다. 예상할 수 있는 일이지만 이 용어는 특히 보수파에게 매력적이었다. 하지만 왕년에 급진좌파였다가 자유주의 매파로 변신한 크리스토퍼 히친스와 폴 버먼 역시 이 용어를 옹호한다.

한편 반문화운동가, 반제국주의자, 반전좌파, 강단좌파는 이슬람파시즘 딱지를 강력히 비판했다. 지난 수십 년간 이들 집단은 짧게 친 머리에 유니폼 입고 사기업에서 일하는 부류를 모욕할 때 파시스트라는 말을 애용해왔다. 좌파의 시각에서 나치 이데올로기의 진정한 계승자는 월스트리트와 국방부라는 미 제국의 두 기둥이었다. 그리고 그 두 곳은 바로 9·11 테러의 타깃이었다. 그곳을 공격한 무리를 파시스트라고 부른다는 건 정치 행위자의 속성을 완전히 거꾸로 파악하는 일이었다.

여기엔 확실히 수사적 경쟁 그 이상의 문제가 걸려 있었다. 테러범과 그들의 행위를 어떻게 규정할지를 두고 벌어졌던 논쟁이 시사하듯 언어는 권력과 위계와 폭력의 관계 속에 얽혀들 때 중요성을 띤다. 9·11 테러를 통해 우리 의식 속으로 갑자기 뛰어든 이슬람 테러리즘을 '이슬람파시즘'이라고 부르는 일은, 그것을 서구인들에게 익숙한 이념적·군사적 전통 속에 위치시켜 경계하려는 의도다.

역사학자 로버트 팩스턴은 『파시즘』(*The Anatomy of Fascism*)에서 파시즘이 20세기의 주요 정치 혁신품이긴 하지만 정확한 정의는 내리기 어렵다고 주장한다. 마크르스주의와는 달리 파시즘은 잠재적으로 보편화가 가능한 이성적인 원칙들에 근거하지 않았다. 대신 유럽 파시즘의 각 버전들, 특히 이탈리아, 독일, 스페인에 존재했던 순수한 형태의 파시즘은 각각 그 나라의 문화 및 제도와 결부됐고, 이론보다 지도자의 카리스마('의지의 승리'랄까)에 심하게 의존했다. 특히 무솔리니는 자신이 특정 신조에 얽매이지 않는다고 큰소리쳤으며, 지적 무차별성만이 자기 구제의 힘이라고 주장했다. "이념이란 여자와 같아서 사랑하면 할수록 당신을 괴롭힌다."[6]

그래서 팩스턴은 파시즘을 정의하려면 각 버전을 개별적으로 살펴봐야 한다고 주장한다. 파시즘이 버전마다 어느 정도 독자성을 띤다는 사실은 파시즘과 다른 이데올로기의 중요한 차이점이다. 숲을 보려면 우선 각각의 나무를 봐야 하듯이, 각기 다른 장소와 시점에 발현된 파시즘을 비교해 어떤 패턴이 드러나는지 관찰해야 한다.

그러고 나면 결국 파시즘은 종류를 막론하고 근대의 세 기둥 세속주의, 개인주의, 소비주의에 대한 불안과 적개심으로 정의된다. 공산주의와 파시즘은 흔히 20세기의 '정치적 신앙' 즉 근대의 도래 속에서 소용돌이치는 영적 혼란을 잠재 워줄 종합체제의 쌍벽으로 간주된다. 그러나 팩스턴은 파시 즘의 경우 다음 사항에 집착하여 자유민주주의를 거부하는 정치운동이라고 결론 내린다.[7]

- 개인보다 집단과 공동체를 우선시하는 경향
- 순수와 결속에 대한 상실감
- 이질적 문화의 영향에 따른 쇠락에의 두려움
- 합리적 원칙보다 카리스마 넘치는 지도자를 숭배하는 경향
- 폭력과 죽음에 아름다움과 구원의 힘이 담겨 있다는 믿음

히친스도 이와 상당히 유사한 정의를 내리지만, 팩스턴 은 민주주의 무시를 유럽 파시즘의 핵심으로 본 반면, 히친스 는 상실한 순수성을 되찾기 위한 폭력의 숭배를 파시즘의 결 정적인 속성으로 지적한다. 파시즘은 정치를 합리적인 논쟁 대신 감각적인 미적 경험에 근거하는 것으로 변질시키며, 파 시스트에게 가장 심오한 미적 경험은 살인이라는 것이 히친 스의 주장이다.

폴 버먼은 파시즘의 궤적으로부터 프랑스 혁명에서 비 롯된 이른바 "반항하려는 근대적 충동"의 특징적 패턴을 찾

아낸다. 이것은 권위에 대한 반항이 아니라 자유에 대한 반항이며, 근대 자유주의가 약화시킨 권위에 대한 복종을 목적으로 삼는 반항이다. 어떤 집단이든 사례마다 패턴은 동일하다. 원래 순수하고 활기차던 공동체가 내부적으로 오염되고 외부로부터 위협당해 쇠퇴의 길로 들어선다는 우려다. 옛 결속감에 대한 그리움은 이질성을 몰살하는 폭력의 시간을 부르고, 그 폭력은 "변화와 진화를 낳을 결함, 경쟁, 혼란이 일체 배제된" 영광스러운 공동체를 복구한다.[8]

이것이 파시즘의 근본 환상이다. 이 시각에 따르면 유럽 파시즘이 민주제도를 무시하고 국가를 일차적 도구로 삼는다는 등의 설명은, 파시즘이 본질적으로 근대에 적대적이고 집단적 순수성과 폭력의 미를 찬미하는 '진정성 숭배'임을 가리는 너무 온건한 설명이다.

§

미국이 9·11 테러를 어떻게 보복하는지 지켜보던 이들은 조지 W. 부시가 이 신종 "테러와의 전쟁"에서 "우리 편 아니면 적" 운운한 초기의 공격적 언사를 우려했다. 하지만 더욱 거슬렸던 건 아마도 사건 직후 첫 일요일에 그가 "이 십자군전쟁, 이 테러와의 전쟁은 한동안 지속될 것"이라 선언했던 일일 것이다.

부시가 앞으로 벌어질 군사공격을 가리켜 "십자군전쟁"

이라는 용어를 사용한 데 대해 여러 사람들(특히 유럽인들) 은 그가 문명의 충돌을 가져올 것을 심히 우려했다. 그런 언 급은 중세에 기독교 기사들이 "무슬림 세계를 상대로 자행 한 야만스럽고 부당한 군사작전을 상기시킨다"고 말한 프랑 스 마르세유 모스크의 이슬람 법률고문 소하이브 벤체이크 의 반응은 전형적이다. 이런 염려는 연이은 발리(2002년 10 월), 마드리드(2004년 3월), 런던(2005년 7월) 테러로 실 현되는 듯했다.

이 연속 테러 공격은 과연 문명충돌의 도래를 알렸지만, 이 충돌은 이슬람과 기독교의 충돌이라기보다 이슬람과 근 대의 충돌이다. 그리고 관련 행위자는 지하디스트 대 십자군 이 아니라 지하디스트 대—더 적당한 용어가 없어 어쩔 수 없이 사용하자면—소비자다. 이것은 무함마드와 예수 중에 누가 더 섬길 만한가의 다툼이 아니고 무함마드와 레이디 가 가 중 누구를 선택하느냐의 문제다.

지난 10여 년간 서구 독자를 대상으로 20세기 이슬람 원리주의의 부상에 관해 꽤 많은 문헌이 집필됐다. 이들 문 헌은 무슬림형제단에서 유래하는 알카에다의 등장과 하산 알반나, 사이드 쿠틉, 아이만 알자와히리 같은 인물의 역할 을 다룬다. 그중에서도 사이드 쿠틉의 역할은 결정적이다. 세속주의, 개인주의, 민주주의 같은 근대 가치관이 이슬람을 잠식하는 현상을 보며 패닉 상태에 빠진 지식인 쿠틉은 자유 주의의 "정신분열증"이 정교분리를 통해 종교를 하위로 끌어내렸다고 성토했다. 그리고 근대가 인간과 신 사이에 장막을 드리웠으며, 기술과 과학이 인류와 창조의 자연스러운 일체화를 가로막았다고 여겼다. 그는 케말 아타튀르크가 터키를 세속화하는 것을 보며 서구의 사상이 이슬람에 미칠 영향을 우려했다. 그래서 쿠틉의 계획은 "근대의 정치적·철학적 구조를 전부 해체하고 이슬람을 오염되기 전의 원형으로 되돌려 놓는 것이 목표였다. 그에게는 그것이야말로 신과 인간이 온전히 하나 되는 성스러운 일체의 상태였다"라고 로렌스 라이트는 『문명전쟁: 알카에다에서 9·11까지』(*The Looming Tower: Al Qaeda and the Road to 9/11*)에서 서술한다.[9]

서구 합리주의에 대한 쿠틉의 거부는 오사마 빈 라덴의 마음속에서 미국을 향한 비대한 혐오감으로 둔갑했다. '미국'은 지하드 전사들에게 정치(개인주의, 민주주의, 세속주의), 비즈니스(세계화, 교역, 상업), 오락(소비주의, 술, 섹스) 등 근대의 모든 것을 대변하는 상징물이었다. 라이트가 지적하듯, 알카에다의 최고 이론가 쿠틉은 20세기가 제공하는 거의 모든 것에 등을 돌림으로써 이슬람이 근대와 평화롭게 공존할 여지를 남겨두지 않았다. 원리주의자들이 향하는 목적지는 오로지 한 곳, 바로 과거였다.

정말로 원시 혈거인이 별개의 현실계에 등장했다. 그곳은 무슬림 정체성의 신비한 심금과 긴밀히 연결된 장소

355

이며 근대, 불순함, 전통의 상실로부터 위협받는 문화에 소속된 자는 누구나 들어오라고 손짓하는 곳이다. 빈 라덴은 아프가니스탄 어느 동굴에서 미국과의 전쟁을 선포함으로써, 과학기술이 지배하는 세속적인 골리앗의 괴력에 대항하는 청렴한 불굴의 원시적 존재라는 역할을 점했다. 그는 근대 그 자체에 맞서 싸우고 있었다.[10]

알카에다(와 이슬람 원리주의)를 이처럼 미국 소비자본주의를 거부하는 진정성 운동으로 묘사하면 9·11 이후 지적 지형도 위에 형성된 괴이한 대형을 이해하는 데 도움이 된다. 좌파가 이슬람 원리주의의 노골적인 목표까진 아니더라도 전반적 논제에 널리 동조하는 현상 말이다. 즉, 세계무역센터 테러로 민간인 3,000명이 살해된 일을 내놓고 좋아하는 사람은 없어도 빈 라덴의 서구 문화 비판에 고개를 끄덕이는 사람은 많다. 미국식 자본제국주의는 문제가 많고, 비행기로 건물에 돌진하는 건 지나치지만 역풍은 예측을 불허한다. 자승자박이라는 얘기다.

콜로라도 대학교 볼더 캠퍼스 인문학부 교수 워드 처칠은 가장 유명한 미국인 동조자 중 하나이다. 그는 9·11 직후에 쓴 에세이에서 테러 원인을 미국 외교정책 탓으로 돌리고 세계무역센터에서 일한 사람들을 "꼬마 아이히만"[†]들이라 불렀다. 캐나다에서는 서네라 토바니 여성학 교수가 공격이

†   나치 독일의 친위대 중령으로 유대인 추방과
     학살의 실무를 담당했던 책임자.

있은 지 3주도 채 지나지 않아 어느 학회에서 미국의 대외정책을 "피에 젖은" 정책으로 묘사하며 미국 주도의 세계 자본 질서를 규탄하는 연설을 했다.

처칠과 토바니를 비롯해 미국을 자멸을 자초하는 행위자로 보는 많은 사람들이 자본주의, 제국주의, 인종주의를 관련짓는 익숙한 수사법에 의지하는 건 우연이 아니다. 한동안 인터넷에 재미있는 퀴즈 하나가 돌아다녔다. 산업화, 소비주의, 자연 파괴에 관한 일련의 인용구를 늘어놓고 그중 어느 것이 앨 고어의 『불편한 진실』에서 발췌한 것이고, 어느 것이 『유나바머 선언문』‡에 담긴 글인지 맞추는 퀴즈다. 직접 해본 사람은 누구나 정답 맞히기가 의외로 어렵다는 사실을 깨닫는다.

이 퀴즈의 시사점은 근대의 삶이 지니는 단점을 묘사할 때 누구든 거의 무의식적으로 쓰는 표현들이 있다는 점이다. 이 '규탄의 언어'는 인류의 기술이 원시자연에 '독'이 된다든지, 소비재에 대한 '탐욕'과 '낭비'를 조장하려고 부자연스러운 기계로 천연자원을 뒤지며 지구를 '강간'한다는 식으로 표현되는 것이 전형적이다. 즉, 근대인들의 공통 유산인 '진정성의 언어'에 크게 기대고 있다.

---

‡   미국 폭탄테러범 시어도어 카진스키가
    작성한 선언문. 하바드대를 졸업하고
    버클리대에서 수학 교수를 지냈으나,
    현대문명이 인류를 망친다는 믿음을 갖고
    문명혐오주의자가 되어 20여 년간 산속에서
    은둔생활을 하며 수차례에 걸쳐 대학과
    항공사에 우편물 폭탄테러를 감행했다.

그러나 규탄의 언어는 유사해도 해결책의 언어에서 차이가 발생한다. 인간 행위가 초래한 문제점을 해결하기 위해 제안된 정책과 제도에서 차이가 생긴다는 뜻이다. 다시 말해 앨 고어 전 미국 부통령과 산속에 처박혀 사는 살인자가 구별되는 부분은, 한 사람은 우리 모두 전기자동차를 타고 집에 에너지 절약형 형광등을 달아야 한다고 여기는 반면에, 다른 한 사람은 과학자들에게 폭탄테러를 가해야 한다고 생각한다. 사이드 쿠틉이나 오사마 빈 라덴의 글이나 연설에서 따온 인용구를 제임스 하워드 쿤슬러의 『장기 비상시대』나 잡지 『애드버스터스』†에서 발췌한 구절과 나란히 놓고, 위와 비슷한 퀴즈를 만드는 것도 어렵지 않을 터다.

'진정성 밈'의 영향력 증대는 특히 좌파의 사고에 영향을 미치면서 많은 사람으로 하여금 모든 주요 정치문제와 사회문제를 일제히 근대의 탓으로 보게 만들었다. 1960년대 이후 좌파는 억압적인 헤게모니 체제—자본주의, 가부장제 등 다양한 명칭으로 불리지만 그냥 근대라는 총칭으로 수렴해도 상관없는—야말로 자유를 위협하는 가장 중대한 요소라는 신념을 지녀왔다. 그리고 이로부터 세상을 문화/자연, 감정/이성, 힙함/구림 등등 단순 이분법으로 가르는 지적 경향이 나타났다. 냉전이 종식되고 신흥 세계경제가 발칸 반도나

†   Adbusters: 자본주의 소비문화에 저항하는 사람들의 국제네트워크를 표방하는 캐나다 밴쿠버 소재의 비영리 단체. 1989년 설립. 단체명 애드버스터스는 광고파괴자라는 의미를 담고 있으며 동명의 잡지를 간행한다.

중동 같은 곳에서 강한 역풍을 맞게 되자 이분법 도식은 미국 정치이론가 벤저민 바버의 표현처럼 "지하드 대 맥월드"로 한층 더 확장됐다. 종교적·국가주의적 정체성 운동과 세계시민주의·대중매체·소비주의의 대결 구도다.

이 도식으로 바라보면 서구에 대한 테러 공격은 보편·균질적 상태의 확산에 대한 저항으로서 자연스럽고 일부 정당화될 수 있는 행위라는 논리가 나오는 것도 무리는 아니다. 물론 테러와 고의적 대량살인은 개탄할 일이지만 전술에만 동의하지 않을 뿐이다. 테러리즘은 문화훼방의 극단적 형태다. 자폭테러범은 이를 이행하는 가장 헌신적인 구성원이다. 미국이 사담 후세인의 바티스트 정권 전복을 계획했을 때도 좌파는 유사한 사고 경로를 거쳤다. 그들은 "석유 때문에 피를 흘리지 말라"(No blood for oil)고 외쳤다. 거기엔 침공의 유일한 이유가 석유 1갤런 가격을 우유 1갤런 가격보다 싸게 유지하기 위해서라는 전제가 깔려 있었다. 결과적으로 반전좌파들은 독재자의 주권을 옹호하고 여성의 권리를 수구적인 종교지도자에게 맡긴 채 테러리즘과 대량살인에 이유를 붙여주는 터무니없는 입장을 견지하게 된다.

여기서 비극은 서구 반전좌파와 이슬람 원리주의자들 간에 형성된 지적 연합이 '근대=나쁘다'라는 피상적인 등식을 기반으로 삼는다는 점이다. 이것은 훨씬 복잡하고 다중적인 역학의 존재를 가린다. 현대 대중사회의 총체적 문제점은 진정성의 실종이라고 보는 서구인들이 많다. 모든 것이 획일

359

적·순응적이고 포장만 그럴듯하다는 거다. 개인의 진정한 자유와 계발을 도와줄 자연스럽고 즉흥적이고 고유한 문화의 결여를 문제 삼는다.

이슬람주의자들도 근대사회에 진정성이 없다는 데 동의하며 소비주의를 큰 문제로 여긴다. 그러나 이슬람주의자의 시각에서 근대에 진정성이 없는 이유는 획일성, 순응성보다도 오히려 너무 창조적·즉흥적·개인적이어서 문제다. 바로 그 점 때문에 사고, 신앙, 옷차림, 관습 등에서 상당한 순응을 요구하는 진정한 무슬림 공동체를 만들고 유지하는 데 지장을 받는다.

1990년대 초 강단 페미니즘의 바이블이던 나오미 울프의 『무엇이 아름다움을 강요하는가』(*The Beauty Myth*)처럼 이 혼란이 더 극명하게 드러나는 사례도 드물다. 울프는 이 책에서 '이 여자가 더 예쁘고 저 여자는 덜 예쁘다'는 관념은 사회질서에 의해 날조된 "수구적 집단 환각"이라고 주장했다. 책에 담긴 내용 대부분은 반문화주의 논점을 다시 점화한 것으로, 아름다움이란 "현 권력관계, 경제, 문화가 여성에게 반격을 가할 필요"에 복무한다는 식의 주장으로 가득하다. 울프는 사회질서가 슈퍼모델, 바비인형, 플레이보이 바니걸 같은 이상적 여성미를 상징하는 미의 표본을 양산한다고 주장한다. 이와 같은 "도식적" 이미지는 주로 언론매체의 광고를 통해 "무한대로 재생산"된다. 이에 노출된 여성들은 그 이미지에 세뇌되어 표준적 미의 기준에 자신을 맞추고자 노력하게 되고, 이것이 권력구조를 재생산한다.

울프는 결국 두 종류의 개성이 존재한다는 주장을 제시한다. 하나는 지배적 권력구조가 용인하는 "순응하는" 개성이고, 다른 하나는 지배적 권력구조가 조장하는 경쟁욕을 거부하고 심지어 전복시키는 "진정성 있는" 개성이다. 궁극적으로 여성이 해야 할 일은 미의 신화가 부추기는 거짓된 경쟁으로부터 스스로를 해방시키고, 여성들이 각자 자신의 고유함과 개성을 찬미할 수 있도록 "여성을 긍정하는" 새롭고 탈권위적인 미의 정의를 구축하는 것이라고 저자는 말한다.

그로부터 17년 후 나오미 울프는 미의 경쟁을 벗어나는 일에는 또 다른 논쟁거리가 존재한다는 점을 마침내 알아차렸다. 2008년 모로코, 요르단, 이집트를 한동안 여행한 울프는 코란의 규율이 무슬림 여성에게 머리채만 가리는 히잡, 망토처럼 둘러쓰지만 얼굴은 보이는 차도르, 눈만 간신히 보이는 부르카 등의 착용을 요구하는 것을 보고 한 가지 깨달음을 얻었다.

여성에게 강제로 베일을 씌우는 습속은 여성에 대한 성적 억압의 한 형태로서 이슬람의 경악할 만한 성차별주의를 극명히 보여주는 징후로 해석할 수 있다. 그러나 울프의 해석은 달랐다. 여성에게 몸을 가리게 하는 이슬람 규율은 무엇이 공적이고 무엇이 사적인지, "무엇을 신에게 드릴 것이며 무엇을 남편에게 드릴 것인지" 구분하는 이슬람문화의 건전한 감각을 보여주는 징표라는 것이다. 울프는 다양한 몸 가림이

361

여성을 "침범하고 상품화하고 비열하게 성적 대상화하는 서구의 시선"으로부터 해방시키는 데 기여한다며 높이 평가했다.[11] 그리고 베일, 차도르, 부르카에 대한 우리의 적개심이 서구 사회에 존재하는 여성에 대한 억압과 통제기제(화장품이나 하이힐 같은 뷰티상품들)를 보지 못하게 한다고 우려했다.

그래서 울프는 하나의 실험을 시도했다. 이슬람 여성이 입는 전통의상 샬와르 카미즈와 머리 스카프를 착용하고 모로코의 어느 시장을 거닐었다. 그것은 놀랍게도 해방감을 주는 경험이었다.

아마 서구인이 그런 옷차림을 한 것이 신기해서 따스한 눈길을 받은 점도 있을 것이다. 하지만 가슴선과 다리선이 감춰지고 긴 머리채가 휘날리지 않는 상태로 시장을 돌아다니자니 새삼 차분함과 평화로움이 느껴졌다. 그렇다. 나는 어떤 의미에서 자유를 느꼈다.

나오미 울프는 이 글로 인해 상당한 비판을 받았다. 비판자 중에는 서구 자유주의 페미니스트들도 있었지만, 가장 격렬한 반응을 보인 건 자유주의 무슬림 여성들이었다. 그들은 울프의 놀라운 무지에 격분했다. 그들이 특히 비판한 부분은 울프가 선택의 문제를 간과했다는 점이다. 히잡이나 부르카는 할리우드 여배우들이 카페 갈 때 편한 요가복 차림으로 가듯 몸치장하기 싫어 수수하게 걸치는 것이 아니기 때문이다. 여성들에게 베일을 뒤집어씌우는 것은 철저히 가부장적인 문화의 한 측면이다. 그것은 감히 학교에 가려 한다고 아프간 소녀의 얼굴에 염산을 붓거나 윤간당한 13세 소말리 소녀를 가족이 돌로 쳐 죽이는 등의 행태와 일맥상통한다.

정당한 비판이며 울프는 비난을 받아도 싸다. 그러나 이 논란 속에서 간과된 부분은 그녀의 주장이 과거에 『무엇이 아름다움을 강요하는가』에서 취했던 입장과 얼마나 동떨어진 것인가 하는 점이다. 울프는 사회질서가 요구하는 경쟁적 미의 역학을 무시하고 더 진정성 있고 탈권위적인 개별화된 미의 관념을 받아들이는 것이 불가능함을 인정했다. 그런 미의 관념은 존재하지 않기 때문이다. 여성들 스스로가 수세기 동안 말해온 대로, 여성은 자신을 위해 치장하는 것도 아니고 남자들을 위해 치장하는 것은 더더군다나 아니다. 여성은 다른 여성들을 염두에 두고 치장한다.

미의 경쟁에서 빠져나오려면, 각 개인의 경쟁적 본성을 완전히 부인하고 이슬람에서 찾을 수 있는 종류의 순종과 집단주의에서 은신처를 구하는 방법밖에 없다. 더운 나라를 여행하는 서구 여성의 입장에서 머리 모양 걱정 없이 하루를 보내며 분명 해방감을 느낄 수 있다. 그러나 울프는 머릿수건을 그것과 긴밀히 얽힌 종교적 맥락에서 따로 떼어내 거기에 내포된 미개한 함의를 깨끗이 제거했다. 그건 정치논평이 아니라 일종의 '진정성 관광'이다. 모로코 시장을 유유히 거닐며 무슬림 여성이 되어본 울프의 경험은, 리투아니아의 구소련 벙커 생존 체험장을 방문한 관광객이 KGB 포로 경험을 해보는 거나 매한가지다.

§

나오미 울프만 따로 지목해 비판하는 건 어쩌면 불공평할지 모른다. 9·11 테러는 우리가 기존에 편안히 여겼던 주류적 사상 구분과 모순되는 거센 교차류들을 주입함으로써 정치사상 관련 업계 종사자 전원을 곤혹스럽게 만들었다. 세계무역센터 파괴는 심지어 소설가들에게도 혼란감을 안겨주었다. 경악과 불확실성에 직면한 정부와 국민이, 상상력을 원천으로 비공식 입법자의 지위를 누려온 소설가들에 대한 수요를 줄이고, 대신 역사학자, 정치학자, 중동 및 중앙아시아 지정학 전문가에게 의존했기 때문이다.

개중 용감한 (혹은 어리석은) 작가들은 테러분자들과 글로 승부해보겠다며 통찰력보다는 필사적이고 숨 가쁜 표현 기교를 통해 우세를 점하고자 했다. 결과물들은 거의 다 당혹스러운 수준이었고, 2001년 12월 호 『하퍼스』에 실린 미국 소설가 돈 디릴로의 기고문 「미래의 폐허에서」(In the Ruins of the Future)는 그중에서도 최하를 기록했다. 그 글은 장황하고 불합리한 추론과 사소한 생각의 파편으로 점철되고, 혼란과 모순으로 뒤죽박죽인 의식의 흐름이었다.

영국 소설가 마틴 에이미스 역시 그런 용감한 작가에 속한다. 하지만 그는 소설 쓰기란 궁극적으로 진지한 일이 못 돼서 정말 심각한 순간이 닥치면 사람들이 소설가에게 의지할 가능성이 적다는 기본 문제점을 충분히 인식하고 있었다. 바로 그래서 9·11 직후 수많은 소설가들이 저널리즘에 뛰어들었던 것이다. 에이미스의 말마따나 이들은 그렇게 "시간을 벌면서" 소수의 이슬람주의 살인범들이 인간의 상상력을 초월하는 일을 벌이는 세상에서 상상에 의거한 글쓰기의 제자리는 어디인지 알아내고자 애썼다.

에이미스 역시 다른 누구보다 자기 자리를 찾기 위해 애썼지만, 9·11 후 펴낸 글 모음집을 보면 짧은 논평, 서평, 두어 편의 긴 에세이, 테러를 소재로 한 형편없는 소설 몇 편 등 제각각 스타일도 다르고 일관성이 없다.[12] 그래도 그중 제일 흥미로운 글은 「테러와 권태: 의존심」(Terror and Bore-dom: The Dependent Mind)이다. 이 에세이는 공항 보안 검색대 앞에서 대기할 때 느끼는 지루함에서 힌트를 얻어 죽음에 대한 테러범들의 열의를 '역사의 종언이 일으키는 권태감'의 확장선상에 올려놓고자 시도한다. 에이미스는 요점을 잡는 데 뜸을 들이다가 결국 테러분자들이 승리한 세상은 "완벽한 테러와 완벽한 권태의 세상, 그것 외에는 아무것도 존재하지 않는 세상—게임도, 예술도, 여성도 없고 유일한 오락은 공개처형뿐인 세상"이라고 결론 내린다.

테러의 시대는 곧 권태의 시대로 기억될 것이라는 의심이 든다. 심심함과 무력함의 권태가 아니라 대량자살테러와 대량살해라는 슈퍼테러를 완성하고 보완하는 슈퍼권태다. 우리가 궁극적으로 테러와의 전쟁에서 승리한다 해도 (…) 권태와의 전쟁에서는 승산이 없다. 적들은 권태를 느끼지 않기 때문이다.[13]

여기엔 깊은 통찰력이 담겨 있지만 에이미스는 영리한 병치를 해냈다는 만족감에 젖어 테러와 권태의 대조를 그 이상 분석하지 않는다. 대신에 그는 삼천포로 빠져 이라크 전쟁을 비판하고 이라크 전쟁에 쓰인 수십억 달러를 무슬림 여성들의 의식 고양에 사용하는 게 훨씬 나을 뻔했다는 리즈 체니(딕 체니의 딸이고 변호사)의 사소한 소리에 동조하며 에세이를 끝맺는다. 안타깝다. 왜냐하면 테러(공포[†])와 권태의 대비가 몇 가지 잠재적 접근법을 제시하기 때문이다. 누가 겪는 공포인가? 어떤 종류의 권태인가? 에이미스는 공포는 우리가 겪고 있으며 권태는 전체주의 종교체제에 억지로 연결을 강요당하는 독자적 인간정신이 겪는 극심한 무료함일 것이라고 단순하게 전제한다.

그렇지만 저들이 겪는 공포와 권태를 살펴 원리주의자들의 야망을 좀 더 동정적으로 바라보는 방법도 있다. 저들의

---

†   원서에서 사용된 terror의 이중적
      의미 때문에 여기서도 문맥에 따라
      '테러'(테러행위) 또는 '공포'로 다르게
      번역했다.

권태는 장시간 버스를 타거나 병원 대기실에서 차례를 기다리며 느끼는 지루함도 아니고, 한 장소에서 너무 오래 지내거나 정착하지 못하고 떠돌며 사느라 지친 상태도 아니다. 그것은 후쿠야마가 시인한 대로 역사의 종결이 낳은 컴컴한 수렁 같은 권태이며, 모든 것이 가능하지만 가치 있는 건 하나도 없는 세상에서 느끼는 깊은 공포다. 원리주의자들이 두려워하는 것은 모든 밧줄에서 풀려난 자유로운 정신, 무제한적인 가능성의 바다에서 닻을 내릴 만한 곳을 찾지 못하고 표류하는 순수하게 자유로운 지성에 대한 공포다.

이것은 우리 모두의 문제다. 궁극적으로 우리는 누구나 거울을 들여다보며 '가치 있는 일은 무엇인가' '무엇이 의미 있는가' '무엇이 성스러운가'를 자문할 수밖에 없다. 이 모든 질문은 결국 '나는 누구인가'라는 질문의 변주에 해당한다. 다른 종교나 이념과 마찬가지로 이슬람도 이에 대해 미리 준비된 답을 갖고 있다. 그러나 근대는 그런 기존의 해답을 전부 쓸어버리고 신성함이라는 관념을 약화시켰다. 그래서 자유주의자들은 위의 질문에 '그런 건 없다' 아니면—그보다 조금 나은—'당신한테 달렸다'라고 답한다. 이게 심히 공포스러울 수 있다. 그렇다고 해서 근대를 부정하고 과거에 대한 향수와 폭력에 호소하는 행태는 규탄받아 마땅하다. 하지만 진정성 추구라는 우리의 대안 역시 혼란만 야기하고 성공할 수 없는 허구일 뿐임을 반드시 인식해야 한다.

맺으며
다시, 진보

전통이 더 이상 확고하고 합리적인 가치의 원천이 되지 못할 때 사람들은 삶의 의미를 찾기 위해 진정성 추구를 시도한다. 탈권위화·세계화·개인화·상업화된 이 환멸의 세계에 더 알맞은 무언가를 찾아 옛 가치의 원천을 대체하려는 지극히 근대적인 시도를 탐구하는 것이 이 책의 목적이다. 세속주의, 자유주의, 자본주의에 대한 본능적 반감, 그리고 근대세계에 의미 있는 삶이란 불가능하며 근대가 권하는 건 지위 상승과 소외의 해로운 조합뿐이라는 생각이 진정성 추구를 자극한다. 세계에는 고유한 가치가 있으며 그 안에서 각자 목적 있는 삶을 살 수 있다는 느낌이 우리 삶에 결여되어 있다. 그래서 우리는 여러 방식으로 진정성을 추구한다. 청바지나 식료품을 살 때, 휴가지를 고를 때, 음악을 들을 때, 정치인에게 투표할 때도 우리는 깊은 의미를 찾는다. 그때마다 매번 우리는 순수하고, 즉흥적이고, 진실하고, 창의적이고, 상업화·이해타산·이기심에 오염되지 않은 경험의 파편들, 세상에 남은 희망 한 줄기를 찾아내고자 애

369

쓴다.

흔히 '서구'(산업화 혹은 후기산업화를 거친 북미, 유럽, 일부 아시아)로 통칭되는 문명이 상당한 몸살을 앓고 있는 점은 주의 깊은 사람 눈에는 확연할 것이다. 사회경제적 불평등, 범죄, 부정부패도 심하고 정신병, 빈곤, 각종 환경오염은 말할 것도 없다. 미국인 열 명 중 한 명이 항우울제를 복용하며 이 수치가 10년 전에 비해 두 배라는 2005년 연구 결과는 사회문제가 얼마나 심각한지를 보여주는 하나의 징후다.

그러나 아무리 근대의 삶이 암울해도 인간개발의 측면에서 삶의 질이 그 어느 때보다 크게 개선된 사실까지 부인할 수는 없다. 수명과 건강이 향상되고, 공기나 물도 청결해졌고, 상하수도, 난방, 전기, 의료, 텔레비전, 인터넷 등의 서비스도 거의 보편화된 상태다. 오락거리, 음악, 영화, 방송, 뉴스, 기타 정보의 다양성이 풍부해졌고, 시장은 상상 가능한 온갖 취향과 라이프스타일에 맞춰 재화와 서비스를 제공한다. 즉 선진 자유민주국가의 시민들은 전반적으로 역사상 어느 때보다도 삶을 즐길 수 있게 됐다. 그런데 뭐가 문제란 말인가?

버트런드 러셀은 『인기 없는 에세이』(*Unpopular Essays*)에서 인류에게 닥칠 수 있는 불운은 크게 자연재해와 인재라는 두 범주로 분류된다고 했다.[1] 기아와 질병 같은 자연재해는 인류에게 늘 엄청난 고통을 안겨왔지만, 지식과 기술이 발전하면서 이제는 인재가 차지하는 비중이 높아졌다.

맺으며   다시, 진보

거칠게 말하면 기아보다 전쟁이 더 흔해졌고, 그 결과 우리는 문명이야말로 위험하고 자연은 상대적으로 무해한 듯한 인상을 받게 됐다.

그런 의미에서 근대는 스스로 이룬 성공의 피해자다. 길고 편안한 삶을 누릴 수 있어야 인생의 의미를 따져보는 사치를 누릴 수 있다. 따라서 오직 근대인만이 쇼핑이나 투표가 인간의 영혼 깊은 곳에 자리한 욕구를 진정으로 충족시켜주지 않는다는 것을 깨달을 만한 입장에 놓인다. 우리의 삶은 편안하긴 해도 무의미하다, 인생에 더 중요한 뭔가가 있어야 한다는 생각이 결국 수백만 인간을 진정성 찾기의 길로 내몬다.

철학자 프리드리히 니체가 자유민주주의의 기초도덕을 철저히 비판한 것도 이 문제와 일맥상통한다. 우리는 8장에서 역사의 가장 기본적 동력 가운데 하나인 인정욕구가 마지막 발현 단계에 이르는 순간, 다시 말해 모든 개인의 고유성과 개성이 온전하고 동등하게 인정받는 순간 자유주의가 승리한다는 관념을 살펴봤다. 이 역사의 종착점에서 등장하는 존재, 즉 자유의 영웅을 니체는 '최후의 인간'이라 부른다.

그러나 니체는 민주주의, 평등, 자유, 안녕을 다른 어떤 것보다 우위에 두는 최후의 인간을 영웅으로 여기지 않았다. 그가 보기에 최후의 인간의 등장은 지배를 위한 투쟁에서 패배하기보단 내 잇속을 차리겠다는 자들의 도덕, 즉 '노예의 도덕'의 궁극적 승리를 뜻했다. 니체에 따르면 자유주의는 양

떼의 승리, 약자의 승리이며, 우월한 집단이 아닌 그냥 머릿수 많은 집단의 승리다. 자유주의 국가에 진정한 지도자란 없으며, "자기 안위를 위해 그보다 우월한 가치에 대한 자랑스러운 신념"을 포기한 "시민"이 있을 뿐이다.[2]

자유민주주의 도덕을 경멸한 니체는 오로지 귀족적 사회에서만 진정한 탁월함과 성취가 있을 수 있다고 주장했다.[3] 그런 사회 속에서만 사람들이 인정받을 만한 업적을 이루기 위해 위험을 감수하기 때문이다. 이들은 평등한 존재로 인정받는 데 만족하지 않고 스스로 우월성을 확인하고 싶어 한다. 이 우월성에 대한 욕망은 단순한 정복욕이나 착취욕이 아니다. 그것은 위대한 교향곡을 작곡하는 일이든 미술, 소설, 도덕률, 정치체제든 삶에서 이루거나 소유할 가치가 있는 모든 것을 향해 동기를 부여한다.

이 설명은 진정성 탐색이 우리한테 왜 그리도 벗어나기 힘든 덫인지 이해하는 데 도움을 준다. 인정욕구가 보편적으로 충족되면 인정의 가치가 사소해진다는 니체의 단순하지만 날카로운 통찰력이 힌트다. 단도직입적으로 말해서 누구나 인정받는다는 건 아무도 인정받지 못하는 것과 다름없다. 인정이란 본질적으로 사회학자 피에르 부르디외가 말하는 구별(distinction)의 한 형태로, 거기에는 권력관계와 우열 판단이 내포된다. 이때 인정이라는 용어에 진정성을 겹쳐놓으면, '모든 것이 진정하다면 아무것도 진정하지 않은' 것이 된다. 진정성이란 '무엇과 대조해 진정한 거냐?'라는 질문에 답함으로써 비로소 힘을 얻는 대조의 용어이기 때문이다.

결국 진정성은 누구나 누릴 수 없기 때문에 가치 있는 지위재화다. 과거에 상류계급이 누린 특권이나 근래에 '쿨함'이 구별의 지표였듯이, 진정성 추구 역시 지위 경쟁의 한 형태다. 실제로 최근 들어 진정성은 지위 경쟁의 가장 세련된 형태로 확립되면서 가장 안목 있고 돈 많고 경쟁력 있는 참가자들을 경쟁 속으로 끌어들이고 있다.

임의적이거나 노력 없이 얻은 특질을 기준으로 희소한 재화와 자원을 배분하는 신분위계는 사회적으로 유해하다. 하지만 모든 형태의 지위가 다 부당한 건 아니다. 고등교육은 부와 특권을 배분하는 신분위계지만, 많은 사람들은 능력주의에 기초한 교육제도를 대체로 공평, 타당하고 심지어 민주적인 지위 경쟁이라고 여긴다.

진정성 추구는 사회 파괴적 지위 경쟁이 되어버렸다. 과거 40년간 '쿨 사냥'을 부추겼던 그릇된 대중사회 비판을 가져다 이번엔 아예 근대 전반에 대한 더욱 전면적이고 더욱 그릇된 비판으로 확대시켰기 때문이다. 대중사회 비판이 많은 사람들, 특히 좌파에게 사회규범, 관료국가, 법체계 같은 사회조직의 기본 구성요소들을 의심케 만들었다면, 근대 비판은 그보다 훨씬 더 나아가 자유민주주의의 전반적인 과학·법률·정치적 기반과 그 속에서 번성하는 문화를 규탄한다.

진정성에 관해 마지못해 경건한 척하는 부류부터 극도로 원리주의적인 태도를 취하는 사람까지 정도의 차이는 있다. 더는 존재하지 않는 과거에 비교적 무기력한 향수를 품는 사람이 있는가 하면, 이국적인 것에 페티시즘을 느끼는 사람도 있고, 국가주의나 지하드 같은 집단적 투쟁에서 희망을 찾는 무리도 있다. 그러나 진정성 추구는 전체적으로 봤을 때 우리가 피하려는 특정의 몇몇 문제들이 생겨나는 데에 오히려 기여한다는 역설을 초래한다. 진정성 있는 경험, 진정성 있는 자신, 진정성 있는 삶의 의미와 관련해 우리가 잘못된 이데올로기에 사로잡혀 있기 때문이다.

§

유전학자 데이비드 스즈키는 TV 과학방송 「만물의 본성」 진행자를 맡아 큰 인기를 얻은 뒤 환경운동에 투신한 일본계 캐나다인이다. 명예학위를 스물두 개나 수여받은 국제적인 기후변화 전문가다.

그런 그가 어느 시점부터 현실감각과 상식을 잃었다. 스즈키는 73세 생일 전야에 어느 캐나다 일간지에 칼럼을 기고해 20세기 과학기술의 발전에도 불구하고 자기가 태어난 시기에 비해 세상이 정말 더 좋아졌는지 묻는다. 독자를 너무 궁금하게 하지 말아야 하므로 그는 일단 결론부터 말한다. "손자손녀에게 물려줄 것들을 생각하면 내 대답은 확실하게 부정적이다!"[4]

스즈키는 페니실린이나 컴퓨터 같은 바람직한 발전도

있었다고 인정하지만, 그뿐이다. 그것 말고는 근대세계는 재 앙이다.

그렇다, 세상은 이제 멋진 소비재화를 풍부하게 제공한다. 그러나 그것을 위해 어떤 비용을 치르고 있는가? 내가 어렸을 때 5시 반이나 6시가 되면 부모들은 집 뒷문을 열고 저녁 먹으라고 아이들을 불렀다. 우리는 들판과 도랑과 시냇가에서 놀았다. 강과 호수에 어떤 화학물질이 들었는지 걱정하지 않고 물도 떠 마시고 물고기도 잡아먹었다. (…) 이후 인구는 세 배로 증가했다. 수십 종의 유독성 화학물질이 우리 몸에 축적되고, 암은 사망원인 1위가 됐다. 우리는 공기와 물과 토양을 유독물질로 오염시켰다.

데이비드 스즈키의 출생연도가 1936년이라는 사실에 주목하자. 경제공황은 이후 3년은 더 이어질 것이고 끔찍하게 파괴적이던 세계대전도 일어난다. 게다가 일본계 북미인들은 강제수용소 생활도 겪는다. 기고문에는 언급되지 않지만 그가 어린 시절 누리던 목가적 평화는 1942년 캐나다 정부의 방침으로 깨진다. 부모가 운영하던 세탁소는 몰수되고, 아버지는 노동수용소에 보내지고, 나머지 식구들도 브리티시컬럼비아 주에 있던 강제수용소에 수용된다. 1988년에 캐나다 정부는 일본계 캐나다인들에게 사죄하고 피해자들에게 보상금을 지급했다. 이 같은 정부의 사죄와 그런 사죄를 초래한 양심의 가책도 도덕적·사회적 개선의 증거지만 스즈키는 이 점 역시 무시하고 넘어간다.

그의 다른 논점도 쉽게 반박이 가능하다. 인구가 세 배로 증가한 이유는 예컨대 1900년경 미국에서 다섯 명에 한 명 꼴이던 영아사망률이 현재 100명에 한 명 미만으로 줄었기 때문이다. 빈곤과 영양실조 역시 1936년도의 캐나다가 지금보다 훨씬 심했다. 환경문제가 지속되고 있는 건 사실이지만, 성공적으로 개선된 사례도 많다.

그러나 거대한 진정성 허구 앞에서 세부사항을 논하는 건 소용없는 일이다. 존재한 적 없는 과거에 대한 몽롱한 향수, 근대에 대한 균형감 잃은 회의심, 개인적으로 의미 있고 사회적으로 진보적인 척하지만 실은 정체된 수구정치. 이런 진정성 허구의 중심에는 나한테 좋은 것이 사회에도 좋고 지구에도 좋을 것이라는 전제가 담겨 있다. 영적으로 충만감을 주는 것은 도덕적으로도 칭송할 만하며, 전자에 이르는 길을 발견하면 후자는 자동으로 따라올 것이라고 가정한다.

그러나 내가 이 책 전반에 걸쳐 주장했듯이 우리에겐 그런 가정을 할 권리가 없다. 우리가 개인적으로 의미 있다고 여기는 일이 종종 사회적으로도 유익할 수 있다. 그렇지만 그 둘 사이에 필연적 관계가 있는 건 아니다. 앞서 살펴본 대로 진정성 추구는 사회 퇴행적인 군비경쟁처럼 돌변해 원래 벗어나고자 했던 경쟁을 더 심화시키는 결과를 낳는다.

맺으며   다시, 진보

진정성 허구를 꿰뚫어보기 위해서는 근대와 화해하고 지난 250년이 비극적 실수가 아니었음을 인정할 필요가 있다. 얻은 것도 있고 잃은 것도 있지만, 적어도 총체적으로 봤을 때 근대를 끝장내고 후진해 향수 젖은 과거로 되돌아가는 일은 잘못임을 인정해야 한다.

하지만 그보다 한 걸음 더 나아갈 수도 있다. 근대와의 화해는 자유민주주의와 시장경제를 긍정적으로 포용하는 일을 수반한다. 그것은 그 두 가지가 단순한 필요악이 아니라 그 자체의 가치 구조와 도덕 기반을 갖춘 정치·경제의 조직 체계로서 이전 체계보다 일정한 장점을 지님을 인정한다는 뜻이다. 시장에 등을 돌리는 일은 옳지 않다. 또한 분노와 억압으로 고통받던 수많은 이들의 숨통을 터준 권리와 자유를 해치는 사회질서를 완벽한 것으로 이상화하며 갈망해서도 안 된다.

지난 몇 년간 진정성 찾기는 선의를 지닌 수백만 명을 속여 죄와 배신의 길로 인도했다. 그것은 인간이 당연히 자유, 지식, 힘을 남용해 자멸을 자초할 것이라는 인간불신의 죄였다. 그리고 지난 250년간 인류의 진보에 활기와 희망을 불어넣은 근대와 자유주의 이상에 대한 배신이었다.

요즘 '진보'라는 용어는 주로 진지한 척하거나 아니면 빈정대려는 사람들이 쓰는 고색창연한 용어가 됐다. 그러나 어쩌면 진보 개념을 재활시킬 때가 온 건지도 모른다. 모든 것은 무조건 좋아진다는 눈먼 신념이 아니라, 인류가 장애물을 만나도 이성과 창의력과 선의로 해결할 수 있다는 소박한 믿음 말이다. 진보에 대한 믿음은 바로 인류에 대한 믿음이다. 우리가 진짜 향수를 품어야 할 시절은 자칭 '진보주의자'들이 진심으로 진보를 믿었던 시절이다. 그랬던 그들이 너무 오랫동안 무력한 철학에 젖어 사회정의와 정신적 안녕 도모에 상당한 피해를 입혔다.

루트비히 비트겐슈타인은 우리를 잘못된 길로 인도하는 질문을 언제 그만둘지 아는 것이 철학하기의 요령이라 했다. 진정성 찾기의 역설은 찾아 헤매기를 그만두는 일이야말로 진짜 원하는 것을 찾을 유일한 길일 수 있다는 데 있다.

감사의 말

책을 집필하는 데 생각보다 오
랜 시간이 걸렸다. 처음부터 끝까지 책의 주제에 신념을 갖
고 내 편이 되어준 에이전트 미셸 테슬러에게 큰 신세를 졌
다. 매클렐런드 앤 스튜어트 출판사의 더그 페퍼와 크리스
부치에게 감사한다. 그들은 이 책이 자신들의 출판사에서 출
간될 수 있도록 도와주었다.

캐나다 매클렐런드 앤 스튜어트 출판사의 트레나 화이
트, 그리고 미국 하퍼콜린스의 벤 뢰넌, 이렇게 두 명의 탁월
한 편집자와 함께 일하는 영광을 누렸다. 두 편집자는 균형
잡힌 격려와 비평의 조합을 제공했고, 글이 현명치 못한 방
향으로 가면 지적하고 논거를 날카롭게 다듬을 수 있게 도와
줬다.

뛰어난 교열 담당자 헤더 생스터는 내용과 문체의 개선
을 위해 소중한 조언을 주었다. 『매클린』 잡지의 살미슈타
수브라마니안은 이 책의 비공식 편집자다. 그녀는 내 무르익
지 않은 아이디어를 언제나 더 현명하게 고쳐주었다. 원고를
제일 먼저 읽은 로라 드레이크는 결정적인 순간에 중요한 조
언을 주었다. 글에 등장하는 괜찮은 농담들은 아마도 그녀의
아이디어일 것이다.

진정성 문제에 관한 나의 관심은 토론토 대학 철학과 대

학원생 시절로 거슬러 올라간다. 그 시절이 내 인생에서 가장 활기찬 시점으로 남아 있는 까닭은 로널드 드 수자, 마크 킹웰, 조지프 히스 교수와 함께 공부할 수 있었던 덕분이다. 나는 책 전반에서 그들의 아이디어를 빌렸고, 그들은 이 책을 읽으면 그것을 알아챌 것이다. 특별히 조지프 히스는 친구이자 멘토이고, 또한 내 가장 중요한 스승이다.

끝으로, 이 책이 나오는 전 과정을 함께 해준 엘리자베스 와서먼에게 고마움을 전한다. 엘리자베스는 언제나 나보다 내가 하려는 말을 더 잘 이해했으며 모든 페이지에 그녀의 영향이 담겨 있다. 그녀의 사랑과 믿음과 격려를 나는 앞으로도 늘 감사히 여길 것이다.

옮긴이의 말
— 허구 깨기 3부작 제3편, 이번엔 진정성이 까일 차례

앤드류 포터와 조지프 히스의
공저 『혁명을 팝니다』가 반문화 허구를 깨고, 이어서 히스가
펴낸 『자본주의를 의심하는 이들을 위한 경제학』이 좌우 양
진영이 각각 고수해온 경제 논리의 허구를 드러냈다면, 이번
에는 다시 포터가 '진정성'이라는 또 하나의 허상을 허물고
자 시도한다. 포터와 히스 듀오의 '허구 깨기 트릴로지'라고
해야 할까.

먼저 출간된 두 책과 마찬가지로 포터의 이번 저서도 수
많은 이들이 의심 없이 수긍하던 생각을 비판적으로 재조명
한다. 사람들은 진정성을 당연히 좋은 것으로 여긴다. 일반
인 다수가 생각하는 진정성이란 스스로에게 진실하고, 삶의
의미를 찾고, 자기 행동이 외부에 미치는 결과를 의식하고,
타인과 자연을 배려하는 방식으로 살아가려는 시도다.

그런 시도는 물론 중요하고 존중받아야 하지만, 행위의
작동방식은 결코 단순치 않아서 종종 다면적이고 모순된 결
과를 야기한다. 의도가 좋았다 하더라도 의외의 부작용을 낼
때가 생각보다 흔하다. 맹목적인 진정성 추구에 대한 저자의
경고도 그런 맥락에서 이해할 수 있다. 나의 행동이 불필요

한 겉멋은 아닌지, 혹시 남에 대해 우월감을 느끼기 위한 행위는 아닌지 생각해보고, 또 설사 각 개인의 의도가 순수하고 진지하다 해도 그 행위의 총합이 의도했던 것과 상반된 결과를 일으키는 건 아닌지 숙고하자는 것이다. 그리고 그런 성찰을 바탕으로 대안을 생각해보자는 것이다.

이 책을 번역하는 동안 베이루트와 파리에서 이슬람 근본주의 테러집단 IS의 테러공격으로 민간인 수백 명이 목숨을 읽거나 다쳤다. 뉴스를 좇으며 8장에서 저자가 논하는 테러와 진정성의 관계를 떠올렸다. 근대성과 서구문명과 보편가치에 진정성이 없다고 규탄하는 태도가 극으로 치달으면 전근대로 회귀하려는 진정성 복구의 욕망이 파시즘과 테러로 구현된다는 내용이었다. 근대화와 함께 세속주의, 자본주의, 소비주의가 부상하면서 소외되고 원자화된 개인들만 남은 세상에 다시 진정성을 주입할 방법은 폭력을 동원해서라도 시계바늘을 되돌리는 것이다. 이 암울한 분석은 유감스럽게도 또 한 번 실현됐다. 진정성에 대한 왜곡된 욕구가 존속하는 한, 앞으로 또 이런 비극이 반복되지 않는다는 보장은 없다.

테러 관련 논의에서 저자는 '진정성'을 과거엔 존재했는데 지금은 상실됐다고 많은 이들이 원통해 하고 그리워하는 순수성, 조화, 화합, 결속감, 일체감, 권위에 대한 복종 등의 뜻으로 사용한다. 그러나 이 책 전반에서 진정성은 더 다양한 의미로 논의된다. 우리가 흔히 정치인들에게 요구하는 자질로서의 진정성(6장) 외에도 온전성(2장), 진품성·진위성(3장), 정통성(4장), 진실성·독창성(5장), 고유성(7장) 등 저자는 용어의 중의성을 십분 활용해 다양한 분야를 자유자재로 넘나들며 영리하게 논리를 펼쳐간다. 덕분에 영어로는 똑같은 authenticity여도 일률적으로 진정성이라고 번역할 수 없었고, 맥락에 따라 위에서 열거한 용어들을 적절히 함께 사용해야 했다는 점을 일러둔다.

진정성의 의미가 그렇게 꼭지마다 조금씩 변주된다 하더라도 저자의 미션은 동일하다. 미술품의 진품성이든 정치인의 진정성이든 청바지의 정통성이든 전통문화의 고유성이든 그것들이 우리 생각처럼 그렇게 단순하게 규정될 수 있는 것이 아니라는 점을 보여준다. 그럼으로써 거기에 껴 있는 거품과 환상을 걷어내고 그런 것을 뒤쫓는 일의 허무성과 해악을 드러내는 것이 목표다.

방대한 독서량을 자랑하는 저자 덕택에 이 책에 많은 도서가 등장하고 인용된다. 그중 국내에 번역 출간된 책도 여러 권이어서 원제와 다소 차이가 나더라도 독자들이 참고하기 수월하도록 번역서 제목을 따랐다. 특히 문화 전반에 진정성 숭배 현상이 얼마나 깊이 스며들어 있는지를 보여주기 위해 저자가 예로 드는 진정성 전도서적들이 국내에도 은근히 많이 번역되어 있다는 사실은, 서구의 '진정성 붐'을 한국사회도 상당한 정도로 따라잡고 있음을 의미한다.

하지만 다른 한편으론 흥미로운 현상도 감지된다. SNS와 인터넷에서 '진정성'을 검색해보면, 이 용어를 긍정적인 의미로 사용하는 경우가 물론 대부분이지만 의외로 부정적인 반응도 일부 발견된다. 앤드류 포터 식의 체계적 비평은 아니고, 대체로 '허구한 날 진정성 타령'이라는 식의 일반화된 비아냥거림이다. 그럼에도 그것은 진정성 개념과 진정성을 욕망하는 우리의 행태에 뭔가 허점이나 허위의식이 있다는 것을 직감하는 비아냥이어서, 한국사회에 좀 더 정연하고 체계적인 진정성 비판의 가능성을 열어젖히는 바람직한 현상일 수 있다. 아마도 이 책 저자는 그 열린 틈새에서 자신의 독자층을 발견하고 반가워할지도 모르겠다.

2016년 1월
노시내

주

들어가며

1   Colin Freeman and Mike Pflanz, "Rescured French yacht captain
     Florent Lemaçon may have died in friendly fire." *Daily Telegraph*,
     April 11, 2009.

2   John Zogby, *The Way We'll Be: The Zogby Report on the Transformation
     of the American Dream* (New York: Random House, 2008), 150. All
     references to Zogby in the following paragraphs are from Chapter 6:
     "One True Thing: Searching for Authenticity in a Make-Believe World"
     of his book.

3   David Boyle, *Authenticity: Brands, Fakes, Spin and the Lust for Real
     Life* (London: Harper Perennial, 2003), 2.

4   Ibid., 3.

5   Lionel Trilling, *Sincerity and Authenticity* (Cambridge: Harvard
     University Press, 1971), 4.

6   Harry G. Frankfurt, *On Bullshit* (Princeton: Princeton University
     Press, 2005), 1.

7   Trilling, *Sincerity and Authenticity*, 93.

1장

1   Plato, "The Apology," in *The Trial and Death of Socrates*, trans. G.M.A.
     Grube (London: Hackett, 2001), 38a.

2   Marschall Berman, *All That Is Solid Melts Into Air: The Experience of
     Modernity* (New York: Penguin, 1982), 15.

3   See the dicussion in chapter 2 of Charles Guignon, *On Being
     Authentic* (New York: Routledge, 2004).

4   His Holiness Pope John Paul II, Address to the Pontifical Academy of
     Sciences, October 22, 1996, www.christusrex.org/www1/pope/vise10-
     23-96.html.

5   Aristotle, "Metaphysics," in *A New Aristotle Reader*, ed. J.L. Ackrill
     (Princeton: Princeton University Press, 1987), 983 b23–27.

6   Max Weber, *From Max Weber: Essays in Sociology*, trans. and ed.
     H.H. Gerth and C. Wrights Mills (New York: Oxford University Press,
     1946), 139.

7   Larry Siedentop, *Democracy in Europe* (New York: Columbia University Press, 2001), 89.

8   Ibid., 83.

9   Ronald Dworkin, "Rights as Trumps" in *Theories of Rights*, ed. Jeremy Waldron (Oxford: Oxford University Press, 1984), 153.

10   Adam Smith, *The Wealth of Nations* (New York: Barnes & Noble Books, 2004), 14.

11   For an excellent survey, see Judith Flanders, *Consuming Passions: Leisure and Pleasure in Victorian Britain* (London: Harper Perennial, 2007).

12   Colin Campbell, *The Romantic Ethic and the Spirit of Modern Consumerism* (London Blackwell, 1987), 22.

13   David Landes, *The Wealth and Poverty of Nations: Why Some Are So Rich and Others So Poor* (New York: W.W. Norton & Co., 1999), 191–192.

14   Karl Marx, *The Communist Manifesto*, trans. F.L. Bender (New York: W.W. Norton, 1988), 59.

15   Berman, *All That Is Solid Melts Into Air*, 94–95.

16   Marx quoted in Berman, *All That Is Solid Melts Into Air*, 94.

2장

1   Jean Starobinski, *Jean-Jacques Rousseau: Transparency and Obstruction* (Chicago: University of Chicago Press, 1988), 8.

2   René Descartes, "Meditations on First Philosophy," in *The Philosophical Writings of Descartes* Vol.11, trans. Cottingham, Stoothoff, and Murdoch (Cambridge: Cambridge University Press, 1984), 15.

3   Ibid. 17.

4   Jean-Jacques Rousseau, "Discourse on the Origins and Foundations of Inequality Among Mankind," in *The Social Contract and The First and Second Discourses*, ed. Susan Dunn (New Haven: Yale University Press, 2002), 90.

5   Ibid., 84.

6   Ibid., 108.

7   Ibid., 113.

8   Ibid., 115.

9   Ibid., 118–119.

10   Voltaire, *Voltaire's Correspondence*, ed. Theodore Besterman (Geneva:
     Institut et Musée Voltaire, 1957), 230.

11   Roger Sandall, *The Culture Cult: Designer Tribalism and Other Essays*
     (Oxford: Westview Press, 2001), 39.

12   Ibid., 48.

13   Ibid., 39.

14   Nicholas Wade, *Before the Dawn: Recovering the Lost History of Our
     Ancestors* (New York: Penguin, 2006), 86.

15   Sandall, *The Culture Cult*, 47.

16   Ben McGrath, "The Dystopians," *The New Yorker*, January 26, 2009.

17   The Prince of Wales, "The Modern Curse that Divides Us from
     Nature," *The Times of London*, November 27, 2008.

18   Max Page, *The City's End: Two Centuries of Fantasies, Fears, and
     Premonitions of New York's Destruction* (New Haven: Yale University
     Press, 2008), 9.

19   Charles Guignon, *On Being Authentic* (New York: Routledge, 2004),
     49–78.

20   Ibid., 68–69.

     3장

1   Siri Agrell, "Des the Artist's Story Affect the Art?" *National Post*,
     September 12, 2006.

2   Thomas Hoving, *False Impressions: The Hunt for Big-Time Art Fakes*
     (New York: Touchstone, 1996), 24.

3   Ibid., 20.

4   Francis V. O'Connor, "Authenticating the Attribution of Art," in
     *The Expert Versus the Object: Judging Fakes and False Attributions in
     the Visual Arts*, ed. Ronald D. Spencer (New York: Oxford University
     Press, 2004), 10.

5   Ibid, 33.

6   Plutarch, Theseus, trans. John Dryden, Internet Classics Archives,
     www.classics.mit.edu/Plutarch/theseus.html.

7   Carol Vogel, "Swimming with Famous Dead Sharks," *The New York
     Times*, October 1, 2006.

8   Ronald D. Spencer, "Authentication in Court," in Ronald D. Spencer, *The Expert Versus the Object*, 198.

9   Walter Benjamin, *Illustrations: Essays and Reflections* (New York: Schocken, 1969), 20.

10   Robert Hughes, "Day of the Dead," *The Guardian*, September 13, 2008.

11   Don Thompson, *The $12 Million Stuffed Shark: The Curious Economics of Contemporary Art* (Toronto: Doubleday, 2008), 16.

12   Chris Anderson, *Free: The Future of a Radical Price* (New Yorker: Hyperion, 2009).

13   S. Mitra Kalita, "Not-So-Easy Listening: It Takes a Trek to Hear This Track," *The Wall Street Journal*, June 12, 2008, A1.

4장

1   Bill Breen, "Who Do You Love?" *Fast Company*, May 2007, 82.

2   James Gilmore and Joseph Pine, *Authenticity: What Consumers Really Want* (Cambridge: Harvard Business School Press, 2007).

3   A correspondence with Sam Black, who shared with me an undergraduate paper he wrote entitled, "Manufacturing Authenticity Levi's® Vintage Clothing: A Jeaneology."

4   Rob Walker, "Jeans Engineering," *New York Times Magazine*, August 28, 2005.

5   Philipp Blom, *Encyclopédie: The Triumph of Reason in an Unreasonable Age* (New York: Fourth Estate, 2004).

6   Trilling, *Sincerity and Authenticity*, 27.

7   Denis Diderot, *Rameau's Nephew and Other Works*, trans. Jacques Barzun and Ralph H. Bowen (New York: The Library of Liberal Arts, 1964), 8–9.

8   Ibid., 7.

9   Ibid., 83.

10   Trilling, *Sincerity and Authenticity*, 36.

11   Joshua Glenn, "Fake Authenticity: An Introduction," *Hermenaut*, December 22, 2000.

12   Harry G. Frankfrut, *On Bullshit* (Princeton: Princeton University Press, 2005), 65.

13   David Gelles, "Down and Dirty," *The New York Times*, February 8, 2007.

14   이 장의 베블린 관련 논의(와 "과시용 진정성"이라는 용어)는 조지프 히스에게 크게 빚지고 있다. Joseph Heath, "Thorstein Veblen and American Social

Criticism," *Oxford Handbook of American Philosophy*, ed. Cheryl Misak, (Oxford: Oxford University Press, 2008) 참고.

15   Thorstein Veblen, *The Theory of the Leisure Class* (New York: The Modern Library, 2001), 220.

16   반항적 소비주의에 관한 심도 있는 논의는 조지프 히스와 앤드류 포터의 공저 『혁명을 팝니다』(마티, 2006) 참조.

17   Alex Avery, *The Truth About Organic Foods* (Chesterfield, MO: Henderson Communications, 2006); Louise Gray, "Organic Food Has No Added Nuttritional Benefit, Says Food Standards Agency," *The Daily Telegraph*, July 29, 2009.

18   Hilke Plassmann, John O'Doherty, Baba Shiv, and Antonio Rangel, "Marketing Actions Can Modulate Neural Representations of Experienced Pleasantness," *Proceedings of the National Academy of Sciences*, January 14, 2008.

19   Mark Bittman, "Eating Food That's Better for You, Organic or Not," *The New York Times*, March 22, 2009.

20   Drake Bennett, "The Localvore's Dilemma," *The Boston Globe*, July 22, 2007.

21   Elizabeth Kolbert, "Green Like Me," *The New Yorker*, August 31, 2009, 70–74. For the story of The Compact, see Zachary Slobig and Dan Hennessay, "The Compact," *Good Magazine*, October 3, 2007.

5장

1   Richard Siklos, "I Cannot Tell a Lie (from an Amplification)," *The New York Times*, February 5, 2006.

2   J.M. Christensen-Hughes and D.L. McCabe, "Understanding Academic Misconduct," *Canadian Journal of Higher Education* 36:1 (2006): 49–63.

3   See the studies tracked by Professor D.L. McCabe of the Center for Academic Integrity at www.academicintegrity.org.

4   Richard A. Posner, *The Little Book of Plagiarism* (New York: Pantheon, 2007).

5   André Gombay, "The more perfect the maker, the more perfect the product: Descartes and fabrication," *Philosophy*, 71:277 (July 1996): 351.

6 Lawrence Lessig, *Free Culture: How Big Media Uses Technology and the Law to Lock Down Culture and Control Creativity* (New York: Penguin, 2004).

7 Andrew Keen, *The Cult of the Amateur: How Today's Internet Is Killing Our Culture and Assuaulting Our Economy* (London: Nicholas Brealey Publishing, 2008), 9.

8 Cass Sunstein, "How the Rise of the Dily Me Threatens Democracy," *Financial Times*, January 11, 2008, A9.

9 See the report at www.journalism.org.

10 Keen, *The Cult of the Amateur*, 36.

11 Jeremy Bentham, "Panopticon," *The Panopticon Writings*, ed. Miran Bozovic (London: Verso, 1995).

12 Ronald de Sousa, "In Praise of Gossip: Indiscretion as a Saintly Virtue," *Ethics for Everyday*, ed. D. Benatar (New York: McGraw-Hill, 2002), 117–125.

6장

1 John Quelch, "The Marketing of a President," *Harvard Business School Working Knowledge*, November 12, 2008.

2 Joe Klein, *Politics Lost: How American Democracy Was Trivialized By People Who Think You're Stupid* (New York: Doubleday, 2006), 22.

3 Ibid, 23.

4 Rick Perlstein, *Nixonland: The Rise of a President and the Fracturing of America* (New York: Schibner, 2008), 58.

5 Guy Debord, *The Society of the Spectacle*, trans. Donald Nicholson-Smith (Cambridge: Zone Brooks, 1995), Thesis 4.

6 Klein, *Politics Lost*, 22.

7 Ibid., 23.

8 Ibid., 240.

9 Thomas Frank, *What's the Matter with Kansas: How Conservatives Won the Heart of America* (New York: Metropolitan, 2004).

10 Dahlia Lithwick, "Lost in Translation," *Slate*, July 8, 2009.

11 Dana Milbank and Jim VendeHei, "From Bush, Unprecedented Negativity," *The Washington Post*, May 31, 2004, A1.

12 Darrell West, *Air Wars: Television Advertising in Election Campaigns, 1952–2004*, 4th Edition (Congressional Quarterly Press, 2005).

13   Warren Kinsella, *The War Room: Political Strategies for Business,
     NGOs, and Anyone Who Wants to Win* (Toronto: Dundurn, 2007), 159.

14   Ibid., 167.

15   Al Ries and Laura Ries, *The 22 Immutable Laws of Branding: How
     to Build a Product or Service into a World-Class Brand* (New York:
     Harpercollins, 1998).

16   Peter Loewen, "Affinity, Antipathy and Political Participation:
     How Our Concern for Others Makes Us Vote," forthcoming in *the
     Canadian Journal of Political Science*.

17   Richard J. Evans, *The Coming of the Third Reich* (New York: Penguin,
     2003), 118.

     7장

1   Denis Dutton, "Authenticity in Art," *The Oxford Handbook of
     Aesthetics*, ed. Jerrold Levinson (New York: Oxford University Press,
     2003).

2   Ibid.

3   Tyler Cowen, *Creative Destruction: How Globalization Is Changing the
     World's Cultures* (Princeton: Princeton University Press, 2002), 51.

4   소설가 데이빗 포스터 월러스(David Foster Wallace)의 사례는 비극적인
     경우다. 그는 '영향에 대한 불안'을 극심하게 겪었다. 토머스 핀천이나
     돈 드릴로 같은 작가들에게 받은 영향을 지나치게 의식한 나머지, 혹시라도
     독자가 자기가 뭔가 독창적인 것을 썼다고 생각할까봐 책과 에세이에 각주,
     괄호설명, 인용부호를 잔뜩 삽입했다. 그는 2008년에 자살했다.

5   Roy Porter, *Enlightenment: Britain and the Creation of the Modern
     World* (London: Penguin, 2000), 108.

6   Grant McCracken, *Plenitude: Culture by Commotion* (Toronto: Periph:
     Fluide, 1997).

7   Kwame Anthony Appiah, *Cosmopolitanism: Ethics in a World of
     Strangers* (New York: Norton, 2006), xv.

8   John Stuart Mill, *On Liberty* (Oxford: Clarendon Press, 1980), 125.

9   Appiah, Cosmopolitanism, 204.

10   Joseph Heath, *The Myth of Shared Values in Canada* (Ottawa:
     Canadian Centre for Management Development, 2003).

393

11   Robert Putnam, "E Pluribus Unum: Diversity and Community in the Twenty-first Century — The 2006 Johan Skytte Prize Lecture," *Scandinavian Political Studies* 30:2 (2007): 137–174.

12   Fred Hirsch, *Social Limits to Growth* (Cambridge: Harvard University Press, 1976), chapter 5.

13   Luc Sante, *Low Life: Lures and Snares of Old New York* (New York: Farrar, Straus & Giroux, 2003).

14   Lews Mumford, *The City in History: Its Origin, Its Transformations, and Its Prospects* (New York: Harcourt, Brace & World, 1961), 486,

15   James Howard Kunstler, *The Geography of Nowhere: The Rise and Decline of America's Man-Made Landscape* (New York: Touchstone, 1994), 185.

16   Robert Bruegmann, *Sprawl: A Compact History* (Chicago: University of Chicago Press, 2005), 161.

17   Cowen, *Creative Destruction*, chapter 5.

8장

1   Joseph Brodsky, "In Praise of Boredom," *Harper's Magazine*, March 1995.

2   Francis Fukuyama, "The End of Hstory?" *The National Interest*, Summer 1989; Francis Fukuyama, *The End of History and The Last Man* (New York: Free Press, 1992).

3   George Grant, *Technology and Empire* (Toronto: House of Anansi, 1969), 26.

4   Francis Fukuyama, "The End of History?"

5   Anne Applebaum, *Gulag: A History* (New York: Anchor, 2003).

6   R.J.B. Bosworth, *Mussolini* (London: Arnold, 2002).

7   Robert O. Paxton, *The Anatomy of Fascism* (New York: Vintage, 2004), 219.

8   Paul Berman, *Terror and Liberalism* (New York: Norton, 2003), 47–49.

9   Lawrence Wright, *The Looming Tower* (New York: Knopf, 2006), 24.

10   Ibid., 235.

11   Naomi Wolf, "Behind the Veil Lives a Thriving Muslim Sexuality," *The Sydney Morning Herald*, August 30, 2008.

12   Martin Amis, *The Second Plane: September 11: Terror and Boredom* (New York: Knopf, 2008).

13   Ibid., 76.

맺으며

1   Bertrand Russell: Bertrand Russell, *Unpopular Essays* (New York: Simon and Schuster, 1964), 146.

2   Francis Fukuyama, *The End of History and the Last Man* (New York: Avon Books, 1992), 300–321.

3   Ibid., 304.

4   David Suzuki with Faisal Moola, "A Grumpy Old Man Ponders the Past," *Toronto Sun*, February 18, 2009.

찾아보기

397

지은이 앤드류 포터
1972년 캐나다에서 태어났다. 토론토 대학에서 철학박사학위를 받고
몬트리올 대학 윤리연구센터에서 박사후 연구원을 지냈다. 2001년부터
3년간 캐나다 피터버러 소재 트렌트 대학에서 철학을 가르친 뒤
학계를 떠나 일간지 『오타와 시티즌』에서 활동했다. 관심 분야는
형이상학, 정치철학, 교육정책, 상품 브랜딩, 소비주의, 대중문화이며
과학기술과 뉴스미디어의 미래에도 깊은 관심을 갖고 있다.
『자본주의를 의심하는 이들을 위한 경제학』의 저자 조지프 히스와 함께
『혁명을 팝니다』를 공동집필했다. 엑스 @jandrewpotter

옮긴이 노시내
연세대학교에서 법학을 공부하고 조지워싱턴 대학에서 정책학
박사학위를 받았다. 미국, 일본, 오스트리아 등지를 떠돌며
20년 넘게 타국생활 중이다. 지금은 파키스탄 이슬라마바드에
머물며 글을 짓거나 옮기고 있다. 『자본주의를 의심하는 이들을 위한
경제학』『일본의 재구성』 등의 책을 옮겼고, 『빈을 소개합니다』
『스위스 방명록』『작가 피정』을 썼다.

진정성이라는 거짓말
—   진정한 나를 찾다가 길을 잃고 헤매는 이유

앤드류 포터 지음
노시내 옮김

초판 1쇄 발행 2016년 2월 15일
초판 5쇄 발행 2024년 2월 15일

ISBN 979-11-90853-52-1 (03330)

발행처   도서출판 마티
출판등록   2005년 4월 13일
등록번호   제2005-22호
발행인   정희경
편집   서성진
디자인   이기준

주소 서울시 마포구 잔다리로 101, 2층 [04003]
전화 02-333-3110

이메일   matibook@naver.com
홈페이지   matibooks.com
인스타그램 matibooks
엑스   twitter.com/matibook
페이스북   facebook.com/matibooks